面向"十二五"全国职业院校旅游酒店管理专业规划教材

饭店管理与实务

石 雯 齐 丹 主编

中央广播电视大学出版社

北 京

图书在版编目（CIP）数据

饭店管理与实务 / 石雯，齐丹主编 . －北京：中央广播
电视大学出版社，2012.7

面向"十二五"全国职业院校旅游酒店管理专业规划教材

ISBN 978-7-304-05616-2

Ⅰ. ①饭… Ⅱ. ①石… ②齐… Ⅲ. ①饭店－企业管理－
高等职业教育－教材 Ⅳ. ①F719.2

中国版本图书馆 CIP 数据核字（2012）第 130596 号

面向"十二五"全国职业院校旅游酒店管理专业规划教材

饭店管理与实务

石 雯 齐 丹 主编

出版·发行：中央广播电视大学出版社

电话：营销中心 010-58840200　　总编室 010-68182524

网址：http://www.crtvup.com.cn

地址：北京市海淀区西四环中路 45 号

邮编：100039

经销：新华书店北京发行所

策划编辑：苏 醒　　　　　　　　责任编辑：谷春林

印刷：北京雷杰印刷有限公司　　　印数：0001～3000

版本：2012 年 12 月第 1 版　　　　2013 年 1 月第 1 次印刷

开本：787×1092　1/16　　　　　印张：14.75　　字数：340 千字

书号：ISBN 978-7-304-05616-2

定价：32.00 元

前 言

本书从中国现代饭店业的实际需求和职业院校学生的实际水平出发,深入浅出地介绍了饭店管理的有关基础知识。全书突出专业技能的操作训练,具有实用性。

本书共分为 14 个项目。每个项目均以"任务清单"和"情景在线"开篇,启发学生思考,然后讲述理论知识,并以"相关链接"和"小案例"等形式介绍与任务相关的知识和技巧。每个项目末尾还安排有"牛刀小试",帮助学生巩固课堂所学知识。

本书可作为高等职业院校旅游酒店管理专业的教材,也可作为饭店相关业务人员的参考用书。

本书由石雯(河南师范大学)、齐丹(丽江师范高等专科学校)担任主编,参加编写的还有程汕青(河北劳动关系职业学院)、陈慧泽(西安航空技术高等专科学校)。编写分工如下:石雯编写项目一、项目二,并负责全书的统稿工作;齐丹编写项目三至项目八;程汕青编写项目九至项目十一;陈慧泽编写项目十二至项目十四。

在本书编写过程中,我们参阅了国内外大量的资料,得到了许多专家的指导与帮助,在此一并表示衷心的感谢!

由于时间仓促,水平有限,书中疏漏在所难免,我们期盼读者提出批评和建议,以便修订。

编 者

2012 年 4 月

目 录

CONTENTS

项目一　饭店概述

任务清单

　　◇　了解饭店的含义和功能。

　　◇　掌握饭店的特点。

　　◇　熟悉饭店的类型和星级饭店的定义。

　　◇　了解饭店业的发展历史。

　　◇　掌握世界饭店业的发展趋势。

情景在线

最奢华的七星级饭店

　　位于迪拜的阿拉伯塔（Burj AI Arab）饭店是当今世界上唯一的一家七星级饭店，于1999年在海滨的一个人工岛上落成。它是一座帆船形的塔状建筑，一共有56层，高321米，由著名的英国设计师汤姆·赖特（Tom Wright）设计。饭店采用双层膜结构建筑形式，造型轻盈、飘逸，具有很强的膜结构特点及现代风格。它拥有202套复式客房，200米高的地方有可以俯瞰迪拜全城的餐厅。到过阿拉伯塔饭店之后，才能体会到真正意义上的"金碧辉煌"。它的中庭是金灿灿的，780平方米的总统套房更是华丽非凡。在第25层，家具是镀金的，设有一个电影院、两间卧室、两间起居室、一个餐厅，出入有专用电梯，墙上挂的画则全是真迹。每进入一个房间，都有一个管家会向你介绍房内各项高科技设施如何使用。客房面积从170平方米到780平方米不等。这家饭店拥有8辆宝马和2辆劳斯莱斯，专供住店旅客直接往返机场；也可从28层专设的停机坪坐直升机，花15分钟从空中俯瞰迪拜美景。客人如果想在海鲜餐厅就餐的话，将会由潜水艇送到餐厅，这样他们在就餐前就可以欣赏到海底奇观。由于饭店是以帆为外观造型，因此饭店到处都是与水有关的主题。位于饭店进门处的两大喷水池，不时变换着各种喷水方式，每一个喷水过程皆经过精心设计，15～20分钟即换一种喷法。

　　问题： 现代饭店具有哪些功能？你认为饭店业将会呈现什么样的发展趋势？

　　提示： 随着现代经济和旅游业的飞速发展，在我们的现实生活中，饭店作为提供各种服务以取得社会效益和经济效益的企业发挥着越来越重要的作用。饭店的功能和服务也呈现出多样化、个性化的发展特点。

任务一　饭店的含义、功能及其社会经济效益

一、饭店的含义

（一）饭店的概念

饭店（hotel）一词源于法语，原意是指贵族在乡间招待贵宾的别墅。后来，英、美等国沿用了这一名称来泛指所有商业性的住宿设施。国内有诸如"旅馆""旅社""旅店""酒店""宾馆""度假村""饭店"等诸多称谓，国家旅游局将现代宾馆和酒店等统称为旅游饭店，本书就选用"饭店"这一称谓。现代饭店是指凭借建筑物及其设施、设备，为宾客提供食宿、娱乐、购物、消遣、通信、商务、旅行服务而获得经济效益和社会效益的综合性经济实体。

这里所说的饭店不包含酒家、酒楼、餐馆、餐厅、饭庄、饭馆（饭店）等专营餐饮业务的经济实体——因为这一类企业仅仅向客人提供饮食及相关服务，而饭店则是提供住宿、餐饮以及其他综合性服务的企业。

（二）饭店的性质和特点

饭店作为综合性服务企业，具有和一般企业一样的共性特征。饭店首先是一个独立的营利性经济组织，自主经营，经济独立，具备对外关系上的法人地位。同时，饭店还有与其他企业不同的性质和特点。

1. 服务性

饭店产品是有形的设施设备和无形的劳务服务的有机结合，其中以无形的劳务服务为主，有形的设施设备为辅。实物产品部分实际上只起到促进服务销售的作用，习惯上被称作"助销产品"。因此，饭店是以提供劳务为主的服务性企业，饭店生产和销售的主要是无形的服务产品。

2. 综合性

现代饭店不仅要满足顾客住宿和饮食的基本需求，还必须同时满足客人的其他多种消费需求，如商业贸易、会议、度假、文秘、通信、健身、娱乐、购物、货币兑换、票务、委托代办等。因而，饭店是一个具有综合功能的企业，必须配备相关的设施并提供相应的服务。

3. 享受性

饭店所能满足客人的不只是简单的物质需要，而且是客人不断提高的享受需求，这是现代消费的必然发展趋势，也是其与一般商品和服务的主要区别。

4. 文化性

饭店作为旅行者的居留场所，不仅是客人的物质消费场所，而且是客人感受异地文化的精神消费场所。饭店通过外在的、有形的店景文化和内在的企业文化，展现主流文化、

健康文化、民族文化和特色文化，使客人在接受服务的同时，也可以感受到异地文化的魅力。

二、饭店的功能

饭店最基本、最传统的功能就是向顾客提供住宿和餐饮。由于客源及其需求的不断变化，饭店的功能也在不断扩展，现代的饭店功能已经比传统的饭店功能有了很大的发展。

（一）住宿功能

饭店为旅行者提供多种客房产品，包括床位、卫生间和其他生活设施，以清洁、舒适的环境和热情、周到的服务，使投宿者得到很好的休息，获得"宾至如归"的感受。

（二）餐饮功能

饭店一般设有不同的餐厅，以精美的菜品、良好的就餐环境、可靠的卫生条件和规范的服务，向客人提供包餐、风味餐、自助餐、点菜、小吃、饮料以及酒席、宴会等多种形式的餐饮服务。

（三）商务功能

饭店设有商务中心、商务楼层、商务会议室与商务洽谈室，提供传真和国际、国内直拨电话等现代通信设施，为商务旅游者从事商务活动提供各种方便快捷的服务。很多商务型酒店还设有商务客房，在客房中直接提供传真机、打印机以及互联网接口和计算机。

（四）家居功能

饭店是客人的"家外之家"，应努力营造像在家里一样亲切、温馨、舒适、方便的气氛。尤其是公寓饭店，一般带有生活住宿性质，主要为长住客人服务，价格便宜，自助服务设施（如自助厨房、自助洗衣室）齐全，客人使用起来自由方便，家居功能尤为典型。

（五）度假功能

现代度假型饭店在提供住宿和餐饮等基本服务外，还提供满足顾客休闲度假需要的设备设施。度假饭店一般位于风景秀丽、环境优美、气候适宜的风景区，具备比较齐全的娱乐设施，可以垂钓、划船、泡温泉、爬山等，能满足不同顾客的度假需要。

（六）会议功能

饭店内有大小规格不等的会议室、谈判室、演讲厅、展览厅。会议室、谈判室多有良好的隔板装置和隔音装置，并提供多国语言的同声翻译，有的饭店还可以举行电视会议。

此外，饭店还具有娱乐健身、通信和信息集散、文化服务、商业购物服务等功能。可见，现代饭店已不仅仅是住宿产业，而是为客人提供多种服务、具有多种功能的"生活产业"。

三、饭店的社会经济效益

现代饭店不仅能满足旅行者的基本生活需求，而且，作为当地经济发展和形象展示的窗口，促进着当地社会文明的进步。饭店的主要作用表现在下面几个方面：

（一）是旅游业的重要支柱产业和外汇收入的重要来源

现代饭店作为旅游业的支柱产业之一，其营业收入往往占旅游总收入的一半左右，它是发展旅游业的重要物质基础，也是旅游者进行旅游活动的基地。而且饭店经营方式是一种不出口的商品贸易经营方式，其汇率比一般外贸出口要高，是赚取外汇的重要行业，有利于国家外汇收支的平衡，会进一步促进旅游业和国家经济的发展。

（二）为社会创造大量就业机会并带动其他相关行业的发展

饭店属于服务密集型企业。中国近些年来的经验表明，高级饭店每增加一间客房，就可以直接或间接为5～7人提供就业机会；而中低档饭店每增加一间客房，可以为4～5人提供就业机会。由于饭店业是一个综合性的服务行业，其发展势必促进其他相关行业的发展，如饭店大型设备生产行业、饭店物品供应行业、建材装饰行业等，这对活跃地方经济、推动其他行业的发展将起到积极的促进作用。

（三）反映一个国家或地区旅游业和国民经济的发展水平

作为对外展示形象的"窗口"，饭店业的发展规模和水平不仅反映一个国家或地区旅游业的发展状况和水平，而且现代饭店已经成为一个城市、地区乃至一个国家市政、社会公共设施建设必不可少的组成部分，在一定程度上代表一个国家或地区的形象，反映一个国家或地区经济发展的水平和社会文明的程度，它是一个国家或地区国民经济发展水平的综合体现。

任务二　饭店的基本类型与等级评定

一、饭店的基本类型

现代饭店由于功能日趋多样化，类型也日益复杂。一般来说，学界大致根据以下几种标准，将饭店划分为不同类型。

（一）按饭店市场和客源特点分类

（1）商务饭店。其以接待商务旅行者为主要目的。此类饭店在设施与服务上要求豪华、舒适、便利，通常设有各种商务中心、会议室、宴会厅等。

（2）长住型饭店，又称"公寓饭店"。其主要针对居住时间较长的工作或度假客人，并同时接待家庭消费者。因此，这类饭店一般对外观设计要求不高，但要求内部设施和房间布局适合家庭或长期居住。

（3）度假型饭店。其以接待游乐、度假的宾客为主，在设施设备上要求舒适、安全、实用，常常开辟有各种游乐项目、康体疗养或体育健身项目等。

（4）会议型饭店。其以各种会议团体为主要接待对象。此类饭店不仅对各种会议设施设备要求很高，如完善的投影、播放、通信、视听、同声翻译等设备，而且对服务的质量要求也很高。

（5）汽车饭店。这是常见于欧美国家公路干线上的一种经济型饭店，设施简单，规模较小，主要接待驾车旅行投宿者。当代汽车饭店在规模与设施上有所改善，有的逐步趋于豪华，并且服务也渐趋综合。

（二）按计价方式分类

（1）欧式计价饭店。其房价只包括房租，不含食品、饮料等其他费用。

（2）美式计价饭店。其房价包括房租与一日三餐的费用。

（3）修正美式计价饭店。其房价包括房租、早餐及一顿正餐的费用。

（4）欧陆式计价饭店。其房价包括房租及一份欧陆式早餐（咖啡、面包和果汁）的费用。

（5）百慕大计价饭店。其房价包括房租及美式早餐的费用。

（三）按饭店建筑投资费用分类

（1）中低档饭店，即按照国际饭店建筑投资标准，每个标准间建筑投资为 2 万～4 万美元，单间客房面积一般为 25 平方米左右的饭店。

（2）中档或中档偏上饭店，即每个标准间建筑投资为 4 万～6 万美元，单间客房面积为 36 平方米左右的饭店。

（3）豪华饭店，即每个标准间建筑投资为 8 万～10 万美元，单间客房面积为 47 平方米左右的饭店。

此外，饭店按照设施规模大小可分为大型饭店（600 间客房以上）、中型饭店（300～600 间客房）、小型饭店（300 间客房以下）；根据所在地区不同可分为游览地饭店、城市饭店、过境饭店、机场饭店、车站码头饭店；根据营业时间可分为全年性和季节性饭店；根据所有制形式可分为国有饭店、集体饭店、个体饭店、外资饭店、合资饭店等。

在西方一些国家，还出现了一种经济型饭店，也称为廉价酒店或经济型酒店（budget hotel）。这种饭店为了达到经济实用的目的，省去了一些不必要的设施，平均房价控制在 40～50 美元，因而受到了宾客的喜爱。

二、饭店的等级评定

饭店等级是指一家饭店的豪华程度、设备设施水平、服务范围和服务质量的等级。对客人来说，饭店分等定级可以使他们了解饭店的设施和服务情况，以便有目的地选择适合自己要求的饭店。因而，饭店等级的高低实际上反映了不同层次宾客的需求，在一般情况下，对于同规模、同类型的饭店来说，客房平均房价是饭店等级高低的客观标志。

目前，世界上有八十多种饭店等级制，有的是饭店协会制定的，有的是政府部门制定的。由于各地区、国家饭店业的发达程度和出发点不同，各种等级制度所采用的标准也不尽相同。饭店等级制在欧洲国家较为普遍。但在美国，较有影响的则是美国汽车协会及美国汽车石油公司分别制定并使用的"五花"和"五星"等级制。表1-1是世界部分国家饭店的等级名称及等级评定机构。

表1-1 世界部分国家饭店的等级名称及等级评定机构

国家	饭店等级名称	饭店等级评定机构
阿根廷	特别豪华，A，B，C，D	政府
奥地利	A1，A，B，C，D	饭店协会
加蓬	豪华，舒适，现代化	饭店协会
希腊	A，B，C，D，E	政府
伊朗	豪华，四星，三星，二星，一星	政府
爱尔兰	A1，A，B，BC，C，D	政府
以色列	五星，四星，三星，二星，一星	政府和饭店协会
意大利	豪华，第一，第二，第三，第四	政府
挪威	乡村，市镇，山区，观光	政府
葡萄牙	观光，商业	政府

为适应旅游事业发展的需要，中国于1988年制定了《中华人民共和国评定旅游涉外饭店星级的规定》，并于同年9月1日起执行。中国国家技术监督局于1993年9月1日正式批准《旅游涉外饭店星级评定标准》，自同年10月1日起执行。此后，国家对旅游涉外饭店星级评定的具体内容又进行了多次增改。中国划分饭店等级的主要标准是饭店的服务项目和服务质量及饭店设施的豪华程度，同时还根据饭店的地理位置和经济效益情况来确定饭店的等级，一般分为"白金五星级饭店、五星级饭店、四星级饭店、三星级饭店、二星级饭店、一星级饭店"。2010年10月18日，国家颁布了新版《旅游饭店星级的划分与评定》标准。

具体而言，各类星级饭店的标准基本可以概括为：

（1）一星级饭店。设备简单，具备食、宿两项最基本功能，能满足客人最简单的旅行需要，提供基本的服务，属于经济等级，满足经济能力较差的旅游者的需要。

（2）二星级饭店。设备一般，除具备客房、餐厅等基本设备外，还有商品、邮电、理发等综合服务设施，服务质量较好，属于一般旅行等级，满足旅游者的中下等的需要。以法国波尔多市阿加特二星旅馆为例，共有7层楼房148个房间，每个房间有2～3张床，面积13.5平方米（包括一个2.5平方米的卫生间，有抽水马桶、洗澡盆及淋浴喷头），房内有冷热风设备、地毯、电话，家具较简单，收费低廉，经济实惠。

（3）三星级饭店。设备齐全，不仅提供食宿，还有会议室、宴会厅、酒吧间、咖啡厅、美容室等综合服务设施。每间客房家具齐全，并有电冰箱、彩色电视机等。服务质量较好，收费标准较高，能满足中产以上旅游者的需要。目前，这种饭店属于中等水平，因此在国际上最受欢迎，数量也较多。

（4）四星级饭店。设备豪华，服务设施完善，服务项目多，服务质量优良，讲究室内环境艺术，提供优质服务。客人不仅能够得到高级的物质享受，还能得到很好的精神享受。这种饭店国际上通常称为一流水平的饭店，收费一般很高，主要是满足经济地位较高的旅游者和公费旅游者的需要。

（5）五星级饭店。这是旅游饭店的最高等级。设备十分豪华，设施更加完善，除了房间设施豪华外，服务设施齐全。有各种各样的餐厅，较大规模的宴会厅、会议厅，综合服务比较齐全，是社交、会议、娱乐、购物、消遣、保健等活动的中心。环境优美，服务质量要求很高，是一个亲切惬意的小社会。收费标准很高，主要是满足政府要员，社会名流，大公司的管理人员、工程技术人员，参加国际会议的官员、专家、学者的需要。

相关链接

中国首批白金五星级饭店

2006 年 7 月，国家旅游局正式启动创建白金五星级饭店的试点工作，北京中国大饭店、上海波特曼丽嘉酒店、广州花园酒店和济南山东大厦 4 家饭店入围首批白金五星级饭店创建试点名单。2007 年 1 月，中国首批白金五星级饭店验收工作结束，4 月，国家旅游局通过官方网站公示北京中国大饭店、上海波特曼丽嘉酒店、广州花园酒店 3 家饭店达到白金五星级饭店标准要求，批准为白金五星级饭店。2007 年 8 月，国家旅游局局长、全国旅游星级饭店评定委员会主任邵琪伟为获得白金五星级称号的 3 家饭店颁发了证书和标牌。

任务三　饭店业的发展历史

一、世界饭店业的发展历史

在人类发展历史上，饭店的产生和发展过程，已有几千年的历史。关于现代饭店的起源有多种说法，包括从中国的驿馆、中东的商队客店、古罗马的棚舍、欧洲的路边旅馆及美国的马车客栈演变而来。本书倾向于世界饭店业起源于欧洲。

据历史资料考证，欧洲最初的食宿设施始于古罗马时期，其发展进程大体经历了客栈、大饭店、商业饭店和现代新型饭店 4 个时期。饭店的发展形势不是呈直线状态，而是几经起落，盛衰交替的。到第二次世界大战以后，随着人们跨国、跨洲旅游的日益频繁，各国饭店数量开始急剧上升，大型饭店公司应运而生。

（一）古代客栈时期（12—18 世纪）

客栈是随着商品生产和商品交换的发展而逐步发展起来的。最早的客栈，可以追溯到人类社会的初期，是为适应古代国家的外交、宗教和商业旅行、帝王和贵族巡游等活动的需求而产生的。

在西方，虽然客栈作为一种住宿设施早已存在，但其真正流行却是在15—18世纪。当时，欧洲许多国家（如法国、瑞士、意大利和奥地利等国）的客栈已相当普遍，但以英国的客栈最为著名。

古代客栈的特点是：一般规模很小，建筑简单，设备简易，价格低廉；仅提供简单食宿、休息场所或车马等交通工具；服务上，客人在客栈里往往挤在一起睡觉，吃的也是和主人差不多的家常饭。当时的这些住所无其他服务可言；管理上，以官办为主，也有部分民间经营的小店，即独立的家庭生意，客栈是家庭住宅的一部分，家庭是客栈的拥有者和经营者，没有其他专门从事客栈管理的人员。后来，随着社会的发展，旅游活动种类的增加，客栈的规模也日益扩大，种类不断增多。

后期的英国客栈有了很大的改善。到了15世纪，有些客栈已拥有20~30间客房，当时比较好的客栈通常拥有酒窖、食品室和厨房，还有供店主及管马人用的房间。许多古老的客栈还有花园草坪、带有壁炉的宴会厅和舞厅。

此时的英国客栈已是人们聚会、相互交往、交流信息的地方。实际上，到18世纪，世界许多地方的客栈不仅仅是过路人寄宿的地方，还是当地社会政治与商业活动的中心。

总而言之，这些简单的住宿设施不是完整意义上的饭店，而是饭店的雏形。

（二）豪华饭店时期（18世纪末—19世纪中叶）

18世纪后期，欧美各国进入工业化时代，小客栈逐渐发展成为大饭店。随着资本主义经济和旅游业的产生和发展，旅游开始成为一种经济活动，专为上层阶级服务的豪华饭店应运而生。

当时欧洲的许多国家大兴土木，争相建造豪华饭店。具有代表性的此类饭店有巴黎的巴黎大饭店和罗浮宫大饭店、柏林的恺撒大饭店、伦敦的萨沃伊大饭店。大饭店和客栈有许多根本的区别。大饭店多建在繁华的大都市，饭店的服务是一流的，讲究礼仪，主要接待王公贵族、官宦和社会名流。饭店投资者、经营者的根本兴趣是取悦社会名流，求得社会声誉，往往不太注重经营成本。

豪华饭店的特点是：规模宏大，建筑与设施豪华，装饰讲究；食物精美，家具高档，许多豪华饭店还成为当地乃至世界建筑艺术的珍品。饭店内部协作分工明确，对服务工作和服务人员要求十分严格，讲究服务质量。饭店内部出现了专门的管理机构，促进了饭店管理及其理论的发展。豪华饭店是富裕阶级生活方式和社交活动商业化的结果。

（三）商业饭店时期（19世纪末—20世纪50年代）

美国的饭店业大王埃尔斯沃思·密尔顿·斯塔特勒被公认为商业饭店的创始人。他凭着自己多年来从事饭店经营的经验及对市场需求的了解，立志要建造一种"在一般公众能负担的价格之内，提供必要的舒适与方便、优质的服务与清洁卫生"的饭店，亮出了"平民化、大众化"的旗号。1908年，他在美国纽约州水牛城建造了第一家由他亲自设计并用自己名字命名的斯塔特勒饭店。

斯塔特勒饭店与大饭店相比较的一个根本区别是，前者的服务对象不只是王公贵族或商业巨子，还有从事一般商业活动的普通旅游者，饭店向他们提供方便、清洁、安全、实用、舒适的服务。斯塔特勒的另一重大贡献是将饭店的所有者与经营者分离，即饭店业主不直接参与经营管理。19世纪40年代，世界两大著名饭店集团公司——希尔顿和喜来登开始发展，拉开了当今世界饭店集团公司群雄四起、百花齐放的繁荣局面的序幕。

商业饭店的基本特点是：第一，商业饭店的服务对象是一般的平民，以接待商务客人为主；第二，规模较大，设施设备完善，服务项目齐全，讲求舒适、清洁、安全和实用，不追求豪华与奢侈；第三，实行低价格的销售政策，使顾客感到收费合理，物超所值；第四，饭店经营者与拥有者逐渐分离，饭店经营活动完全商业化；第五，饭店管理逐步科学化和效率化，注重市场调研和市场目标选择，注重员工培训和工作效率。总之，商业饭店时期是世界各国饭店最为活跃的时代，是饭店业发展的重要阶段，由此饭店业走下神坛，进入平民时代。

（四）现代新型饭店时期（20世纪50年代以后）

在20世纪50年代，随着欧美国家战后的经济复苏，国内、国际的交往活动的日益频繁，科学技术的进步，交通条件的改善，人口的迅速增长，世界上出现了国际性的大众化旅游的趋势。劳动生产率的提高、可支配收入的增加，引起旅游和饭店市场的需求迅速扩大，加快了旅游活动的普及。这种社会需求的变化，促使饭店业由此进入现代饭店时期。

20世纪60年代，大型汽车饭店开始在各地如雨后春笋般地出现，并逐渐向城市发展，使汽车饭店与普通饭店变得很难区分。其奢华程度大大超过原先的同类饭店。至20世纪60年代中期，汽车饭店联营和特许经营得到迅速发展，一家饭店生意的好坏在很大程度上取决于联营网络中饭店之间的互荐客源。

在现代新型饭店时期，饭店业发达的地区不再局限于欧美，而是遍布全世界。从20世纪60年代起步发展到如今，亚洲地区饭店业的规模、等级、服务水准及管理水平等方面毫不逊色于欧美的饭店业。在亚洲地区的饭店业中，已涌现出较大规模的饭店集团公司，如中国的香港东方文华饭店集团、中国的香港丽晶饭店集团、新加坡香格里拉饭店集团、新加坡文华饭店集团、日本的大仓饭店集团、日本的新大谷饭店集团等。

现代饭店的主要特点是：旅游市场结构的多元化促使饭店类型多样化（如度假饭店、观光饭店、商务饭店、长住型饭店）；市场需求的多样化使得饭店设施更加现代化，经营方式更加灵活；饭店产业的高利润加剧了市场竞争，使饭店走向连锁经营、集团化经营的道路；现代信息技术革命和科学管理理论的发展，使现代饭店管理日益科学化和现代化。

表1-2简要地列出了世界饭店业从古代客栈时期发展到现代新型饭店时期所经历的4个阶段。

表1-2 世界饭店业的4个发展阶段

发展阶段	客户群体	交通方式	地理位置	特点
古代客栈时期	传教士 外交官员 信使 商人	步行 骑马 驿车	古道边 车马道路边 驿站附近	设备简陋，仅提供基本食宿； 服务项目少，质量差； 不安全，常有抢劫发生
豪华饭店时期	贵族度假者 上层阶级 公务旅行者	火车 轮船	铁路沿线 海港附近	规模大； 设施豪华； 服务正规，具有一定的接待仪式、礼节礼貌
商业饭店时期	公务旅行者	飞机 火车 汽车	城市中心 公路边	设施舒适、清洁、安全、方便； 服务齐全，价格合理； 以顾客为中心来经营
现代新型饭店时期	大众 旅游市场	汽车 飞机 火车	城市中心 旅游胜地 公路边 机场附近	规模扩大，饭店集团占据较大市场份额； 类型多样化，住宿设施更加现代化； 饭店提供住、食、旅游、通信、商务、康乐、购物等服务

二、中国饭店业的发展历史

（一）中国古代饭店业

中国的饭店起源极早，远在3 000多年前的殷商已经出现了饭店的雏形。当时的饭店大多为官办，称为"驿站"。到周代时，在各个交通要道设立了"客舍"，《周礼》中记载："凡国野之道，十里有庐，庐有饮食。"它们是中国历史上最古老的官办住宿设施。到了战国时期，饭店管理制度进一步规范，《史记·商君列传》中有"商君之法，舍人无验者坐之"的记载。到秦汉时期，由于社会经济稳步发展，在全国各地修建了各种行宫，在都城长安则有"蛮夷馆"（在历代曾有"四夷馆""四方馆""会同馆"等各种称谓）。唐、宋、元、明和清代的中期被认为是中国饭店业较大发展的时期，且饭店主要服务于以国家管理为目的的"驿站"。

（二）中国近代饭店业

某种程度上，中国近代饭店几乎与世界饭店发展同步。19世纪初，西方国家入侵中国，同时把与中国传统饭店迥然不同的西式饭店带了进来。例如，1900年建成的北京饭店和六国饭店都属这类西式饭店，不同的是北京饭店外面的柱廊带有明显的法式特征，而六国饭店则是英国人的杰作。这个时期比较有名的饭店还有北京的翠明庄、远东饭店、德国饭店，上海的锦江饭店，广州的万国饭店等。一方面，西式饭店是西方列强侵入中国的产物，为帝国主义的政治、经济、文化服务；但另一方面，西式饭店的出现对中国近代饭店业的发展起到了一定的促进作用，把西式饭店的建筑风格、设备配置、服务方式、经营管理的理论和方法等带到了中国。

（三）中国现代饭店业

1956 年"三大改造"后，中国的饭店多以"招待所"的形式出现，其服务目的往往定位于政治接待，缺乏企业的运作模式，根本不追求经济效益。因此在这个阶段，中国没有严格意义上的饭店。

20 世纪 80 年代以后，中国饭店业的规模、硬件设施、服务水平和管理水平都取得了巨大发展。在这一时期，中国饭店业发展经历了以下 4 个阶段的转变并已初具规模：

第一个阶段（1978—1983），由事业单位招待型管理走向企业单位经营型管理。

第二个阶段（1984—1987），由经验型管理走向科学管理。

第三个阶段（1988—1994），吸纳国际上通行的做法，推行星级评定制度，使中国饭店业进入国际现代化管理新阶段。

第四个阶段（1994 至今），中国饭店业逐步向专业化、集团化、集约化经营管理迈进。

中国现代饭店的发展虽然有了一些可喜的成就，但与大型国际饭店企业相比尚存在一定差距，主要体现在服务质量和整体管理上。相当一部分饭店管理者"重硬件、轻软件"，对服务质量落实不到位，使得中国饭店业的服务质量仍处于落后于国际饭店业平均水平的状态。因此，中国饭店的管理和服务水平还有待进一步提升。

任务四　饭店业的发展趋势

一、世界饭店业的发展趋势

（一）饭店集团化与预订网络化

随着经济全球化、市场和资源国际化的发展，世界性饭店集团每年都在进行调整和兼并，进而促进了更大规模的饭店集团的诞生。有资料表明，全世界最大的 200 家国际饭店联号拥有全世界 20%以上的床位数。以前美国的国际饭店联号数量在全球遥遥领先，而今欧洲国际饭店联号发展迅速，如英国的巴斯饭店集团、法国的雅高集团等均是后起之秀。英国的巴斯公司先后兼并了国际假日饭店集团、洲际饭店集团，成为规模更大、更具竞争力的英国巴斯饭店集团。

与此同时，由于网络技术的发展，除了传统方式外，饭店更多地利用互联网进行网上预订与促销。大型国际连锁饭店都设有客房预订系统。客房预订的网络化，一方面方便了客人，使客人在到达目的地之前便可以安排好下榻之处；另一方面，又可以把客人留在同一联号内，从而使连锁的其他各饭店也能受益。例如，拥有 349 家饭店，客房数近 8 万间的美国雷迪森饭店的中央预订系统设施与 125 个国家联网，通过网络获得的客房收入占总收入的 40%。近年来，欧美和日本出现了一些规模很大的饭店联网集团和客房预订机构。其中，最为著名的是美国尤特尔国际集团，拥有 6 800 家饭店，136 万间客房；法国巴黎的路易集团有 4 050 家饭店，客房近 72 万间；日本东京的日航世界饭店组织有饭店 410 家、客房近 17 万间。这些集团和机构不惜投入巨资强化订房、配房系统和国际交互系统。

（二）饭店产品多样化、特色化与个性化

现代旅游者的需求越来越多样化，饭店为了满足客人的需求，应尽量提供多样化的产品，一些饭店不断调整其产品结构，改变产品形象，不断完善饭店产品的功能，都是为了满足客人多样化的需求。商务饭店、会议饭店、度假饭店、青年旅馆、汽车旅馆等各种不同类型的饭店的兴起，全套间饭店、分时制饭店、无修饰饭店的推出，行政楼层、无烟客房、女性楼层和形形色色的娱乐设施的开设等，都是消费需求多样化的产物。

20 世纪 80 年代以后，饭店逐步进入个性化服务时代，许多产品有特色、服务有个性的饭店在市场上呈现出强劲的竞争力和生命力。饭店在为客人提供规范化、标准化服务的同时，更注重为不同客人提供具有针对性的个性化服务，体现在超常服务、细节服务、自选服务、感情服务、灵活服务等方面，表达了对客人的尊重与关怀。而且，饭店从设计、建设、经营到日常管理和服务，都要以客人为本，全面关怀，使客人有宾至如归甚至是宾至胜家的感觉。

（三）客户群体细分化，营销策略多元化

客户群体高度细分，按照顾客满意宗旨让饭店对应的客人高度满意，凭借有针对性的产品和服务来高度满足特定的客源群，是饭店在 21 世纪中求得生存和发展的一个至关重要的因素，也是必然的发展趋势。因此，有鲜明特色和明确市场定位的主题饭店不断增多。例如，总部设在美国的硬石饭店国际集团属下的饭店是以摇滚乐为主题的饭店，在摇滚客源市场上有巨大的号召力，使之与其他饭店明显区别开来，硬石饭店集团也因其鲜明的主题形象而获得了巨大的发展。

随着顾客需求的变化和市场竞争的加剧，饭店的营销策略也呈现出多元化趋势，21 世纪将是一个以整合营销为主导，以文化营销、关系营销、网络营销、绿色营销、服务营销等方面的组合为辅的多元化营销时代。饭店管理者应树立新的市场营销观念，认真调查、研究市场，了解消费者需求，把握市场机会和市场发展趋势，运用多种营销手段，加强市场促销力度，提高市场占有率，为饭店的发展创造良好的市场条件。

（四）高新技术广泛运用

随着科技的发展，饭店的科技含量正日趋提高，使用先进的设备设施，全面运用计算机智能化管理及信息技术，已成为饭店在竞争中求得发展的必要手段。

智能化管理系统包括办公、通信、大楼管理、信息处理、设备运行等自动化控制系统，可实现对整个饭店运行的计算机管理，使饭店能根据客人流量、气候环境对整个设施设备和前后台管理系统实行自动优化控制，不仅让饭店在温度、光线、通风、安全等方面处于良好的状态，而且将能源消耗大幅度降低。同时，运用计算机搜集和处理大容量的信息，

分析客人背景资料，使对每一个客人实行个性化服务成为可能。

多媒体技术的运用，使客房内的电视具有多媒体的功能从而成为客房的信息中心，集图像、动画、图表、音响、语音、电子游戏、传真、通信、电子媒介于一体，不但使双向的信息交流成为现实，还可提供入店的自动登记、结账、信息咨询、选择菜单、留言、叫醒、安排旅游路线、预订机票等交互式服务。虚拟现实技术的运用将使客房虚拟娱乐、虚拟旅游等得以实现。

科技发展给饭店带来了前所未有的变革，也对饭店管理者提出了严峻的挑战。能否跟上科技的发展，不断提高饭店的科技含量，将在很大程度上决定企业的生存和发展。

（五）新概念饭店将取代传统饭店

目前，雅高集团、喜来登集团已相继推出新概念客房，新概念饭店也呼之即出。新材料、新设备、新技术的大量采用，将更适应客人的需求。例如，发光材料、调温材料、调色材料、可散发香气的材料将改变传统的饭店用材；洗涤、排污、废水、废气、废烟的环保处理，将改变饭店的环境；自然通风、照明及太阳能的开发利用将改变饭店的能源消耗；便捷通信、自动预订、登记、入住系统的建立，将改变饭店目前的经营模式；贴近自然、回归自然的饭店，将赢得广阔的发展空间；饭店的不断智能化，将打破以往的经营理念。

（六）饭店业的"绿色"化

如今，可持续发展的观念已经深入人心，创建绿色饭店、倡导绿色消费、推行绿色管理从而为社会环保作出贡献已经成为饭店发展的必然趋势。绿色饭店是指为客户提供的产品与服务符合充分利用资源、保护生态环境要求并对人体无害的标准饭店。绿色饭店更加注重保护环境，维护生态平衡，节约能源和材料。它要求尽可能减少现代建筑带来的光污染，利用先进的几何造型保证室内采光良好；尽量利用太阳能，节省普通能源的消耗，降低对大气的污染；尽量减少塑料等有机化合物易耗品的使用，而改用易分解的制品；客房的床单、毛巾最好是纯天然的棉织品或亚麻织品，肥皂宜选用纯植物油脂皂，尽量体现绿色服务；要减少污水的排放，客房不必每日更换一次性用品，床单、毛巾的更换也根据客人的需要而定；餐饮部的生产和供应必须严格遵守环保法令，做到清洁生产，并推出无公害、无污染、安全、优质的绿色产品。

二、中国饭店业的发展趋势

经过多年的发展，中国饭店业实现了质和量的双重飞跃，形成了规模比较适度、档次结构相对合理、区域分布基本平衡的格局。跨入 21 世纪，中国的饭店业面临许多新的机遇，当然也面临许多新的挑战。认清形势，把握方向，对于中国饭店业而言是至关重要的。面对变化的环境，中国饭店业将呈现以下四大发展趋势。

（一）饭店管理人本化

在知识经济时代，人才不仅是生产要素，更是企业宝贵的资源，对于饭店企业来说，其产品和服务质量的决定因素是人。因此，饭店企业应更多地采用人本化管理的方式来密切企业与员工的关系。

人本化管理不是以规范员工的行为为终极目标的，而是要在饭店企业内部创造一种员工自我管理、自主发展的新型人事环境，充分发挥人的潜能。因此，未来的饭店企业将会更加注重提高员工的知识水平。在饭店企业内部，将会建立一套"按能授职、论功行赏"的人事体制，通过员工的合理流动，发挥员工的才能；通过目标管理，形成一套科学的激励机制，在企业内部做到员工的自主自发；通过饭店企业文化，利用文化的渗透力和诉求力，培养忠诚员工，提高员工积极性，从而确保饭店企业人力资源的相对稳定，避免饭店因频繁的人事变动而大伤元气。

（二）饭店竞争品牌化

在不同的社会环境下，在企业发展的不同阶段，企业竞争的主题和表现的形式会有所不同。在20世纪70年代末80年代初，中国处于短缺经济时代，饭店业呈现出严重的供不应求的局面。所以，那时饭店之间的竞争实际上表现为产量的竞争，经营的重心是谋求扩大和提高接待能力。80年代后期，随着中国饭店数量的迅速增长，国际上"中国热"的降温，中国饭店市场由卖方市场转向买方市场，这就使中国饭店业进入第二个时代——商品竞争时代，谁的服务质量高、价格便宜，谁就占据了市场优势。在这一时代，中国饭店业出现了两种倾向，一类饭店主要注重服务质量，讲究物有所值；另一类饭店则主要依靠价格优势，追求薄利多销，甚至亏本销售。结果，前者逐渐打响了自己的品牌，进入了良性循环的轨道，如广州的白天鹅饭店、南京的金陵饭店以及一些外国著名饭店管理集团管理的饭店。而后者多跌入了恶性竞争的泥潭，由此带来的直接弊端是降低了饭店服务质量，损害了饭店形象，严重扰乱了饭店市场秩序，甚至最终形成倒闭的可悲局面。

随着服务对象的日益成熟，感性消费时代的来临以及饭店市场的日趋规范，在全球经济一体化的大背景下，国际上拥有著名品牌的饭店集团大量登陆中国饭店市场，中国饭店业将进入品牌竞争的时代。品牌竞争是以客人的满意度、忠诚度和饭店的知名度、美誉度为核心的竞争，其关键点是把握消费时尚，抓住消费者的心，打动消费者，把自己的品牌根植于消费者的心目中。所以，品牌竞争实际上就是通过消费者的满意最大化达到市场份额和经济效益的最大化。

品牌竞争要求饭店企业增强品牌意识，注重品牌的设计和推广，坚持以过硬的质量作为品牌竞争的基础，以独特、新颖、鲜明、引人入胜的形象作为品牌竞争的标志，以灵活多变的公关宣传作为品牌拓展的手段，以合理的价格作为品牌含金量的尺度，并以深厚的文化底蕴作为品牌的生命，从而在消费者的心目中确立饭店的品牌。当消费者眼里只看到一家饭店的产品或服务，而对同类企业置若罔闻时，品牌竞争就取得了巨大的成功。

（三）饭店服务定制化

随着社会的发展，消费者的心思越来越难以把握。20世纪七八十年代，在短缺经济的条件下，多个消费者可能只有一个声音，追求的仅仅是数量上的满足。到了20世纪90年代，随着短缺经济时代的终结，消费者追求的是符合标准的服务。跨入21世纪，饭店业已进入一个"消费者至上"的时代，一个消费者可能会有多个不同的声音，个性化、多样化的消费潮流使每个消费者都希望通过购买、消费不同的产品或服务来表现出自己的个性和品位。因而，对于饭店而言，在提供各类服务时，就不能再将理想的服务模式定位在规范化服务这一起点上，而应通过"量体裁衣"的方式为每一位消费者提供最能满足其个性需求的产品或服务，即定制化的服务。

所谓定制化服务模式，就是饭店为迎合消费者日益变化的消费需求，营造出一种"一切因你而变"的"高尚"境界，以差异化、个性化、人性化的产品和服务来感动企业的诸多"上帝"——消费者的服务模式。

实行定制化服务模式，要求饭店企业深入细分客源，根据自身的经营条件选准客源市场中的一部分作为主攻对象；通过建立科学的客史档案，灵活提供各种恰到好处的服务；强化客源管理，并以独特的主题形象深入人心，在充分理解顾客需求、顾客心态的基础上，追求用心的服务，从而和顾客建立起一种稳定、和谐的关系。

（四）饭店产业组织集团化

多年以来，中国饭店业的发展一般都走互不干扰、各自为政、各行其道的分散式发展之路，这样导致的直接后果是企业发展缺乏底气，从根本上削弱了饭店业的整体生产力。目前，国外知名饭店集团以"联合舰队"的态势直逼中国饭店市场。面对这种"国内市场国际化、国际竞争国内化"的竞争现状，中国饭店业应转变观念，主动拆除"篱笆墙"，走集团化发展道路，充分发挥各自的设备、信息、人才、技术、资本、网络等优势，形成合力，发挥规模经济的优势。

走集团化发展道路，一方面，饭店企业可独自在科学调研的基础上，合理扩大经营活动领域，多元化经营，降低企业风险；另一方面，饭店企业也可与其竞争对手建立横向战略联盟，在市场经济的浪潮中共进共退。如中国名饭店俱乐部，加入者按客房数上交会费，组成命运共同体。饭店企业还可与旅行社、旅游经销商、航空公司等建立纵向的战略联盟，如国外一些著名的饭店集团就是以航空公司为依托，走联合发展道路的。饭店企业还可采用现代网络技术，组建相对松散的饭店联合体。而通过购买特许经营权等手段依附于某一著名的集团，借助于集团的品牌优势和营销网络优势，采用"借船出海"的方式进行连锁经营，是饭店企业走集团化道路的一条捷径。

相关链接

世界饭店之最集锦

全世界最豪华的饭店——迪拜的阿拉伯塔（Burj AI Arab）饭店，它是当今世界上唯一的一家七星级饭店。

最高的旋转式饭店——瑞士 Allalin 饭店。这家饭店建在阿尔卑斯山上，海拔 3 500 米。整个饭店每小时旋转一周，顾客在用餐时，可欣赏阿尔卑斯山美景。

首家水下饭店——以色列 Red Sea Stars 饭店。这家饭店于 1993 年开业，顾客在这里就餐时可以一边吃新鲜的海鲜，一边观看海底世界。

最奇特的饭店——西班牙 EI Bulli 饭店。在这家饭店里，顾客可品尝到世界上工艺最独特和最古怪的食物。它的独特风味可以说在世界上其他任何一家饭店都品尝不到。

最大的饭店——泰国曼谷 Tum Nuk Thai 饭店。其面积有 4 个足球场大，仅中央大厅一次就可接待 5 000 多名客人。这里所有服务员都穿着轮滑鞋为顾客服务。

最古老的饭店——巴黎 Le Grandveyour 饭店。这家饭店建于 1784 年，法国历史上诸多著名人士都曾经到这家饭店就餐。饭店饭菜一直保持法国最古老的特色，所有的摆设都是正宗的法国古董。

最小的饭店——芬兰 Kuappi 饭店。这家饭店只有一个单独的小餐厅，餐厅内仅设两个座位，一次只招待两位顾客。

最漂亮和最雅致的饭店——莫斯科图兰多特饭店。该饭店由世界上数十家著名的设计公司设计建造，完全是仿古建筑，里面的设施是优雅高贵的宫廷式摆设。饭店中摆有中国古代的瓷器，俄罗斯古老的壁炉、枝形烛台和灯架等。

任务五　饭店产品的概念、构成和特征

一、饭店产品的概念

饭店产品是指宾客在饭店期间，饭店出售的能满足宾客需要的有形物品和无形服务的使用价值的总和。从产品的整体观念来看，饭店产品的概念包含 4 个层次的内涵。

（一）核心产品

饭店核心产品是饭店产品整体中最基本、最主要的部分，是指宾客从饭店产品中得到的最根本利益。这种根本利益一般表现为宾客在入住饭店的过程中希望由饭店解决的各种基本问题，是宾客需求的中心内容。

值得关注的是，不同宾客购买饭店产品所需解决的基本问题是不同的。例如，经济型宾客对客房的主要需求是便宜、清洁，而豪华型宾客追求的则是舒适和享受。饭店管理者应善于发现宾客购买饭店产品时所追求的根本利益，设计、提供并销售符合宾客需要的饭店产品。

（二）形式产品

饭店形式产品，是指从物质上能展示饭店产品的核心利益，使产品的核心利益更容易被宾客识别的一系列因素，如饭店的周围环境、地理位置、建筑特色、设计风格、设施设备的品牌、服务项目以及服务水平等。这些因素在使饭店产品的核心利益有形化的同时，使饭店管理者可以将自己的饭店与竞争对手的饭店进行有效区别，形成饭店的个性特色。

（三）附加产品

饭店附加产品是指在宾客购买实际产品和服务时饭店所提供的附加利益。这种附加利益对宾客来说不是必需的，但它能给宾客带来更多的实际利益和更大的心理满足。因此，饭店附加产品体现着一种超值享受，对宾客购买实体产品和服务具有一定的影响力，如饭店常客奖励计划、免费停车场、免费往来机场的班车等。在核心产品大同小异的情况下，饭店附加产品往往成为影响顾客选择的关键因素。

（四）潜在产品

潜在产品是为了满足个别宾客潜在的或临时性的需求而提供的产品和服务，例如，在总台为乘坐飞机的宾客更换登机牌，在客房中为女士配备吹风机的同时提供多齿梳子，等等。

核心产品和形式产品是饭店向顾客提供的核心服务，满足顾客寻求的主要利益；而附加产品和潜在产品是饭店向顾客提供的一系列配套性的产品、服务和体验，是辅助性的。辅助性的产品和服务与核心的产品和服务结合起来，可以起到"杠杆效应"，在顾客的心理上营造出高价值的感受。在核心服务差异不大的情况下，竞争对手之间的唯一差别也许就在于提供的辅助性服务方面，甚至它会成为顾客最终判断整体服务水平的关键要素。

二、饭店产品的构成

简单地说，饭店产品是由有形设施和无形服务构成的。只有现代化的服务设施与对客人的优质服务有效结合，才能使饭店产品的品质得以最优体现。

随着饭店产品所包含内容的日益丰富，英国营销学家梅德里克（Medlik）提出更为全面的饭店产品观，将饭店产品分为地理位置、设施、服务、形象、价格五大构成要素。在梅德里克的饭店产品观基础上，有人提出，饭店产品还应该包括关乎宾客情感上满足的饭店氛围。

（一）饭店的地理位置

饭店地理位置的好坏意味着交通是否方便，周围环境是否良好，它对饭店建设的投资额、饭店的客源群和饭店的经营策略等都会产生很大的影响。现代饭店一般因功能的不同而选择不同的地理位置，从而为目标客源提供各种服务。

（二）饭店的设施

齐全的饭店设施是提高宾客满意度的基础保证，主要包括饭店的客房、餐饮、康乐以及公共区域等场所的设施，在不同类型的饭店中，其规模不同，面积、接待量和容量等各不相同，而且这些设施的装潢、体现的氛围也不一样。

（三）饭店的服务

服务是宾客选择饭店的主要考虑因素之一。宾客对饭店服务的评价通常包括服务内容、方式、态度、效率等方面。饭店服务内容的针对性、服务项目的多少、服务内容的深度和服务水平的高低已经成为众多饭店竞争的重要环节。

（四）饭店的形象

饭店的形象是宾客对饭店的总体评价或一致看法，涉及饭店的知名度、美誉度、经营思想与经营作风、服务质量等诸多因素。

（五）饭店的价格

饭店产品的价格反映产品的形象和质量。价格不仅体现产品真正的价值，也可以引导宾客对产品价值进行评估。若宾客不了解饭店产品，往往会根据价格来选择饭店。

（六）饭店的气氛

气氛是宾客对饭店的一种感受。气氛取决于设施设备条件，也取决于员工的态度与行为。气氛是饭店管理者最为关注的饭店产品构成要素之一。

三、饭店产品的特征

饭店产品具有不同于一般产品的特征，主要包括以下 7 个方面：

（一）综合性

随着社会的发展，宾客需求日趋多样化、个性化，饭店应尽可能满足宾客多层次的需求和物质、感官、心理等多方面的享受。因此，饭店不仅要为宾客提供食宿产品和服务，还要提供行、游、购、娱等多种产品和服务。

（二）季节性

饭店产品的供求季节性较为明显，旺季需求旺盛，淡季需求疲软。因此，针对宾客心理，平衡饭店经营的季节差异，增加和创造淡季需求，是饭店管理者面临的一个重要课题。

（三）同步性

饭店服务的生产过程与消费过程是同时或几乎同时进行的，消费者与生产者直接接触，中间不存在产品储存运输的过程。这种特殊性决定了饭店的生产经营必然受到区域限制，市场范围有一定的局限，所以饭店必须根据目标市场的大小来决定饭店设施规模和接待能力，同时饭店从业人员必须具有双重技能，即服务技能和推销技能。

（四）脆弱性

政局、经济发展、汇率变动、签证方式、自然灾害、社会安全等，每个因素都能对旅游业和饭店业产生重大影响，从而使饭店产品的销售产生较大的波动，这就是饭店产品的脆弱性。

（五）无专利性

通常情况下，饭店无法为所创新的客房、餐饮以及服务方式申请专利，唯一能申请注册的是饭店的名称及标志。其结果是新产品或服务方式被竞相模仿，使创新者失去优势，各饭店的产品趋于雷同，一般宾客缺乏固定在一家饭店消费的动力。而且，由于宾客具有追新求异的消费心理，换一家新饭店可能会为宾客带来满足感。因此，大多数饭店产品的品牌忠诚度较低。这就要求饭店管理者要充分理解宾客需求，在饭店管理过程中不断创新，保持饭店产品的竞争优势，提高宾客的品牌忠诚度。

（六）不可储存性

饭店产品具有不可储存性，即饭店产品在规定时间内如果销售不出去，其产品价值就会丧失，而且永远无法弥补。这就需要管理者关注饭店产品的使用率，运用灵活的价格政策，采取有效的促销手段和激励措施，扩大饭店产品的销售量，以获得更大的收益。

（七）质量的不稳定性

饭店产品的质量在很大程度上取决于服务人员为宾客提供的面对面的服务的优劣。不同的员工在向顾客提供服务时会因个体间的不同而使服务质量出现差异。即使是同一个人，也会因情绪的波动在向顾客提供相同的服务时使产品质量出现不同的状态。因此，饭店管理者应通过制定并执行严格的质量标准，对员工进行职业培训，推行以人为中心的管理方式，培养良好的企业精神和激励员工士气等重要途径，提高和稳定饭店服务质量。

牛刀小试

1. 饭店有哪些主要功能？
2. 饭店有哪些特点？
3. 饭店等级是怎样划分的？
4. 简述世界饭店业及中国饭店业的发展历程。
5. 简述世界饭店业的发展趋势。

项目二　饭店管理的基础理论和方法

任务清单

◇　了解饭店管理的概念和目的。

◇　了解饭店管理的执行和控制，掌握饭店管理的方法。

◇　熟悉饭店管理的基础理论及其在饭店管理中的作用。

◇　了解饭店管理的基本模式。

情景在线

　　××市饭店业依管理状况可以分为两个部分。

　　一类是大型的、层次较高的饭店，一般由饭店管理集团进行管理。这种由饭店集团参与管理的饭店，受益于管理集团丰富的管理经验和科学的管理方法，管理水平较高。例如，法国的雅高集团、美国的假日集团，它们利用自身的品牌、采购、培训、组织、管理、市场营销及网络预订优势，在日常经营中取得了较好的经济效益。

　　另一类是一些中小型、档次较低的饭店，其管理模式又可以分为两种：第一种是私人、集体饭店，其管理水平直接取决于饭店所有者和核心部门管理者的管理水平；另一种是隶属于大型企业集团的饭店，它们分别隶属于某一行政部门、军队或企事业单位，这类饭店在经营中通常会受到上级主管部门的制约。这类饭店资产关系复杂，经营本身就有多重目标，其中一部分饭店通过行政手段建成，属于无偿投资，毫无还贷压力。总的来说，这两类饭店人员流动频率较高，后备人才培养不力，过于依赖所有者和管理者的个人能力，极大地受制于上级主管部门，从而形成了这类饭店整体管理水平较低的局面。

　　问题： 第一类由饭店管理集团管理的饭店比第二类饭店有何优势？

　　提示： 与中小型饭店相比，饭店集团有以下明显的优势：

　　（1）饭店集团拥有的饭店地域较广，有些饭店集团还开展跨业经营，大大分散了市场风险。

　　（2）饭店集团所拥有的分布在不同地区的饭店可以相互介绍客源，解决了开发市场的困难。饭店集团可凭借较高的知名度及先进的客房预订系统、强有力的广告宣传和富有特色的产品，大大提高控制客源的能力。

　　（3）由于饭店集团规模大，有能力吸引人才，还有自己的培训机构，对提升集团员工的素质有保证。

　　（4）饭店集团的组织机构比较健全，经营管理比较先进且严谨。

　　（5）饭店集团通过集中采购、集中供货的方式，建立了大宗产品生产基地并负责为饭店集团所属饭店提供硬件维修、硬件更新服务，可以较大幅度地降低经营成本。

（6）饭店集团通常信用等级较高，有利于得到金融机构的财力支持。

任务一　饭店管理概述

一、饭店管理的含义

（一）饭店管理的概念

饭店管理是指饭店管理者在了解市场需求的前提下，为了有效地实现饭店规定的目标，遵循一定的原则，运用各种管理方法，对饭店所拥有的人力、财力、物力、时间、信息等资源进行计划、组织、指挥、协调和控制，以保证饭店经营活动的顺利进行，达到以最少的劳动耗费取得最大经济效益的活动过程。

（二）饭店管理的目的

饭店管理的目的就是实现饭店的预定目标，即取得社会效益、经济效益和环境效益的三赢。

（1）饭店的社会效益是指饭店的经营管理活动带给社会的功用和影响，它表现为社会对该饭店和饭店产品的认可程度，如饭店的知名度、美誉度，饭店利用率，饭店和社会的各种关系等。

（2）饭店的经济效益是指饭店通过经营管理所带来的投资增值额，在市场经济条件下，追求饭店利润最大化是饭店管理的动力所在。对饭店而言，社会效益是经济效益的基础，社会效益不好的饭店，其经济效益必然会受到极大影响，所以饭店应看重自身形象。

（3）随着人类环境问题的加重、环境保护意识和可持续发展观念的增强，饭店还应考虑环境效益，尽量使饭店的经济效益、社会效益与环境效益达到完美统一。

（三）饭店管理的职能

在饭店管理的概念中，管理职能是管理者与饭店实体相联系的纽带，是必不可少的组成部分。在饭店管理中，任何一级管理者在上级的管理中是一个执行者；在下级被管理者看来，饭店管理者又是一个控制者；在同级中，饭店管理者是一个协作者。因此管理者的基本职能就是执行、控制和协作。这 3 个基本职能的共同基础或者连接纽带，就是信息、资讯或情报。

二、饭店管理的执行

（一）饭店管理执行的基本定义

所谓饭店管理执行就是执行上一级管理层的管理指令，使自己或部门的管理目标和管理指向不偏离预定的管理轨道，不偏离预定的管理目标，主要包括：

（1）执行量化的工作任务，如在一定时间段内（一小时、一天、一周、一个月）提供的客房、餐饮、娱乐等服务，工作单的完成，服务的合格率，安全事故率等。

（2）执行非量化的工作任务，如5S，即整理（Seiri）、整顿（Seiton）、清扫（Seiso）、清洁（Seiketsu）和素养（Shitsuke）。

（3）实施管理的要求。岗位技能、理解能力、执行能力以及指导下属能力的要求；责任心、服务意识、效率意识、成本意识、协作性以及纪律性的要求。

（二）饭店管理执行的一般原则

（1）饭店管理所执行的指令应尽可能是已量化的指令，或者虽然不是已量化却很容易被量化的指令。对很难或无法量化的指令，应明确6W原则：

① What：做什么？

② When：什么时候做？什么时候完成？

③ Where：在什么地方做？

④ Who：由谁来做？

⑤ Why：为什么要做？要达到的目的是什么？

⑥ Which：采用哪一种方法来做？

（2）对含糊不清的指令，指令执行者应要求指令下达者明示，若遭拒绝，指令执行者应越级上报，请求指令下达者的上级明示，请求无效的，指令执行者可以拒绝执行。在指令的执行过程中，指令执行者要避免以下几点：

① 望文生义，想当然地理解指令。

② 一知半解，没有全面准确地理解指令的含义。

③ 对含糊不清的指令，不要求指令下达者明示而贸然执行。

④ 碍于面子，当指令下达者拒绝明示指令时，不敢请求指令下达者的上级明示。

⑤ 没有气魄，当请求指令下达者的上级明示含糊不清的指令无效时，不敢拒绝执行含糊不清的指令。

⑥ 在不适当的时间、不适当的场合向不适当的对象讥讽、嘲笑、抨击、指责下达过不适当指令的上级。

三、饭店管理的控制

（一）饭店管理控制的基本定义

饭店管理控制是指使下级管理者或下级作业者全面、准确、有效地理解和执行自己的管理指令，使下级管理者或下级作业者的价值取向和行为指向不偏离预定的管理轨道和管理目标。控制的要义是发现和纠正偏差，主要包括以下几点：

（1）控制量化的工作任务，如在一定时间段内（一小时、一天、一周、一个月）的客房、餐饮、娱乐等服务，工作单的完成，服务的合格率，安全事故率等。

（2）控制非量化的工作任务，如 5S。

（3）控制管理要求的实施。岗位技能、理解能力、执行能力以及指导下属能力的要求；责任心、服务意识、效率意识、成本意识、协作性以及纪律性的要求。

（二）饭店管理控制应避免的情况

要将上级下达的执行指令经过自己的理解和消化，转换成下级管理者或下级作业者容易理解和执行的控制指令，不能将上级下达的指令简单地、直接地下达给下级管理者或下级作业者。饭店管理者必须把自己定位为一个负有一定责任、具备一定专业技能的管理者，而不是一个简单的传话者。

在现实工作中，饭店管理者应该避免出现以下情况：

（1）下达含糊不清的指令。

（2）拒绝对含糊不清的指令进行明示。

（3）不对上级下达给自己的指令进行消化转换，而将其简单地、直接地下达给下级管理者或下级作业者。

（4）出于个人的虚荣心，为难要求对控制指令进行明示的下级管理者或下级作业者。

（5）不能勇于承认错误，有错时不认错，或者强词夺理，无理指责。

（6）敢做不敢当，逃避或推卸自己应承担的责任；有好处时是"老大"，有难处时是"老末"。

（7）在不适当的时间、场合同不适当的对象对不能理解和执行指令的下级管理者或下级作业者，采取不利于今后管理的言行。

（三）饭店管理控制的主要理论

（1）控制—权限接受论。权限授予即主观权限，是指管理者的权限源于上级管理者的授予，老板的权限则源于财产所有权。权限的存在不依赖于部下根据个人动机和利害关系而作出的反应。

权限接受也就是客观权限，是指管理者的权限取决于支配部下行动的命令是否为部下所接受。当命令被部下接受时，管理者就有了权限；当命令不被服从时，管理者的权限也就不存在。

所有的命令可以分为 3 类：一是显然不可能接受的；二是模棱两可、中立性的；三是毫无问题可以接受的。第三类命令就是主观权限与客观权限的平衡点（权限接受圈），提高权限的效率，即扩大权限的接受圈。

（2）控制—例外原理。不是把所有的权限集中在自己的手上，而是尽可能地将权限分散给下级管理者，自己只保留例外事项的决定权或控制权。同过去的情况进行比较，那些非常态性的事项是例外事项。

（四）饭店管理控制实现的两种组织方式

（1）正式组织。由旨在实现一定目的、有规律地行动的人构成，在组织结构图中规划的组织称为正式组织。

（2）非正式组织。没有共同的目的，没有明确的结构关系，但通过人的相互作用而产生共同的态度、共同的习惯，对个人的态度产生共同的影响。非正式组织的作用主要体现在：促进信息传递，扩大权限接受圈，通过影响组织成员的协作愿望来维护组织的团结，保护个人人格和自尊心。

正式组织的形成必然伴随着非正式组织的存在，非正式组织经过一定时期的运行，也可以发展成为正式组织。

四、饭店管理的要素

饭店管理的要素是指饭店所拥有的人力、客户、信息、人脉、环境、文化及网络资源等。其中人力资源最为重要，它是饭店的主体、饭店管理成功的关键。关于饭店管理各要素的具体内容，本书在下文会分别加以详细介绍。

五、饭店管理的方法

管理方法是管理者履行管理职能和完成管理任务的方式、手段和措施的总称。管理方法的好坏直接关系到企业经营成败。每一家饭店都应根据自身的业务特点，针对不同的管理对象，以饭店管理的基本方法为基础，创造出自己的管理特色。

（一）饭店管理方法的特征

现代饭店管理的方法是管理者在管理过程中为达到既定的管理目标，在管理原则的指导下，对管理对象（包括人、财、物及经营活动）综合采用的适合本行业特点的活动方式的总和。饭店管理方法是管理者执行管理职能的重要手段，也是协调各种经营活动的具体措施和方法，具有以下几个特征：

1. 饭店管理方法的目的性

目的就是饭店管理要达到的预期目标。饭店管理方法体系应能充分调动饭店的各项资源要素，在不断提高全面经济效益的前提下，为社会生产适销对路、价廉物美的饭店产品，满足人民日益增长的物质和文化需要，做到经济效益和社会效益相统一。

2. 饭店管理方法的相关性

组成饭店管理方法体系的各要素之间存在相互作用、相互制约的有机联系。当其中某一个要素发生变化时，就会影响其他要素。它们之间的有机联系一旦遭到破坏，体系的整体功能和作用就会被削弱。

3. 饭店管理方法的整体性

饭店管理的诸种方法各自具有不同的特点，它们各自的效益不能代替体系的整体效益，只有把诸种方法有机地结合起来，才能实现整体效益大于各组成部分效益之和的目的。

4. 饭店管理方法的适应性

饭店所处的外部环境发生变化，必然会引起体系本身的变化。这种变化是主动的，通过体系与外部环境之间各种信息的交换，调整内部结构来适应外部环境的变化，确保自身目的的实现。

（二）饭店管理方法的内容

1．行政管理法

饭店经营管理的行政方法，是指依靠饭店各级行政机构和管理人员的权威，借助行政命令、计划和规章制度等手段，对饭店经营活动进行管理的方法。行政方法建立起以饭店总经理为核心的、集中统一的行政管理系统，并以鲜明的行政权威为前提，使整个饭店的各项经营活动和管理工作有条不紊地进行，是饭店必不可少的基本管理方法。

2．走动管理法

走动管理法又叫"巡视管理法"，是美国管理学家托马斯·彼得斯（T. Peters）在20世纪80年代两本轰动全球的管理学著作《成功之路》和《志在成功》中倡导的。

走动管理法的主要做法是：走出办公室，深入第一线，深入现场，深入群众、顾客、供应商、职工，与他们保持密切的联系和接触，给予关心和鼓励，从而使公司处于优势地位。走动管理的目的主要有：①了解情况，掌握动态。②发现问题，纠正偏差。③解决困难，协调关系。④联络感情，现场激励。⑤指导工作，发现人才。

【小案例】

北京某合资饭店的石经理夜间巡班时发现行李员未在岗，立刻安排人顶岗。开始石经理坚持严格按制度处罚行李员，后经巡视调查得知该行李员带病上岗，实在坚持不了才到行李房休息，虽离岗有错，但精神可嘉。在表扬带病上班的同时，石经理也告诉该行李员生病就应请假看医生，一旦上班，就要无条件付出同等劳动。

3．表单管理法

表单管理法，就是通过表单的设计制作和传递处理控制饭店经营活动的一种方法。饭店每日经营内容多且分散、纷繁复杂，要在这种背景下保证饭店经营管理的质量，应给各部门、各级员工规定明确、具体的目标，尽可能将管理要点分散化、形象化、表格化，使各部门、各级员工看得见、想得到、写得出、吃得准，能随时进行横向和纵向的比较，及时发现不足而加以改善。表单管理法是一个比较常用的饭店管理方法。作为饭店管理人员，应该学会利用表单来控制饭店的业务活动，如通过表单传递指令，通过阅读分析表单来了解业务，发现各种问题。

相关链接

表 2 - 1　员工过失通知单

年　　月　　日

姓　名		部　门	
过失事由			
处理意见			
过失人		签发人	
备注			

说明：以上是××酒店的员工过失通知单，一共 3 联，分别用于存根、人力资源部留存、过失人留存，过失通知单是该酒店运用经济手段管理员工的主要依据。

实施表单管理法的关键是设计一套科学完善的表单体系。饭店的表单一般可分为三大类：①上级部门向下级部门发布的各种业务指令。②各部门之间传递业务的表单。③下级部门向上级呈递的各种报表。

表单管理必须遵循实用性、准确性、经济性、时效性的原则，并从以下 5 个方面作出具体规定：一是表单的种类和数量要能全面反映饭店的业务活动，同时又要简单明了，易于填报分析；二是表单应该明确其属于业务指令，还是工作报表等；三是传递的流向，即向哪些部门传递，怎样传递；四是时间要求，应规定什么时候传递，传递所需的时间和处理时间；五是表单资料的处理方法。

4. 经济管理法

经济管理法是指按照客观需要，运用经济手段（如价格、成本、工资、利润、奖金、补贴、罚款等）、经济方式（如经济合同、经济责任制等）来执行管理职能、实现管理任务的方法。

5. 企业文化法

现代饭店的管理从某种意义上说是一种文化管理。它以实现人的全面发展为最终目标，通过对人的教育和培训，提高人的文化素质，让每个职工在充分认识自己对饭店的社会责任的基础上，把个人的兴趣、爱好与饭店的目标融为一体，变被动的"经济人"为主动的"社会人"，在实现自身价值的同时，对饭店和社会也作出相应的贡献。

企业文化一旦形成，就可以部分代替发布命令，以非正式的控制规则对职工实行行为控制，还可以增强饭店内聚力，树立良好的企业形象。

6．社会心理法

社会心理法，是运用社会学、心理学的原理和方法，揭示经营活动和管理过程中人们的心理现象、心理活动规律及特点，从而采取有针对性的策略和方法，更好地满足旅游者需求，更好地调动饭店员工的积极性和主动性。运用社会心理方法，要注意分析宾客的消费心理和行为，掌握其需求、动机和行为特点，不断提高服务质量；要分析饭店员工的心理活动规律，有效地激励员工积极努力地工作；要分析饭店管理和领导工作的行为特点，以不断提高管理水平和领导艺术，促进饭店经营活动的有效进行。

7．定量管理法

定量管理法，是通过对有关数量关系的研究，按照其量的规定进行管理的方法。现代管理要求一切用数据说话，通过对饭店的客源市场、经营活动等进行数量化的分析和决策，准确把握管理中存在的问题，提高经营决策的科学性和准确性。运用数学方法来强化饭店经营管理，要建立健全各种会计、统计报表制度，加强对饭店经营活动的数量分析，并建立相应的数据库和文档，使管理的量化分析有科学的基础；同时，要根据饭店经营和管理的变化特点和趋势，进行科学的预测分析，以指导饭店的经营活动。

8．培训教育法

培训教育法，是指进行思想政治教育和业务技术培训，以提高员工素质和业务能力的方法。

任务二　饭店管理的基础理论

一、古典管理理论与饭店管理

（一）科学管理理论

科学管理理论的代表人物是被誉为"科学管理之父"的美国学者弗雷德里克·泰勒（Frederick Winslow Taylor，1856—1915），该理论是泰勒多年实验的结果，其中最为著名的有搬运铁块实验、铁砂和煤炭的铲掘实验、金属切削实验。主要著作有《计价工资》（1895）、《工厂管理》（1903）以及《科学管理原理》（1912）。

科学管理理论的基本内容包括：①作业研究原理，即作业方法、作业工具及操作环境的标准化；②时间研究原理，即确定合理的工作量和工作强度；③实行差别工资制，鼓励工人完成和超额完成定额，提高劳动生产率；④实行科学的职能分工，将管理与生产分开，实行工长制度；⑤科学地选择和培训工人，提高劳动生产率；⑥工人和雇主双方进行"心理革命"，变指责对抗为信任合作；⑦在管理控制上实行"例外原则"，高级管理人员只需面对"例外"事项（重要事项），而将一般日常事务的处理权力授予下级管理人员。

（二）组织管理理论

组织管理理论的代表人物是法国学者兼企业家亨利·法约尔（Henri Fayol，1841—1925）。

法约尔从组织管理角度发表了许多见解，其代表作是《工业管理和一般管理》（1916）。

法约尔的主要学说包括：①企业的 6 类活动：技术活动、商业活动、财务活动、安全活动、会计活动、管理活动。②管理活动的五大职能：计划、组织、指挥、协调、控制。③14 项管理原则：劳动分工、权利和责任、纪律、统一指挥、统一领导、个人利益服从集体利益、人员的报酬、集中原则、等级制度、秩序、公平、人员的稳定、首创精神、人员的团结。法约尔的 14 项管理原则可以灵活地运用于一切管理活动之中。

（三）行政集权组织理论

德国的政治经济学家和社会学家马克斯·韦伯（Max Weber，1864—1920）是行政集权组织理论的代表人物，他先后出版了《新教伦理和资本主义精神》及《社会和经济组织理论》等组织理论方面的著作，被人们称为"组织理论之父"。

韦伯行政集权组织理论的主要观点是：①任何机构组织都应该有确定的目标。②组织目标的实现，必须实行劳动分工。③按等级制度形成一个指挥链。④在人员关系上表现出一种非人格化的关系。⑤每个职位的人都是经过挑选的，必须经过考试和培训，接受一定的教育，获得一定的资格。⑥人员实行委任制。⑦管理人员管理企业或其他组织，但他不是企业或组织的所有者。⑧管理人员有固定的薪金，并有明文规定的升迁制度，有严格的考核制度。⑨管理人员必须严格地遵守组织中的法规和纪律，这些规则不受人感情的影响，适用于一切情况。

（四）古典管理理论在饭店管理中的应用

古典管理理论对饭店管理的理论影响主要表现在以下两个方面：

1. 作业管理标准化

（1）操作流程标准化。现代饭店员工的工作量确定和各项服务操作规范设置的理论基础就是泰勒的作业研究原理和时间研究原理。具体方法是：选择合格的员工，在对员工操作进行观察与分析的基础上，制定出标准的操作方法、流程和工时定额，并且用这种标准的操作方法训练员工。不仅要使员工掌握标准的操作方法，还应适应标准操作方法的要求，把员工使用的工具、设备、材料及工作环境标准化。

（2）人员管理标准化。为使员工做到人尽其才，须按岗位要求选择匹配的合格的员工，按作业标准对其进行科学培训，使之成为一流员工，还要按各部门工作要求组合出优秀的团队，实现优势互补。标准化原理在饭店中得到了广泛的应用，从服务程序到工作量的制定，从饭店的服装统一到服务效率的量化，无不体现了标准化原理。

2. 组织管理科学化

（1）管理专业化。古典管理理论为饭店职能部门的建立和管理职能专业化提供了思路：根据分工原理，实行职能分工，把管理职能和执行职能分开，使管理由专门部门的人员负责，并逐步专业化。饭店根据业务性质和职能作用来进行部门的分割和设置，组成各业务部门和职能管理部门。现在许多饭店都采用直线职能制的组织机构。

（2）管理职能化。根据古典管理理论，管理活动是独立于饭店技术、商业、财务、安全、会计活动等之外的专门活动。管理有计划、组织、指挥、协调和控制五大职能，管理活动的开展和推进需要行政组织的支撑。后来的管理学家又提出"计划、组织、领导、控制"的说法，其中"领导"包括了指挥、协调、沟通和激励，进一步修正和补充了管理各种职能的有关理论，确定了管理的一般过程。这个过程也是饭店管理的过程。

（3）管理差异化。差异化管理是指饭店高级管理人员针对管理工作中经常发生的一些事情，拟就处理意见，使之规范化，然后授权给下级管理人员处理，而自己主要处理那些没有规范的工作，并保留监督下属人员的权力。这样，既有利于调动下级管理人员的积极性，提高工效，又不使自己陷入烦琐的日常事务，能集中精力研究和解决重大问题。分权是每一个管理者应遵循的一条重要原则。此外，饭店管理差异化还表现在实行差别工资制。

二、行为科学理论与饭店管理

（一）霍桑实验及结论

霍桑实验是在美国管理学家乔治·艾尔顿·梅奥（George Elton Mayo，1880—1949）的主持下，在西方电气公司所在霍桑地区的工厂历时 8 年进行的调查研究，其实验结论在《工业文明中人的问题》（1933 年）和《工业文明的社会问题》（1945 年）中得到了总结：①职工不是"经济人"而是"社会人"。②存在"非正式组织"。③生产效率的高低取决于工人的"士气"。④新型的领导能力体现于提高职工的满足程度。

（二）关于个人行为的理论

人是组织的最小单元，也是组织活动的具体执行者和组织活动的基础。在人的行为研究中，最主要的是揭示支配人行为的动机，并从中找出激励人的积极性的基本方法。这里只介绍"需求层次理论"和"双因素理论"两个代表理论。

1. 需求层次理论

美国心理学家亚伯拉罕·马斯洛（A. H. Maslow，1908—1970）提出了"需求层次理论"，主要观点是：

（1）人类的基本需要由低到高划分成 5 个层次：生理需要，即对吃、穿、住等的需要；安全需要，即免除危险或威胁的需要；社交需要，即从事社会交往的需要；受尊重需要，即追求名誉感；自我实现需要，即能够作出贡献，有成就感。

（2）5 个层次由低到高，逐步发展，只有当低层次的需要得到满足后才会产生更高一层的需要。管理者应根据人的不同需要去调动他们的工作热情。

2. 双因素理论

美国心理学家赫茨伯格（Frederick Herzberg，1923—2000）提出了"双因素理论"，该理论认为人类需要的因素有保健因素和激励因素。保健因素是员工工作环境和工作关系方面的因素，如工资报酬、工作条件、人际关系；企业政策和管理等。这些因素能防止员工产生不满，却不能激发员工提高工作效率。激励因素是员工工作本身和工作内容方面的因素，如工作成就、被重视和赏识、责任和前途、富有挑战性的工作等。这些因素能对员工构成激励，使之提高工作效率。

（三）行为科学理论在饭店管理中的应用

1. 饭店管理重点的转移

饭店管理由只关注工作效率转变到开始关注员工心理需求和精神需求。饭店员工是"社会人"，并不单纯追求金钱收入，他们还有一种社会、心理方面的需求。这些心理能否被满足既取决于饭店环境，又取决于个人家庭和生活。因此，饭店管理不仅要重视制度管理，提高员工工作效率，也要关注员工心理与精神需求，实施人性化管理。

2. 饭店管理方式的变化

管理人员的态度、方式与方法注重适应员工需要。影响生产率提高的第一因素是士气和干劲，而士气和干劲又直接取决于员工的需要得到满足的程度。在员工的需要中，金钱只是一小部分，更多的是获取安全感和归属感等社会性的需要。所以，饭店须采用新的管理方式，管理者不仅要善于解决技术经济方面的问题，还要关注员工思想、感情、情绪、人际关系等，把饭店的经济需要同员工的社会需要结合起来。

三、现代管理理论与饭店管理

第二次世界大战以后，世界经济和社会格局发生了巨大变化，管理的主要课题开始由提高组织内部效率转向了组织适应外部环境的领域，探讨组织与环境关系的研究活跃起来。因此，20世纪50年代到80年代之间许多新管理理论相继涌现，如系统论、控制论和信息论等，从而形成了多种管理学派。

现代管理理论对饭店的现代化管理产生了极其重要的影响。

（一）饭店管理的范围进一步扩大与深化

由于饭店经营活动的范围日益扩大，加之国家对社会经济活动的干预、社会力量对饭店活动的影响，使饭店面临一个更加复杂多变的外部环境。因此，饭店只有建立与外部环境的可靠联系，来适应外部环境的变化，才能在复杂多变的环境中生存发展。在经济全球化和一体化日益深化的背景下，其发展与管理是一个重要的课题。

（二）饭店管理的体系进一步系统化、动态化

随着饭店规模日益扩大，饭店内部的组织结构也愈加复杂，如何从饭店整体的要求出发，处理好饭店内部各个部门之间的相互关系，保证饭店整体的有效运转，是摆在饭店管理人员面前的现实问题。在系统管理学派的影响下，饭店开始侧重以系统概念分析和考察饭店的组织结构模式以及各项管理职能，并努力保持一种动态均衡状态，以适应环境的变化。

（三）饭店管理的领导能力得到重视

任何饭店的一切有目的的活动都是在不同层次的领导者的领导下进行的，管理活动的有效性取决于领导的有效性。因此，强化各级管理人员的经理角色，提高饭店管理人员的领导能力，是保证饭店管理活动顺利有效开展的强有力保障。

（四）饭店的定量管理得到广泛的应用

定量管理是把数学、统计学和计算机科学用于管理决策和提高组织效率，主要包括决策定量化、作业管理定量化。决策定量化是应用数学模型和统计模型来提高饭店决策的有效性，如利用线形规划方法对饭店有限资源进行合理的分配，以取得最大的经济效益。作业管理定量化包括饭店库存管理、工作安排、计划编制、设备安装和设计、服务质量控制等方面，如利用预测技术、库存分析、物资供应系统、网络图、质量控制技术和项目计划评审技术等定量化方法对饭店进行业务管理。

四、当代管理理论与饭店管理

20 世纪 80 年代前后，世界发生了急剧变化，旧的格局解体，新的世界格局逐渐形成。为了适应这一环境变化的需要，20 世纪 90 年代，理论界打破过去以作业链进行价值分析的方法，开始重视研究如何适应充满危机和动荡的环境的不断变化，以此来谋求企业的生存发展，并获得竞争优势。当代管理理论中与饭店管理理论发展及创新相关的理论主要包括：美国管理学大师托马斯·彼得斯（Thomason J. Peters）的成功企业品质理论，美国管理学家迈克尔·波特（Michael E. Porter）的竞争战略理论，国际组织学习协会（Society for Organizational Learning, SOL）创始人、主席彼得·圣吉（Petres M. Senge）的学习型组织理论，世界著名的质量管理专家戴明（W. Edwards Deming）和举世公认的现代质量管理的领军人物朱兰（Joseph H. Juran）的质量管理理论，及饭店战略和核心能力学说、饭店文化理论、饭店再造理论、六西格玛理论等。当代管理理论在饭店管理中的应用体现在下列 5 个方面：

（一）从过程管理转向战略管理

饭店及饭店集团的生存发展环境已经从国内市场扩展至国际市场，饭店的成功主要取决于其全球战略实施情况。由于饭店生存环境的变化日益剧烈，饭店必须由内向的过程管理过渡到外向的战略管理，必须不断地调整自己的发展方向，确立自己发展的有效途径，以适应环境的剧烈变化。

（二）从产品市场管理转向价值管理

饭店管理的每一个过程、每一个环节都必须使饭店向市场提供的产品和服务增值。饭店面对复杂多变的经营环境，只有整体优化配置饭店的全部资源，特别是人力、智力、财力和物力资源，让饭店中各个层次、各个部门以及总部与分公司、子公司、产品供应商、推销服务商和相关合作伙伴协调起来，统一意志，协同行动，才能发挥饭店竞争优势，实现饭店的经营目标。因此，更加重视管理的整体优化是饭店管理的发展趋势。而现代信息技术集成化趋势为饭店整体管理思想的实现提供了技术保证。

（三）从人性关注转向人本管理

20 世纪的管理学对人性的认识是一个逐步深化的过程，先后有经济人、社会人、复杂人等假设，其中"社会人"的相关理论及其发展使人本管理的思想深入饭店的各项管理工作之中。

在知识经济时代，饭店最核心的资源是人力资源，建立学习型组织就是人本思想的生动体现。饭店通过学习型组织的建立，创造出有利于饭店员工自我激励、自我管理和自我评价的组织环境，造就整体搭配、互相配合的团队精神，达到人性化和制度化的平衡，员工个人事业发展和饭店发展之间的协调一致。

（四）从行为管理转向文化管理

企业文化理论起源于美国，而实践和成功于日本。美国人认识到技术的价值而忽略了人的作用，而在日本人看来，生产力则完全取决于人的献身精神和忠诚的心。日本的成功经验就是企业文化。在 21 世纪全球化的知识经济时代，企业文化将成为饭店最重要的竞争战略。

（五）以不断创新追求经营绩效的持续改善

在全球化和信息化的时代，饭店所面临的不确定性因素大大增加了。饭店必须不断地创新，不断地寻求改善绩效的途径，不断超越自我，才能实现可持续发展。新兴的管理方法和管理模式充分地体现了这一点，如全面质量管理、流程再造、六西格玛管理等。

任务三　饭店管理的模式

一、饭店管理的基本模式

（一）拥有模式

拥有模式即饭店集团同时拥有和管理数家饭店，各饭店所有权都属于同一个饭店集团法人。这种结构有利于节省费用，如注册费用、经营中的人工费用等，因为同一集团中的饭店可以合用一部分采购人员、财会人员、维修人员等。这一形式的缺点是风险较大，若一家饭店经营失败，其资产不足以清偿债务，则集团中其他饭店的资产就得不到保护，有可能会被用来偿付债务。另外，由于各家饭店属于同一个公司，在计算所得税时须将所有饭店的利润加在一起计算，按递进法计算的话，税率就会较高。

（二）控股管理模式

控股管理即母公司控股子公司的管理模式，饭店集团往往在饭店投资者中占有最大比例的股份，取得了饭店的控制权。集团公司对饭店有监督权、决策权，并按股份比例分红，但集团不拥有饭店的全部产权，因此对饭店没有完全的支配权。

（三）连锁公司模式

连锁公司是由两个或多个饭店组成的在同一品牌下管理的企业集团。品牌的被认可与内在的规模力量及科学的管理相结合，是连锁公司发展的原因。连锁公司为市场竞争提供了巨大的管理优势：选址的专长、拥有资本、规模经济（购买、广告和预订等）、对最佳管理人才的吸引力。

（四）特许经营权转让模式

特许经营权转让模式为买方（特许经营者）从卖方（拥有特许经营权者）那里获得在一定地理区域内对特许经营权者的名称、产品及系统的绝对使用权（特许权）。购买特许经营权使特许经营者既能独立经营，又能享受连锁公司会员的权益。特许经营和控股管理十分相似，连锁公司（拥有特许经营权者）不拥有特许经营的饭店，饭店归经营者（特许经营者）所有。饭店的管理者不是拥有特许经营权者，而是特许经营者。如果特许经营者决定不去经营，它可以根据单独的管理合同雇用拥有特许经营权者作为其管理公司，或者雇用一家完全不同的管理公司对其进行管理。

（五）租赁模式

有的饭店集团并不直接投资建店，而是以租赁的形式来不断扩大集团的规模。被租赁饭店的所有权不属于饭店集团，但由于饭店集团对其具有经营权，因而该饭店便成了集团中的一员。也有些饭店集团不准备管理自己拥有的某些饭店，便租让给其他饭店公司管理，条件是仍按照原集团的名称、经营范围来管理经营，使饭店的所有权与经营权相分离，饭店的业主和经营者分别属于两个独立的法人。经营公司只承担经营风险，一旦管理不善，由于饭店大多数固定资产不属于其公司所有，可以避免损失，减少风险。

（六）合同管理模式

有些公司拥有饭店产权，但缺乏管理饭店的经验或者不愿经营饭店，于是就聘用饭店集团的管理公司，把饭店委托给饭店管理公司经营管理，使用饭店集团的名称，采用饭店集团的管理方式和服务方式，并成为饭店集团的一员。这个公司必须与管理公司签订管理合同，为此，饭店所有者不管是否赢利都要付给管理公司酬金，利润和亏损都属于所有者。管理公司无论饭店是否赢利都可以获得管理费，因而投资少、风险小。此外，如果饭店扭亏为盈，合同会增加管理公司的酬金。

（七）联销经营模式

联销经营模式是伴随着全球分销系统（Global Distribution System，GDS）的普及和互联网实时预订功能而实现的。饭店联销集团是由众多的单体经营管理的饭店自愿付费参加，并通过分享联合采购、联合促销、联合预订、联合培训、联合市场开发和联合技术开发等资源共享服务项目而形成的互助联合体。

（八）顾客咨询模式

顾客咨询模式是指管理公司仅仅派咨询顾问或管理副手协助饭店筹建开业、日常管理，并按所提供的顾问服务内容与管理咨询形式进行收费的管理方式。这种形式比合同管理模式更为松散，较适合那种不愿放弃名义权利而又渴望专业化管理的单体饭店。

二、中外饭店管理模式比较

与国外饭店相比，中国饭店管理还没有形成比较规范、成熟的模式，还没有足够的实力与国外的饭店业抗衡；而成熟的管理模式的形成又受到诸多方面的影响。以下就从对饭店的管理模式的分析对比研究中外饭店的差异。

（一）中外饭店管理观念的比较

饭店管理观念的演变不仅受生活方式、经济发展、科学进步等因素的影响，也受整个社会企业管理观念变化的影响。

1．国外饭店业管理观念的发展

（1）在 20 世纪 50—70 年代，世界旅游业以"大众旅游"为典型特征，国外大多数饭店注重产品与服务的标准化，以科学管理为指导，倡导零缺陷（Zero Defects，ZD）理念，强化管理职能，追求规模效益，将顾客、员工视为同一标准的人，提供同一标准的服务，通过标准化来降低饭店营运成本。例如，美国的假日集团就通过统一的建筑标准、统一的全日制员工数量、统一的客房单耗、统一的物品大量采购等方式来实施标准化管理，以达到低成本优势。

（2）进入 20 世纪 80 年代后，由于社会经济发展，饭店供给增长很快。比如，美国客房供给上升了 24%，新增 57.7 万间，而出租率却由 1979 年的 71%降至 1991 年的 61%。市场的压力迫使国外饭店经营者更多地考虑管理思路、经营战略的转变。在现代管理观念的指导下，"质量管理、人的重视"首次挑战标准化低成本管理，新的管理技术（如从航空业借鉴的收益管理）、现代科技、全员参与和全面质量管理等概念进入饭店管理，此时出现了以美国里兹·卡尔顿饭店为代表的一批管理新颖的饭店。

【小贴士】

美国里兹·卡尔顿饭店的管理观念就是：以顾客为中心，不断改进，全员参与，充分授权，一次到位，强调顾客满足，建立企业文化等。

（3）20 世纪 90 年代以来，国外饭店发现很难通过进一步改进质量、降低成本来赢得竞争优势，且服务质量普遍提高后，其差别将是微不足道的，同时服务质量的判别又没有统一的标准，顾客对饭店要求越来越高，竞争更加激烈。这时一种全新的管理观念引入了饭店业：用系统的观点将人的管理与资源的合理配置有机地综合在一起，将顾客、员工及饭店经营的内外环境视为一个整体综合考虑，科学决策，实施差异化战略，推崇服务个性化，即将满足顾客个性化需求与表现饭店个性、服务人员的个性相结合；同时将顾客视为伙伴，引导顾客参与服务过程；建立企业与员工的伙伴关系，提倡员工满意度（Employee Satisfaction，ES）理念，对员工充分授权，要求员工参与企业产品与服务营销，与企业收益共享，管理行为由控制转为承诺。

【小贴士】

① ZD（Zero Defects）：零缺陷。以零缺点为最终目标，认为树立人可以不犯错误的观点能把工作做得尽善尽美。

② ES（Employee Satisfaction）：员工满意度。以内部员工为中心，认为只有满意的员工才能产生满意的顾客，从人本观念的角度理顺了管理者、员工和顾客三者的关系。

2. 中国饭店业管理观念现状

中国现代饭店的发展，20世纪初为典型的自管型管理方式，在管理上强调中国饭店自古以来那种以随意、柔和为主体的充满人情味的情感式服务与管理，推崇伦理式管理，讲究"信""诚""和气生财"。1978年以后，开始由自管型向制度型，再向人本型管理方式转变（见表2-2）。20世纪70年代末，中国饭店业进行制度改革，初步建立了饭店业的有关制度和标准，如（总）经理负责制、干部选拔培训提升制、招工合同制等。1988年国家旅游局制定的《旅游涉外饭店星级的划分及评定》于1993年由国家技术监督局正式颁布，对规范饭店行业、提高中国饭店管理与服务水平及标准化程度起了巨大的促进作用。1995年又引进了国际标准ISO 9004—2，标志着中国饭店服务质量的管理进入标准化、法制化和国际化的阶段。这一时期，饭店管理主要借助制度、规范、程序和标准等的制定和执行，属于制度型管理方式，带有明显的法治性、强制性。后来中国饭店的管理在保持传统的"人情化"的同时，受"以人为本"观念的影响，逐渐重视人的因素和用人制度的规范化。随着ES理念的传入，中国饭店纷纷实施人本管理，管理者逐渐从"顾客第一"转向"员工第一"，认为只有在管理者心中员工第一，在员工心中才会有顾客第一。在ES思想影响下，管理者从"饭店是员工之家"观念出发，改善饭店工作环境，切实尊重员工、关心员工、理解员工、激励员工、教育培训员工，体现了以人为中心的经营管理思想，调动了员工的积极性，发掘潜力，使饭店业人力资源质量得以提高。相对于ES，ZD思想一反"人非圣贤，孰能无过"的观念，以尽善尽美为目标，力求使缺陷降到最低。ES和ZD的结合，产生了人本型管理方式。

表2-2 中国饭店管理发展的3个阶段

管 理 方 式	管 理 观 念	管 理 特 征	管 理 重 点	管 理 途 径
自管型	传统封建观念	自发性、随意性	人的自然作用和自觉性	随意的人际关系、血缘关系
制度型	标准化、制度化	法制性、强制性	规范性、准确性	组织管理结构、规章制度
人本型	人本观念	自愿性、情感性	公平民主、发展生产力	情感沟通

中国饭店无论是管理模式、手段、观念，还是布局风格，绝大部分是从国外全盘搬入

的，由于受经济发展水平制约，对其精髓、内涵缺乏深层次理解。引进的东西仅停留在形式上的标准化、规范化，更多的是依赖于饭店领导人的人格力量及权威来维系组织运转及制度的执行，因而未形成具有自身特点的饭店管理观念。

（二）中外饭店管理行为的比较研究

1．饭店管理手段

饭店业生产过程的主体是人（员工），产品也以人为载体，是无形的服务，而接受产品的人更有与产品生产过程同时、同地的特点。因此，生产过程及产品的特殊性决定了饭店管理手段的演变在很大程度上依赖于人的因素，这样导致中外饭店在管理手段方面存在以下差异：

（1）国外饭店强调的是沟通、参与和效率。饭店管理者认识到要与员工结成伙伴，让员工参与饭店管理，以提高客服效率。因此，国外饭店管理手段和方法有如下特点：

第一，注重巡视。在日常工作中，国外饭店业推崇巡视管理，通过现场巡视，弄清现场实际工作情况，弄清员工有什么困难，在干什么。

第二，信息共享。将饭店的战略规划、重大举措、市场信息、部门业绩、饭店市场占有率等信息通过各种渠道告知广大员工，使员工了解饭店动态，关心饭店，有主人翁感。同时将员工的意见和想法快速传递至饭店管理层，并对之有明确反馈，通过例会、内部 E-mail（电子邮件）、简报等形式，保证信息在饭店内上传下达与横向流通，以达到沟通、理解的目的。

第三，重视参与。由于一线员工最了解顾客，了解饭店产品与服务的优缺点，他们对饭店管理的质量与效率影响最大。许多国外饭店让员工参与管理，将更大的权力下放给员工，让员工直接参与决策。由于员工的角色发生了变化，所以员工成了解决问题的专家以及自我管理者，提高了员工的积极性与责任感，进而提高了工作效率。

（2）中国饭店目前在管理上重模式、重监控，管理的责任主要是监督。由于中国饭店从业人员素质不能达到完全自觉、自律的程度，所以要求管理者建立一套完善的管理制度，然后根据制度规范和监督员工工作。

2．人力资源开发与管理

人力资源是企业最重要的无形资产，是企业持久竞争的优势所在。管理利用好人力资源已成为企业管理的重要内容。成才设计和升迁制度是开发和管理人力资源的有效手段之一，在这方面，中外饭店管理者有不同的认识和做法。不少国内饭店管理者对员工在工作期间的个人成长和发展基本上持一种放任自流的态度。而国外饭店则多根据每个员工的个人学历、知识构成、情感、潜能等特点，结合饭店的需要进行成才设计，培训其技能和补充其知识，还根据员工在不同岗位上工作的年限、积累的相应经验，设计其最终可以达到的职位。这种做法的好处在于：让每个员工在成长过程中一直感受到自己被企业爱护与关怀，从而产生凝聚力。对员工进行了成才设计后，还有相应的升迁机制相配合，使其完整。国内的饭店在升迁机制方面存在的问题一般是：提升员工的随意性很大，没有系统的培养和考核记录，仅凭个别领导的喜好决定；或通过外调人员来填补空缺。这种做法使得员工日常的努力工作和尽职无法得到相应的回报，会导致员工产生消极情绪甚至失去工作的动力。

【小贴士】

国外的饭店管理者非常重视升迁机制的建设，在成才设计的基础上，推行内部提升机制，凡是空缺的岗位，除企业内部缺少此类特殊人才外，一律都由内部员工来提升担任。

3．质量管理

产品质量是企业的生命。一般实物产品可以进行返工、退换，而饭店的生产、销售和消费是同步完成的，所以无法返工、退换。这使质量管理对于饭店企业具有格外重要的意义。在质量管理方面，中外饭店管理者的差异非常大。第一，中国饭店质量管理的工作主要由专门的质检部门完成或进行独立的质量事件管理，而国外饭店全面实行的质量管理，将质量管理贯穿于饭店经营管理的全过程，并发动全体人员参加质量管理，人人把关，层层负责。第二，中国饭店以事后处理为主，不太注重事前的预防和控制，而国外饭店管理者则注重事前的预防和控制，通过对质量事故的研究和分析，找出规律，建立预防系统，提醒员工不要出现质量事故，防患于未然。第三，中国饭店管理者对服务质量的检查制度不重视，书面的标准多，会议安排多，但对实际的执行情况检查少，有头无尾，人情至上，缺乏监督制度；而外国饭店管理者非常重视建立严格的质量检查制度，如自查、互查、专查、抽查、访问顾客、问卷调查、值班经理例行检查等，通过严格的检查，做到上下监督、左右监督、内外监督。

4．财务管理

国外饭店管理体制一般将所有部门分为两大体系：一是在总经理领导下的职能体系，由财务、销售、人事等部门构成；另一体系是驻店经理领导下的操作体系，由客房、餐饮、工程、保卫、娱乐、车队等部门组成。职能部门的运转围绕的是政策、策略；操作部门的运转围绕的是实务、服务。在国外饭店财务管理活动中，强调以数据说话，强调全过程控制，除了注重加强单纯反映经营结果的财务会计核算工作外，更重视的是财务的控制作用，运用预算、决策、分析等管理会计的手段，使财务管理从事后处理延伸到事前管理，乃至伴随经营管理活动的全过程。饭店的重要决策都有财务部门参与，都要求在财务分析上站得住脚，财务部门在整个饭店的人、财、物管理运行的全过程中应充分发挥其预测、决策、分析的监控职能。

国内饭店管理习惯于将所有部门分为前台、后台。前台由房务、餐饮、娱乐、车队等营业部门组成；后台由财务、销售、人事、工程、保卫等部门组成。在"重前台，轻后台""一切为一线服务"等思想指导下，在管理工作中应起指导作用的财务、人事、销售三大部门工作的重要性常被忽视，强调的是服务功能，忽视了指导、监督作用。国内饭店的财务管理偏重于核算管理，而忽视了财务的调控功能。例如，有的财务经理常常是总经理签字同意的就全力办理，很少考虑正确与否。国内饭店财务部门的工作常常是事后算账与分析，事前管理无力，管理全过程的监督机制流于形式。

从上面的分析可以看出，目前中国饭店的财务管理还处于较低的水平。接下来的章节会涉及详细的饭店财务管理。

牛刀小试

1. 什么是饭店管理？
2. 饭店管理有哪些基本内容？
3. 饭店管理有哪些基本理论？
4. 饭店管理的基本方法有哪些？你是如何认识这些基本方法的？
5. 饭店管理有哪些模式？

项目三　饭店的组织管理

任务清单

◇　了解饭店组织设计的原则。

◇　熟悉饭店组织结构的类型。

◇　了解饭店组织管理制度体系及饭店非正式组织的管理。

情景在线

A饭店过去是市政府所属的一家高级招待所，经过更新改造以后，升为四星级饭店，但饭店的组织机构基本上沿袭了招待所的旧模式。为了加强销售工作，饭店增设了公关销售部。但是由于过去销售工作由客房、餐厅等业务部门分别去做，且如今这一格局并未打破，便出现了饭店所有部门都有销售指标，各个部门一同出去跑推销的局面。有时为了争取同一个客户，各部门轮番争抢，出现内部竞争。这种状况弄得有些客户莫名其妙。他们认为如此混乱的管理不可能带来良好的服务，因此打消了与A饭店合作的念头。在销售部，每个人的工作都由销售额目标决定，只要你能完成定额，无论你拉什么客户都行。结果导致这位销售人员前两天刚来，另一位销售人员又登门推销，而且每个销售人员报的价格等并不完全相同的情况发生，弄得客户不知所措。另外，由于经常出现内部竞争，致使销售部与其他部门之间、销售部内部员工之间经常因为争客户而发生矛盾，影响了饭店内部的协调和合作。

问题： A饭店在组织机构设置上存在什么问题？你认为应该从哪些方面着手以改变这一现状？

提示： A饭店的组织机构设置存在职能重叠、管理制度不够完善等问题。这种情况会导致饭店人力资源的浪费，并加大了客户管理的难度。针对此种情况，饭店管理者应该将组织部门进行重新调整，以保证各部门职能运行的独立性；制定严格的组织管理制度，加强饭店内部必要的协调和合作。

任务一 饭店组织

一、饭店组织的概念与职能

（一）饭店组织的概念

饭店组织是指由管理人员、服务人员和其他各种技术人员所组成的组合体。这些人员之间相互关联，通过运用各种管理方法和操作技术、技能把投入饭店的资金、物资、信息转化为可供出售的产品（有形的和无形的），以达到饭店经营的目标。饭店组织既是饭店正常运转的保证，又给饭店的经营带来根本性的影响。

（二）饭店组织的职能

饭店组织的职能是根据饭店企业目标，将实现这个目标所需进行的各项活动和工作加以适当划分和归类，设立必要的部门和单位，委派适当的人员，授予适当的权力，分工负责，并进行协调，主要包括以下工作：组织设计、人员配备、监视组织运行。

组织管理是饭店管理的重要职能之一。饭店组织管理是否有成效将直接影响整个饭店的经营成果。如果组织管理良好，组织内各部门、各级和各类人员责权分明、目标明确、工作定量、相互配合、相互协调，整个饭店的效益就会提高。反之，各部门、各级和各类人员之间互不协调、各自为政、疲于奔命、互相推卸责任，将导致饭店效益下降，甚至经营失败。因此对饭店各级别管理人员来说，组织管理工作都是一项非常重要的工作。

二、饭店组织设计的原则

（一）适合企业经营需要的原则

饭店管理的组织职能表现在组织结构和管理机构上就是某种组织形式。组织形式应为饭店的经营服务，服从经营业务活动的需要。或者说，饭店的组织形式应适合这个特殊行业的特殊业务运转的需要。例如，饭店具体部门的设置完全要根据本饭店实际业务状况来决定。应该按需设机构，因事设机构。设置某个管理机构或部门，必须明确其功能、任务及工作量。管理机构设置后，需要有管理人员，管理人员的配备也应根据机构设置原则，因事设职，而不能因人设职。部门经理及以下职位原则上一职一人，不设副职。每一个职位都必须有明确的职责、权限和实际的工作内容。

（二）等级链管理原则

等级链是组织系统中处理上下关系的一种基本结构模式。等级链是指饭店组织从上到下形成各管理层次，从最高层次的管理者到最低层次的管理者组成一个链条结构，各管理层相互间像链条一样连接在一起。等级链具有两大组织特点：一是有层次、有等级，不同的管理层拥有的权力、担负的责任、管理的范围都是不同的；二是等级链的各个环节是垂直并相互联系的。这个链条结构是一条权力线，是发布命令、指挥控制、信息反馈的重要途径。

（三）命令和指挥统一原则

在命令和指挥统一的原则下，要分清命令与监督的不同概念。非直接上司不可以越级指挥，但可以监督下属各级人员。员工在作业或其他时间里，会得到一些非直接上司的指令性信息。这类信息的出现有两种情况：一种是业务联系的指令性信息，如餐饮部给各餐厅班组的指令、总台给各部门的接待通知等；另一种是监督性指令，如部门经理或总经理在涉及质量控制时，要求某员工立即纠正其正在进行的作业的指令。这两种指令虽然不是来自直接上司，但都应该执行，如果监督性指令与直接上司的指令发生矛盾，对执行者来说，唯一的选择是执行直接上司的指令。

（四）权责一致原则

进行有效管理的一个必要条件是管理者拥有相应的权力和权威，如人事权、奖惩权等，同时，也要负有相应的责任。在饭店，责任必须落实到个人，应杜绝借口"集体领导"或"共同负责"而实际上无人负责的现象。

（五）管理跨度原则

饭店组织从纵向结构来看是一个三角形的结构状态，顺着其顶点垂线向下，宽度逐渐扩大。组织跨度又称管理的幅度，是指一个管理者能够直接地、有效地指挥控制的下属数目。管理跨度理论所要解决的是设多少管理层次及管理机构，各管理机构的管理范围，各管理者直接管理的下属人数，等等。管理跨度理论认为，一个管理者能直接管理的下属人数不能过多，因为任何人的知识和精力都是有限的，为了能有效地行使管理职能，管理者只能在自身精力、知识所能及的范围内执行。一般情况下，一位管理者直接、有效地管理的下级人数以3~6人较为适宜。

（六）团结一致原则

饭店是一个由许多部门、许多岗位和众多人员组成的整体。饭店有一个整体目标作为全饭店各部门每个人的共同目标，为达到这个目标，就得要求饭店全体员工共同努力，团结一致。但是，由于组织的原因饭店分工为各部门、各岗位、各作业人员，它们各自的利益、有限的活动范围和作业目标有可能与饭店整体目标产生矛盾。因此，饭店应强调团结一致的原则，倡导并使饭店各组织和职工之间关系融洽，营造和谐与团结的氛围。

三、饭店组织层次

根据饭店组织设计的原则，饭店组织的层次划分通常采用的是一种 4 级管理体制，具体分成决策层、管理层、执行层和操作层，如图 3-1 所示。

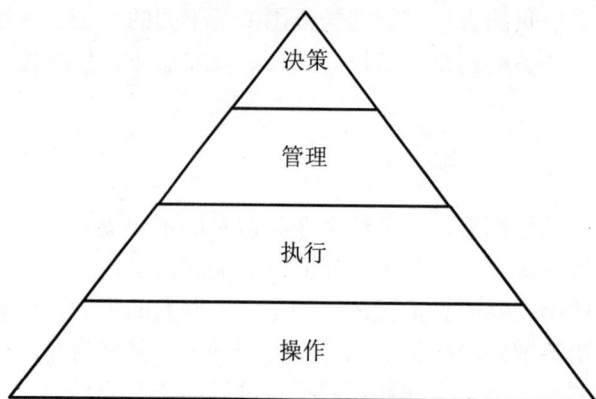

图 3-1　饭店组织结构的层次

（一）决策层

决策层是饭店的最高管理阶层，是最高领导者和决策者，由总经理、副总经理等组成。其工作重点是制定饭店的经营方针和长期的发展战略，确定和开拓饭店的客源市场，并对饭店的管理手段、服务质量标准等重大业务问题作出决策。

（二）管理层

管理层由饭店中的各部门经理、经理助理（大型饭店的总监）等构成。他们的主要职责是按照决策层作出的经营管理决策，具体负责本部门的日常业务运转和经营管理活动。管理层的工作对饭店的经营成功与否起非常重要的作用。因为管理层在饭店中起承上启下的作用，他们是完成饭店经营目标的直接责任承担者。

（三）执行层

执行层由饭店中担任基层管理工作的人员组成，如主管、领班等。该层职工是饭店基层管理人员，主要职责是执行部门下达的工作任务，指导操作层员工完成具体工作。他们直接参与饭店服务工作和日常工作的检查、监督，保证饭店日常运转的正常进行。

（四）操作层

操作层包括饭店的服务人员和在其他职能部门工作的基层员工。

四、饭店组织结构

饭店的各级管理层必须有明确的职位安排，而各级职位安排，又需根据一定的正式组织结构形式来决定。饭店组织结构是饭店内部建立的管理体系，即饭店组织的指挥系统。饭店组织结构的设置，对饭店的经营将产生直接的影响。饭店组织结构设计必须有利于提高饭店的工作效率，降低劳动力成本，保证饭店各项工作能互相协调地、有秩序地进行。饭店组织结构主要有以下几种：

（一）直线制

直线制是按直线垂直领导的组织形式。它的特点是组织中各个层次按垂直系统排列，饭店的命令和信息是从饭店的最高层到最低层垂直下达和传递的，各级管理人员对所属下级拥有一切职权，统一指挥各种业务。直线制组织结构或无职能部门，或设一两个职能部门，一个职能部门兼有多种管理职能，例如办公室作为一个职能部门，可兼有行政、人事、保安、财务等几项职能。直线制组织结构的基本形式如图3-2所示。

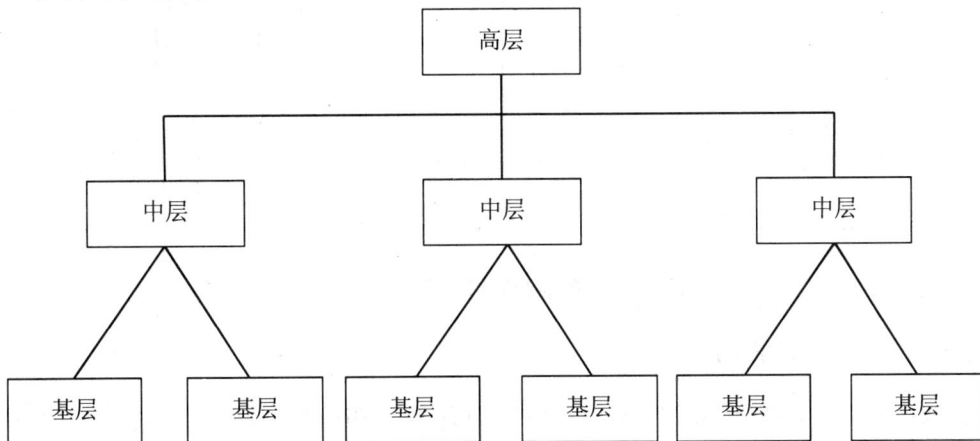

图3-2　直线制组织结构的基本形式

这种组织结构的优点是：结构简单、权责分明、命令统一，不会导致令出多门；组织程序与业务程序简单而一致，上下级均按照规章或指令行事；运转敏捷，信息沟通迅速，责任明确，解决问题及时。

缺点是：由于没有实行管理劳动的专业分工，各级主管的工作繁杂，事必躬亲，容易陷入日常行政事务之中，不利于领导者集中精力研究企业发展的重大问题。由于这种形式的管理职权都集中于一个人身上，要求管理者必须具备全面的知识和才能。事实上，在现代化的饭店里很难做到这一点。因此，这种组织形式多适用于产品单一、规模较小、业务单纯的小型饭店。直线制的组织形式也被现代化大型饭店广泛地运用于部门以下的基层管理之中，如餐饮部、客房部、商品部等业务部门。

（二）职能制

职能制是指总经理领导各职能部门，职能部门在本部门的职权范围内又分别领导业务部门有关人员的组织形式。其优点是：管理职能分工化，可以充分发挥专业人员的作用，协助上级指挥，管理较细；可以大大减少上级的指挥工作量，使其集中精力去抓大事。缺点是：违反集中统一指挥的原则，往往令出多门，形成多头领导，令业务部门无所适从；不利于建立责任制，以致影响管理效能。职能制组织结构的基本形式如图3-3所示。

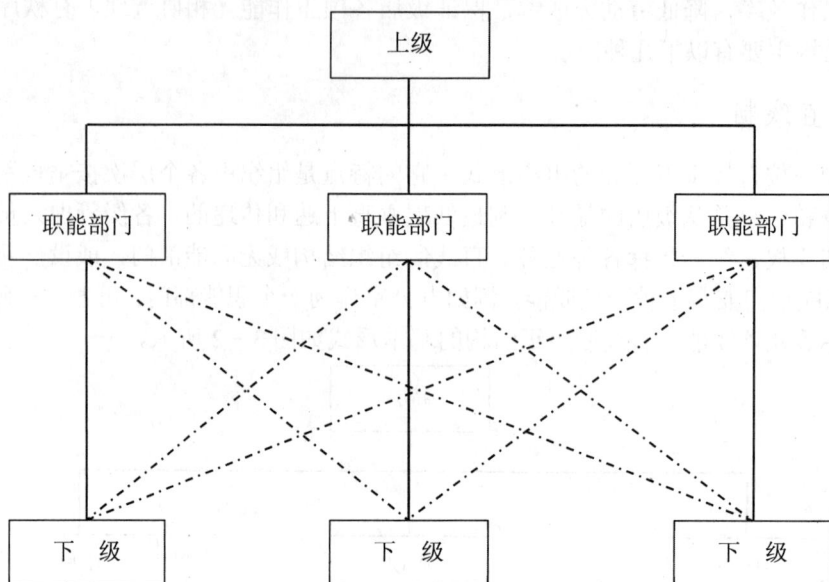

图 3-3　职能制组织结构的基本形式

（三）直线—职能制

在饭店业中，直线—职能制也称业务区域制。这一组织形式的特点是把饭店所有的机构和部门分为两大类。一类为业务部门，有自身特定的接待和供应业务内容。业务部门按等级链的原则进行组织，形成垂直系统，实行直线指挥，结构简单、责权分明、效率较高，但不利于横向的多维联系。饭店的前厅部、客房部、餐饮部、商品部、工程部等均属于业务部门。

另一类为职能部门，不直接从事接待和供应业务，而是为业务部门服务，执行自身某种管理职能的部门。职能部门按分工和专业化的原则执行某一项管理职能，发挥职能机构的专业管理作用及专业管理人员的专长。饭店的人事部、安全部、财务部等均属职能部门。

直线制和职能制相结合，形成了"直线—职能制"组织形式。按这一形式，饭店每个业务部门是一个业务区域，每个业务部门下面根据业务活动的不同，又可以分为若干业务区域。例如，餐饮部是一个业务区域，其下面又可分餐厅、厨房、采购等业务区域，而餐厅业务区域下面又可分为中餐厅、西餐厅等业务区域。

按直线—职能制的组织形式进行管理，要注意以下几点：第一，饭店下达命令按直线制进行；第二，职能部门只对下级对口业务单位进行业务指挥，并监督其他部门执行管理职能的情况，而不能指挥其他部门本身的业务；第三，职能部门拟订的计划、决策、方案、制度等，凡涉及各部门的，应由总经理批准发布，由各部门经理对该部门下达执行命令。目的是使职能部门有效发挥管理职能作用的同时避免多头领导、多头指挥。

直线—职能制组织结构的基本形式如图 3-4 所示。

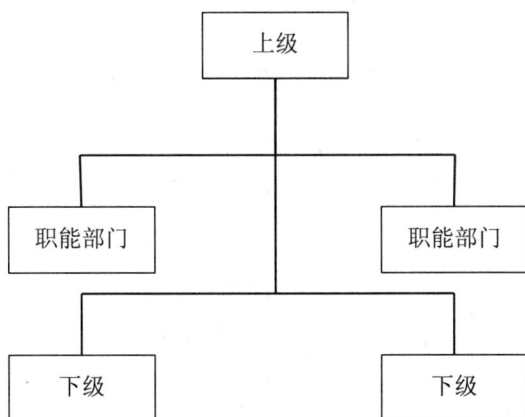

图 3 - 4　直线—职能制组织结构的基本形式

　　直线—职能制的优点是：吸收了直线制集中统一指挥的优点，又汲取了职能制发挥专业管理部门或专业人员职能作用的长处，比较适宜高度集中、统一指挥和建立严格责任制度的要求。因此，这种形式为中国大多数饭店所采用。

　　但这种组织结构也存在一些缺点，主要表现有四：一是各职能管理部门之间的横向联系复杂，各主管副经理或总监分头把关容易形成权力分割；二是组织程序与业务程序繁杂，信息迂回时间长，效率不高；三是最高领导层的管理幅度大，例行的琐事多，不利于集中精力研究经营决策等重大问题；四是权力过于集中，影响下层人员工作的积极性和主动性，对于信息多变的市场经济和例外事件的处理缺乏灵活性。鉴于直线—职能制的这些缺陷，许多饭店的组织形式正处于新的变革之中。

（四）事业部制

　　事业部制是在总公司领导下为特定的产品而设立几个事业部。各事业部内部在经营管理上拥有自主权和独立性。它的组织特点是：公司集中决策，事业部分散经营，每个事业部实行独立核算。

　　近几年，随着中国经济的发展及管理水平的不断提高，中国饭店业专业化管理的趋势越来越明显。饭店业管理的公司化、集团化已成为发展趋势。事业部组织形式是一种适用于大型饭店、饭店管理公司和集团化经营的饭店组织形式。其特点是突出分权管理。

　　饭店公司按地区、产品、市场等因素，成立若干事业部。事业部具有法人地位，进行独立的经济核算，对事业部内的计划、财务、销售等方面有决策权。饭店公司控制事业部的赢利指标，负责筹集资金，决定事业部主要负责人的任免等。饭店公司的工作重点是进行新市场的开发和新技术的引进。饭店公司成立事业部的核心目的是实现利润指标，所以事业部又称为利润中心。

　　事业部制组织结构的基本形式如图 3 - 5 所示。

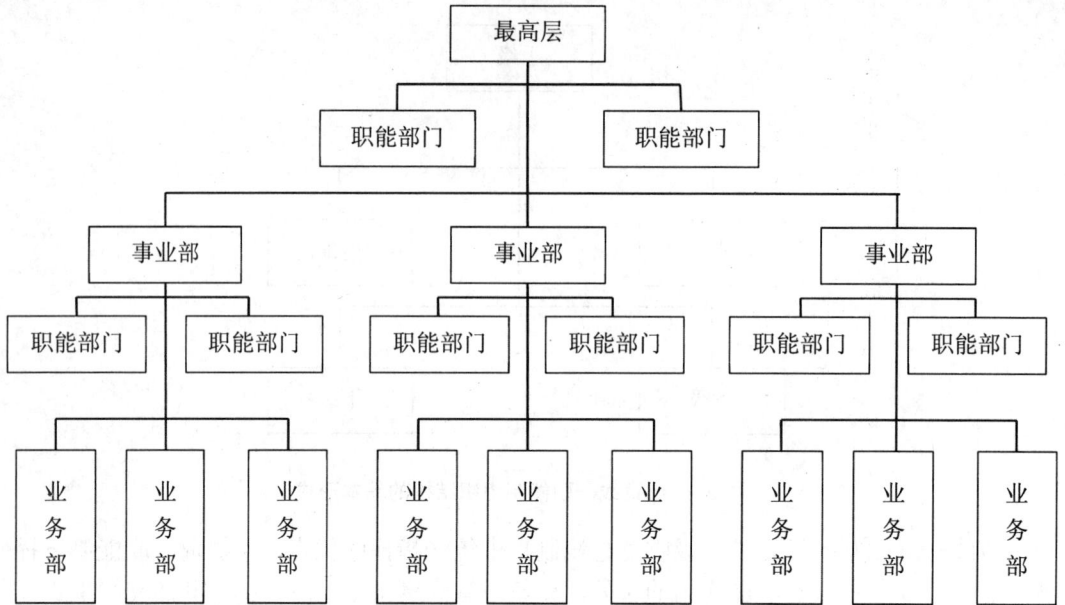

图 3 - 5　事业部制组织结构的基本形式

　　事业部制的优点：可以减轻高层管理人员的负担，使之集中精力考虑企业的重大经营决策和发展战略，成为真正的决策层；明确各事业部的利润责任，有利于发挥各事业部的积极性，各事业部可以快速决策，有利于扩大饭店企业规模、市场覆盖面和产品多样化。

　　缺点：由于各事业部职能部门重复，管理费用较高，部门之间横向协调困难，易滋生本位主义，各事业部往往为本部门的眼前利益而牺牲公司的长远利益。

　　上述几种饭店组织结构形式各有利弊及适用条件，饭店必须从实际出发，选取有利于改善饭店经营管理、提高工作效率、使饭店组织发挥最大效能的组织结构形式。

任务二　饭店组织管理制度

　　饭店组织是一个复杂的系统，为了这个系统能正常运转，要建立一套科学严密的组织制度，以保证饭店组织目标的实现。利用制度来管理饭店是饭店组织管理的重要方面。制度管理包括两个方面的内容：一是饭店组织运用制度对饭店进行规范化管理，二是饭店组织对制度建设和实施进行管理。

一、饭店组织管理制度的特征

　　饭店组织管理制度是指以文字条例形式规定员工在饭店里的行为规范和组织在经营发展中应遵循的准则。它具有以下本质特征：

（一）目标性

饭店实行制度管理是为了实现饭店目标，制度必须为目标服务。饭店目标表现为两个效益，制度要为社会效益和经济效益服务，要服从总目标的需要。

（二）规范性

饭店制度的直接作用是规范员工的行为进而规范组织行为。一方面，制度对管理对象要起到规范作用，要具有可操作性；另一方面，制度本身应是规范、科学的，其制定要有客观依据（包括法律依据），要能吸收国内外先进经验，并体现时代精神。

（三）同一性

制度的同一性是指制度反映了饭店投资方、管理方、员工方等各方面的共同要求和目标，是根据各方共同要求而达成的有关共同的行为规范的协议，能成为饭店各方的自觉要求，而不是负担。

（四）强制性和公平性

饭店组织明文规定的制度具有强制力量，饭店组织依靠这个力量规范每个员工的行为，员工违反制度就将受到饭店组织的处罚。同样，饭店制度具有公平性，制度面前人人平等，谁都没有凌驾于制度之上的权利。

（五）灵活性

制度有其严肃性，但在一定条件下，饭店制度应该具有灵活性。这种灵活的基准是：能满足宾客要求，不损害饭店、顾客和员工的利益，不给饭店带来混乱，不违反基本制度。在保证规范的大前提下，可在具体作业上灵活处理。

（六）发展性

饭店制度是饭店管理意识的反映。饭店的发展和管理的变化要求制度也随之变化，其目的是让制度真正发挥积极的作用。这种变化表现在 3 个方面：新制度的适时诞生、现行制度的修改和过时旧制度的淘汰。

二、饭店组织管理制度体系简介

（一）基本制度

1. 经济责任制

饭店经济责任制以饭店经营的双重效益为目标，对自身的经济业务活动负责，实行责、权、利相结合的原则，国家、饭店、个人利益统一，明确国家、饭店、员工承担的责任和义务，并与各方的物质利益相联系。它是调动员工工作积极性的有效手段。饭店的经济责任制包括饭店对国家的经济责任制和饭店内部的经济责任制。

饭店对国家的经济责任制表现为饭店对其上级主管部门的经济责任制，饭店要根据上级主管部门的计划和决策，按照国家有关政策、法律和规定，确定饭店对国家应负的经济责任。这一经济责任包括：饭店应根据市场需要发挥自身的功能和作用，满足市场需要；饭店以正当的经营手段取得经济效益，在上缴税金等方面完成和超额完成国家下达的指标。在确定饭店的经济活动和经济效益指标时，还要提出社会效益指标。饭店对国家承担的经济责任，要由饭店各部门、各个岗位的全体员工分担完成。

饭店内部的经济责任制是以饭店的双重效益为中心，按照责、权、利相结合的原则，把饭店所承担的经济责任，逐级分解落实到各部门、班组和个人的一种管理制度。主要内容有定权放权，落实经济责任；效益和利益相结合，按劳分配；绩效考核，检查责任完成情况等。

2. 岗位责任制

岗位责任制是以岗位为单位，具体规定每个岗位及该岗位的职责权限的责任制度。岗位责任制要使每个员工明白自己所在岗位的性质、地位、工作内容、工作方法。岗位责任制的主要内容有：岗位的名称和性质、该岗位的直接上级与下级、岗位职责与工作内容、工作范围、工作量、工作质量标准、岗位权限、上岗标准、岗位考核办法等。岗位考核由部门每日进行。

3. 员工手册

员工手册提出了企业精神，规定了全饭店员工拥有的权利和义务，是全体员工都应遵守的行为规范的条文化文件，它与每个员工休戚相关，是饭店内最带有普遍意义、运用最为广泛的规章制度。虽然其基本内容因各饭店指导思想的不同而有所不同，但其主要内容大致都包括序言、宗旨、企业精神、员工地位、总则、组织管理、劳动管理（包括用工类别、聘用条件、劳动制度、劳动合同、体格检查、试用期、工作时间、超时工资、人员培训、工作调动、调职与晋升、合同解除等）、员工福利（各种假期、医疗福利、劳动保险、工作餐等）、饭店规则（包括礼节礼貌、考勤、行为规范、员工投诉、使用电话、宾客投诉、离职手续等）、奖励和纪律处分、安全守则、修订和解释。

员工手册内容较多，在条文上既要严密准确，也要简明扼要便于操作。员工应经常学习，熟记内容，以便执行。

（二）总经理负责制

总经理负责制是指总经理既是饭店经营管理的负责人，又是饭店的法人代表。总经理根据上级主管部门或股东（职工）代表大会的决策，全面负责饭店的经营和业务，建立以总经理为首的组织管理体系。

（三）部门制度

部门制度是指饭店各部门根据部门业务的特点和运行规律为规范部门行为而制定的制度。部门制度的制定一方面要依据饭店的基本制度，另一方面要紧扣部门的业务特点。总体来说，饭店的部门制度有：部门业务运行责任制、部门设施设备管理制度、部门服务质量管理制度、部门纪律制度、部门物品管理制度、部门劳动考核制度、部门财务制度等。

（四）专业管理制度

专业管理制度是因饭店专业管理需要而由各职能部门制定的制度，该类制度在全饭店通用，要求全体饭店员工遵照执行。专业管理制度主要有行政性制度、人事制度、安全保卫制度、财务制度等。

（五）饭店工作制度

饭店工作制度是为涉及全饭店的一些行政工作所制定的制度，有些饭店把这些制度并入行政制度中。饭店工作制度主要有会议制度、饭店考评总结制度、决策和计划工作制度、质量监督制度等。

三、饭店组织管理制度的实施

饭店制定制度的目的是使制度作为管理的一部分而为组织目标服务，但在实施执行过程中往往难度很大。因此，在制度实施的过程中，需要加强制度实施的组织保证和主观条件。

（一）制度实施的组织保证

制度实施的组织保证是指能使制度贯彻执行的客观条件和环境条件，主要有：通过法纪和制度教育，培养员工的法纪制度意识；营造饭店优秀的企业文化，使饭店形成一种自觉执行制度的良好氛围，使遵章守纪蔚然成风；实行严格公正的考核和奖惩，保证制度的实施。

（二）制度实施的主观条件

制度实施的主观条件是指制度执行者的自身条件。一方面，饭店在招收员工时应确定员工基础的素质标准，尽可能选拔基础素质比较好的员工来饭店工作。另一方面，要对员工进行良好的塑造，要通过培训和企业文化，通过实践锻炼培养和塑造员工的综合素质，同时引导员工自我塑造和自我提高。

任务三　饭店的非正式组织

正式组织指通过认真设计而形成的具有一定的目标、任务并由相应的规章、制度等决定成员之间的权责关系从而完成既定目标的人群关系结构。正式组织对个人具有一定的强制和约束作用。然而，不论组织设计的理论如何完善，组织设计者付出怎样的努力，始终都无法规范组织成员在活动中所有的联系，都不可能将组织成员的所有联系都纳入正式的组织结构系统中，于是，非正式组织便随着正式组织的建立而形成了。

一、非正式组织的含义

非正式组织是在正式组织运转过程中，某些成员为寻求正式组织不能满足的共同心理需要而自然形成的一种群体或非正式团体。

一般来说，在企业内部，在最基层的劳动组织里，非正式组织较容易形成。其形成原因归结起来有：共同的利益要求、类似的人生态度和价值观、相似的社会角色、相近的工作生活空间等。这些因素使得人们不由自主地相互帮助与支持，并自觉采取共同的行动，从而使人们更易于形成密切的人际关系。

非正式组织的存在是一种客观现象，只要正式组织不能完全满足人们的心理需求，人们就会在正式组织以外寻求满足需要的条件和可能，就会产生非正式组织。因此，可以说，任何正式组织中都存在非正式组织，在饭店组织中同样也存在非正式组织。

二、非正式组织的特点

（一）凝聚力高，协调性好

在非正式组织里，共同的情感是维系成员的纽带。由于成员拥有相似的社会地位、相近的心理特征和共同的需求，并且其组织是自发自愿形成的，因而成员之间交往密切，互相信任，对某些问题的看法基本一致，思想沟通容易，在行为上能彼此帮助，易于协调，从而使他们具有较高的凝聚力和较强的集体感、归属感。

（二）控制力强，影响力大

非正式组织并不是通过纪律、规范而是通过相互之间默认的一种交往常规来彼此约束的，这种无形的约束迫使成员自觉服从；再加上在群体活动中自然涌现出来的"领导"具有较高的权威和较强的号召力，因此非正式组织成员对饭店正式组织中的其他成员的观念和行为的影响也十分明显。正是由于非正式组织强调心理的满足和成员之间的从众行为，从而使其控制力强，影响力大。

（三）依赖性大，稳定性差

非正式组织对于稳定的环境有很强的依赖性。于是，非正式组织往往厌恶、反对各种变化或变革，对各种动向保持高度的敏感性。一旦非正式组织的生存环境发生了变化，或其成员间的层级关系发生了改变或成员内部出现了分歧，那么其感情纽带将不复存在，非正式组织也将随之解散。因此，非正式组织的稳定性差，抗风险能力弱。

三、非正式组织的作用

（一）非正式组织的积极作用

非正式组织的积极作用主要体现在以下 3 个方面：

1. 满足员工的某些心理需要

从属于某个非正式组织可以满足人们在正式组织中得不到的归属感和安全感等需求，工作中频繁的接触以及在此基础上产生的友谊，可以帮助人们消除"孤独感"，在私下的交往中，可以满足自我表现的需求等，而正式组织中不能得到满足的这些需求对人们在工作中的情绪、工作效率的改善有很重要的影响。

2. 增进信息的沟通

正式组织内部的沟通渠道通常是有限的，且容易受其权力结构的影响，经非正式组织实现的沟通可以成为正式组织沟通的补充，而且非正式组织信息的传递速度较快，反映比较客观，不会因为害怕权威而改变自己的观点，这样实际上有利于上层管理者了解组织内员工的真实思想，可以获得在正式组织内无法获得的许多情报、信息。

3. 促进组织稳定

非正式组织是靠情感为纽带联系起来的，而且可以通过舆论的作用来促成其内部成员顺从协调。因此，它能够起到稳定内部成员的情绪、建立良好的组织气氛、协助正式组织实现目标的作用。

【小案例】

　　某大饭店将为客人举办一场隆重的婚宴，上午 11 点大批客人就陆续来到了宴会厅，餐饮部李经理很着急，因为"五一"是举行婚宴的黄金时段，生意旺，人手十分紧，当值服务员摆台工作还没有完成，这么多客人就涌进来了，场面实在有些混乱。这时，餐饮部酒水员小王对李经理说："经理，我帮您叫服务员过来，您平时对我不错，这个忙我应该帮。"李经理说："好，谢谢你！"小王是餐饮部公认的"才子""群众领袖"。果真，不到 20 分钟，就来了 8 名正在休假的服务员，大家齐心协力，很快就完成了摆台的任务，客人赞扬饭店的"工作效率真高"。

　　思考讨论：小王为什么能很快将休假的员工叫来工作？

（二）非正式组织的消极作用

非正式组织的消极作用体现在以下 4 个方面：

1. 影响工作效率的提高

非正式组织的目标如果不能与正式组织相一致，则可能会影响成员的工作效率，甚至可能对正式组织目标实现造成障碍。因为它能够通过强大的凝集力和内部控制力，降低其内部成员对正式组织目标的认同感，影响他们工作的积极性和责任感。

2. 束缚员工个人的发展

非正式组织要求成员行动一致，这往往会抑制个人的发展。成员有时为了和群体保持一致，不得不作出一定的让步，不能抓住机会展示自己的才华，不能更多地为正式组织作出贡献。

3. 传播流言

非正式组织内部的成员聚集在一起，如果没有正确地对待信息的来源和真实性，很容易在成员间形成小道消息或流言，这将对组织的团结和发展造成极大的障碍。

4. 阻碍组织的变革

非正式组织的压力还会影响正式组织的变革，滋生组织的惰性。由于群体的部分成员害怕非正式组织赖以生存的正式组织的结构发生变化，从而往往会采取一定的方法和措施来阻碍正式组织的正常变革。

四、饭店非正式组织的管理与控制

饭店的管理人员应充分利用非正式组织的积极影响，努力克服和消除其不利影响，从而使之为饭店的正常管理服务。

（一）在态度上要端正对非正式组织的认识

管理者应改变过去传统的对非正式组织逃避、忽视、排斥、压制和取缔的态度，应充分认识到非正式组织在饭店中存在的客观性，承认其双重作用并积极发挥其积极影响。

（二）在行为上要转变对非正式组织的做法

管理者要通过合理利用非正式组织的优点，为实现饭店的经营目标服务，例如：利用非正式组织信息沟通快捷的特点，搜集和了解员工的需求、期望和思想状况；通过目标引导法，把非正式组织的目标、方向统一到正式组织整体目标上来；通过兴趣转移法，针对员工的心理特征，举办各种有益的非正式群体活动，把饭店员工的兴趣、爱好逐渐转移到饭店经营目标范围之内，从而使非正式组织与饭店组织的目标协调一致起来。

（三）发挥非正式组织中"领导"或"核心"人物的作用

非正式组织中的"领导"或"核心"集中体现了非正式组织成员的共同价值观和共同志趣，他们往往凭借自身的技术专长和个人魅力在非正式组织中享有很高的威望和影响力，有时他们的实际影响力甚至远远超过正式组织任命的那些管理者。因而，管理者应对非正式组织中的"领导"或"核心"人物的影响给予高度重视，积极争取与他们在各个层面上进行有效沟通，积极邀请他们参与组织的重要决策，如有必要，还可邀请他们出任组织的正式职务。

（四）营造团结向上、和谐统一的组织文化，重视并满足员工的多种需求

非正式组织一旦形成，正式组织一般不能利用行政或其他强硬措施干涉其行为，但必须有效控制其消极影响。从长远来看，要想使非正式组织与正式组织真正协调一致，饭店组织就要建立、宣传正确的组织文化来影响、引导和改变非正式组织的行为规范和价值取

向，在"大集体小自由"的关系结构中，使之与正式组织的目标协调一致，和谐共处；同时，通过营造团结向上、和谐统一的饭店文化氛围，满足饭店所有员工特别是那些非正式组织成员在安全感、集体感、归属感、社交与友谊等情感上的需要。管理者还应尽可能使所有员工在饭店这个大家庭中都得到个性发展，从而使每个饭店成员都作出积极贡献。

饭店管理者应根据不同的非正式组织的类型（积极型、无害型、破坏型）和特点，采取不同的管理和控制行为，因势利导，并最大限度地发挥其积极作用，从而使非正式组织为饭店组织的正常运作服务。

牛刀小试

1. 简述饭店组织的职能。
2. 简述饭店组织结构设计的原则及组织结构模式。
3. 简述饭店组织管理制度的体系。
4. 简述饭店非正式组织的含义、特点。
5. 简述饭店对非正式组织管理的必要性及管理控制措施。

项目四　饭店计划管理

任务清单

◇　了解饭店计划管理的含义和计划管理的重要性，饭店编制计划的影响因素与方法。
◇　熟悉饭店计划管理中的计划指标体系。
◇　了解饭店计划的执行和控制。

情景在线

本地区三星级、四星级饭店培训部经理每季度举行一次联谊会。某次联谊会的议题是"怎样设计培训计划和培训活动"。能言善辩的培训部经理们没有什么谦让，纷纷发表自己的意见。A饭店的王经理说："一提到计划自己就伤心。年底培训计划一报就有十几张纸，结果不是因为与业务活动发生冲突不得不让路，就是报上去的经费老总不痛痛快快地批准，计划中的工作能有60%落实就不错了。"Q饭店的周经理说："每年计划中老总都说要抓培训，可是业务部门经理们就是不配合，学员组织不起来，还总有人说风凉话，泼冷水。"S饭店姜经理也禁不住发起了牢骚："有一次，好不容易把人召集起来了，培训老师在台上辛辛苦苦地讲了两小时。再看教室中的学员们，不是在看书就是在睡觉，更可气的是签到表上的签名不少，可是到培训结束时能剩下2/3的人就算不错了。"大家七嘴八舌地发着牢骚，倾诉着各自的苦衷。会议主席张经理提高了嗓音说："各位经理们，如果我们在一起只是发牢骚的话，还不如到郊外去郊游。现在我建议大家都努力用一种积极的心态来分析一下出现以上问题的根本原因在哪里，提出一些积极改进问题的办法。只有这样，我们才能在工作中取得进展！"一席话把大家引向了冷静的思考。

问题： 编制一个饭店计划应该考虑哪些因素？

提示： 编制计划前要充分、全面、透彻地分析、研究影响计划落实的各种因素——市场状况、经济合同签订情况、综合接待能力、管理水平和技术水平，使计划建立在科学分析的基础上。总而言之，饭店计划必须密切联系饭店的客观情况，并具有现实性、可能性和可行性。

任务一　饭店计划管理概述

一、饭店计划管理的含义

饭店计划就是管理者面对未来，立足现实，对饭店的经营业务活动进行运筹、计议、决策、规划，全面安排饭店经营业务的活动。它是饭店在计划期的行动纲领和奋斗目标。

饭店计划管理是饭店在国家政策指导下，根据饭店内外环境条件，用目标管理的方法通过对计划的编制、执行、控制，确定饭店的经营目标，指导饭店的经营业务活动，保证饭店取得双重效益。

计划管理有双重含义：一是计划编制本身的管理；二是实施计划，用计划指导管理饭店。计划管理是一个管理职能，是一个从提供编制计划依据到计划目标最终实现的全过程管理活动。

二、饭店计划管理的重要性

科学的计划管理是保证饭店科学管理的必要条件。饭店计划管理的重要性体现在两个方面：

（一）为饭店的经营活动与发展提供重要的依据

饭店的经营环境复杂，内部工作多，工作性质各异，因此，为了协调饭店的服务接待工作，就必须要有一个事先通盘考虑的成熟计划。计划的好坏，足以决定未来饭店经营活动的成败。现阶段，消费者的兴趣与时尚极容易发生变化，而饭店的产品相对显得难以及时适应其需求的变化，如不对市场的需求变化进行预测并预备好相应的应变计划，一旦市场情况发生变化，饭店内部的产品与服务就可能难以适应市场需求。因此，要使饭店的经营活动正常实施并使其顺利发展，计划工作就显得十分重要，不可缺少。

（二）为饭店的控制管理提供标准

饭店的计划制定了有关经营效益的各项指标和目标，并提出了达到经营效益的各种措施。而饭店在具体的业务运行实践中，要使各项工作都按计划、有步骤地进行并圆满完成相关任务指标，且把浪费或耗费减缩到最低限度，就离不开对业务运行的各个环节和进程进行控制，实施控制管理。控制的标准就是饭店在此之前所提出的相关计划。饭店的控制管理必须对照计划对饭店经营的目标、利润、费用、收入确定的标准进行控制，发现偏差及时纠正。因此计划工作实际上是制定企业管理活动中控制管理的尺度。所以往往企业的控制管理活动实际上是计划管理工作的一部分，是以计划中的目标作为管理活动的标准。

任务二　饭店计划指标及其类型

一、饭店计划指标

计划指标就是饭店在计划期内用数值来表示的经营、接待、供应、效益等方面要达到的目标和水平，它必须要有概念明确的指标名称、指标数量、规范化的计量单位。

根据饭店计划管理的需要，通常饭店计划指标由一系列的指标构成，每一项计划指标都反映饭店在某一方面的目标等情况，在管理中都有其独特的作用。但由于每一项指标都有其局限性，都不可能综合反映饭店的经营业务情况，因此饭店设置计划指标，要根据管理的需要和饭店的实际情况，形成一系列互相联系、互相补充的必要的计划指标体系。一个完整的指标体系，才能正确全面反映饭店的经营业务情况。以营业收入为例，营业收入只反映了饭店收入的情况，并未反映效益情况，当加上成本、费用、利润、税金指标后，才能较客观地反映饭店经济效益情况。若要全面反映经济效益情况，还须加上资金占用、饭店固定资产情况（如客房数、营业面积等情况）。若还要反映在这样的经济效益下的社会效益情况，则应加上服务质量指标。所以管理人员在管理饭店时，不仅对数字要有特别明确的概念，同时还要有系列数字——指标体系概念，即从指标体系中的系列数字去分析判断情况，得出正确合理的结论。

当然，饭店计划管理不可能把各个具体指标都统管起来，但应确定并保证完成全饭店的主要计划指标。确定计划指标时，每一项指标都必须有指导性、目标性，指标与指标之间都要有内在的联系，指标体系要能统驭整个饭店计划。另外，饭店体制、等级、管理风格等不同，对计划指标的要求也不完全一样。

二、饭店计划指标体系组成

饭店计划指标体系一般由数量指标体系和质量指标体系组成。

（一）数量指标体系

数量指标（quantity index）是指饭店计划期内经营活动应达到的总体目标，通常用绝对数表示。饭店的数量指标体系一般包括如下指标：

1. 客房—床位数

客房—床位数（number of rooms and beds）是表示饭店接待能力的最基本的指标，是其他各项指标的基础。客房—床位数指标对具体饭店来说，往往只取其一项，或客房数，或床位数。这是根据各饭店不同的销售方式而定的。要确定各个等级（单人房、标准房、套房等）的指标，核定能出租的客房—床位总人天数，实际能保证实现的客房—床位出租数。有必要的话，饭店还可以核定机动床位数，即在需要时可临时加床扩大接待能力。

2. 接待人数

饭店经营的直接成果是饭店接待人数（number of visitor arrivals）。接待人数有两个指标：一是接待的住宿人数，简称接待人数，是指饭店接待的住宿过夜的人次数，即一个人不管在饭店住几天，都只算一个人次数；二是接待客人的过夜总数，简称接待天数，是指客人在饭店住宿的天数之和。一个客人在饭店住宿一天称为一个人过夜数。过去，中国饭店行业的潜规则是：客人住一宿后如果占用客房至当天中午 12 点以后，那么要加算半个人过夜数，加收半天房租；如果客人占用客房至当天 18 点以后，那么要加算一个人过夜数，加收一天房租。在这两种情况下，如果客人不过夜而离店，该客房在当晚又出租，那么一间客房在一天里实际上实现了一个以上的人过夜数，这种情形称为套用客房，在统计时，都应计算在内。

3. 饭店营业成本和费用

饭店营业成本指饭店在经营过程中所发生各种支出的总和。由于对饭店性质认识上的原因和由此而产生的相应核算方式，饭店通常把经营过程中所发生的各种开支分为两大部分，一部分是直接成本，称为营业成本，另一部分是间接成本，称为费用。

饭店确定营业成本和指标时，先要测算各部门的营业成本和费用，这一指标要比较精确。把部门的成本和费用汇总后，再加入饭店及各部门的企业管理费，就形成饭店总的营业成本和费用指标。有的饭店在确定该项指标时，把该指标列为营业成本、费用、管理费 3 项分指标，这样比较清楚合理。除此之外，饭店的营业成本和费用指标也可以通过核定饭店营业收入和营业额成本率来确定。

4. 营业收入

饭店营业收入（total revenue）是饭店以货币表现的在营业中提供商品和服务的交换价值的总和。饭店营业收入是反映饭店经营效果的价值指标，它由饭店各种经营收入汇总而成。在确定营业收入指标时，先测算出各部门各种营业收入，再把这些营业收入汇总，核定营业收入基数。另外，饭店在核定营业收入指标时，还要核定营业收入中的外汇收入指标，它是指饭店接待海外客人所吸取的外币收入。

饭店收入除了营业收入指标外还有营业外收入。营业外收入是非提供饭店服务和商品的收入，如设备物品折价处理、罚金收入等。饭店非营业收入一般不列入指标内。营业外收入都单独计算，列有专项。饭店的营业收入和营业外收入合起来称饭店总收入。

5. 利润和税金

利润（profit）是考核饭店经营业务活动质量的一个综合性指标，较集中地反映了饭店的经济效益。税金（tax）是饭店劳动者创造的、提供给社会支配的那部分价值，它表现了饭店对国家贡献的大小和所承担的社会经济责任。

饭店核定利润指标，主要是核定各经营部门的部门利润指标。各部门经营利润的汇总形成饭店利润。而饭店核定税金指标，要根据国家规定的税种税率，及饭店其他各项经济指标进行预测，提出应缴税金的定额。只有在确定税金指标以后，才能确定饭店的利润及税后利润指标。

（二）质量指标体系

质量指标（quality index）是指饭店在计划期内经营效率和效益方面应达到的指标，通常用相对数来表示。饭店的质量指标体系一般包括以下几项：

1. 客房—床位利用率

客房—床位利用率（room occupancy）是表示饭店接待能力利用状况的指标，直接反映饭店的经营效率和水平，其计算公式为：

$$客房—床位利用率（出租率）=\frac{客户（床位）实际出租总数}{核定客房（床位）出租总数}\times100\%$$

其中，核定客房（床位）出租总数指饭店核定的全部可用于接待的数量，即使一些客房由于设备原因而实行了封闭，也同样包括在内。客房—床位利用率每天都要进行统计，每月一次小计，每年进行一次大计，以此来有效地掌握客房出租情况，及时得到信息。

2. 客房双开率

客房双开率又称为双人租用率，是双开房间数与已出租的房间数之比。其计算公式为：

$$客房双开率=\frac{双开房间数}{已出租客房数}\times100\%$$

在饭店中，一间标准房由一位客人租用称为单开房；由两位客人租用称为双开房。按国际惯例，饭店一般为这两种租用形式制定出不同的房价，单开房的价格要比双开房的低，如双开房价 400 美元／天，单开房价 350 美元／天。目前，中国的一些合资饭店都采用这种价格政策。

客房双开率的高低对客房的平均收益有直接的影响，在一般情况下，饭店应适当安排两人住一间房，以提高经济效益，尤其对那些根据合同而享受优惠价格的团队客人或公司客人。另外，通过双开率的预测，还可以掌握住店人数这一重要数据。

3. 人均消费额及平均房价

饭店人均消费额（average expenditure）是指住店宾客在饭店住宿一次的平均消费总额，用公式表示为：

$$人均消费额=\frac{饭店营业收入总额}{接待人次数}$$

因饭店人均消费额对饭店增加收益具有重要意义，饭店应努力提高人均消费额。一般地说，由于物价指数的提高和消费水平的提高，饭店也应该不断提高人均消费额。

平均房价（average price of room）是在统计期（日、月、年）出租客房的平均价格，用公式表示为：

$$平均房价=\frac{统计期房费收入总额}{统计期客房出租总数}$$

现在，随着市场的变化和淡旺季等因素，客房的房费会发生浮动。房价的水平直接影响客房部及饭店的各项经济指标，因而平均房价成为一项重要指标。

4．劳动生产率

饭店的劳动生产率（production rate）指饭店平均每一个员工在单位时间实现的营业收入，用公式表示为：

$$劳动生产率 = \frac{报告期内饭店营业总收入}{报告期内饭店平均职工数}$$

反映饭店经营活动的成效和水平的指标除了劳动生产率外，还包括饭店人均创汇和人均创利等。

5．服务质量指标

饭店服务质量工作是饭店的中心工作。控制饭店服务质量要有计划。由于饭店各部门所提供的服务是不同的，服务质量又由各部门的服务质量来具体体现，因此饭店的服务质量指标（service quality index）应根据各部门的服务质量计划予以确定，它们是关系饭店生存和发展的重要指标。

三、饭店计划的类型

制订计划是饭店计划管理工作的主要内容。在饭店的计划管理中，最常使用和制订的计划为长期计划、年度综合计划和接待业务计划。长期计划、年度综合计划与接待业务计划的具体关系如图 4 - 1 所示。

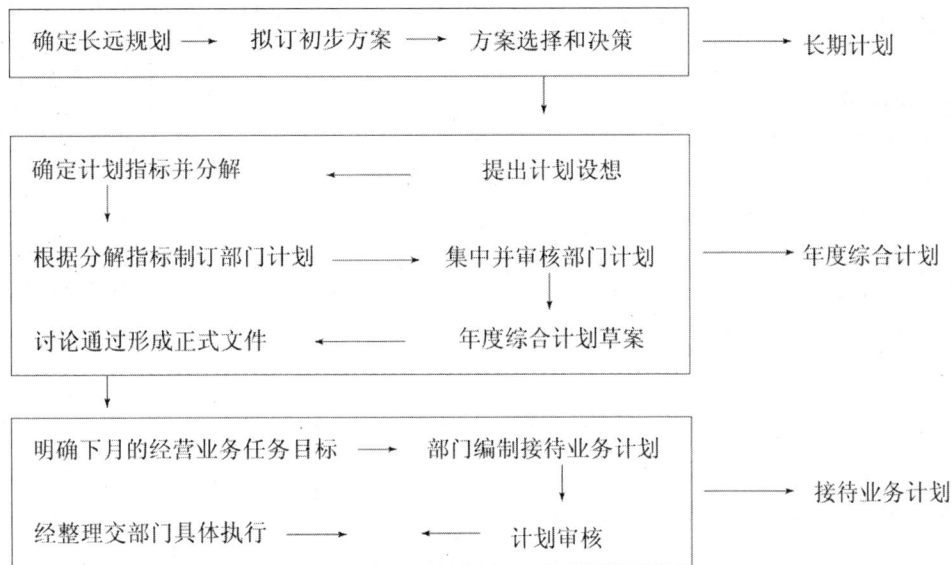

图 4 - 1　长期计划、年度综合计划与接待业务计划的关系

（一）长期计划

长期计划是饭店在较长的时间（一般为 5 年以上）内，在发展方向、规模、设备、人员、经济、技术等方面建设发展的长远性纲领性计划。饭店长期计划是一种战略性计划，它规定了饭店的发展方向和所应达到的目标。饭店长期计划的内容主要有以下几个方面：

1．饭店目标

饭店目标是从总体上确定的整个饭店在未来一段时间内应达到的目标，其中的主要指标有：饭店等级标准、服务管理水平、经营规模、经营方向、经营内容等所达到的水平，以及饭店对市场的预测和市场占有情况，饭店各项经济效益指标增长情况等。

2．饭店建设与投资

饭店建设与投资即饭店在规划期内对固定资产建设的总体规划。饭店要确定各种固定资产建设的目标和方向，包括新建、扩建、改建项目及对现有固定资产的更新改造、新设备的设置等。同时，饭店还要计划所有这些项目的投资额、资金来源、投资计划（投资总额的分配、分期投资额）、投资效益预算、跨年度工程进度安排。长期计划除了规划本饭店内部的建设与投资外，在有条件的情况下，还要规划对外的投资与建设。

3．饭店经营管理

应规划饭店在未来一定时间内经营管理应达到的水平，如管理体制改革、管理人员的配备、管理手段的更新、管理方法的改进等。

4．饭店规模

应规划饭店发展的规模和接待能力。

5．人力资源计划

饭店人力资源计划应确定饭店未来员工队伍发展的总体规模、水平、结构以及确定饭店管理人员和职工来源，人员素质所要达到的标准，欲达此标准所需要的培训层次和培训计划。

6．生活福利计划

饭店生活福利计划主要规划职工生活福利水平，包括职工生活福利一般水平的规划、职工集体福利的逐年规划、逐年所应达到的水平标准、职工工资增长、福利基金规划、职工本人及家庭的福利设施等。

一般而言，长期计划是对饭店未来命运与发展前景的理性思考，具有超前性。它的时间跨度长，涉及范围广，计划内容较抽象、概括，是一种全方位、多角度、多层次、全过程的战略构想和战略安排。由于其规划期较长，对未来的计划指标来说，存在许多不确定、不可预见的影响因素，因此，饭店在拟订长期计划时，应以全局为对象，以长远为目标，必须要注意外部环境及其可能的变化，还必须考虑完成计划所需要的资源。这就要求长期计划的制订者必须要有丰富的知识和经验，并建立必要的信息来源渠道，根据饭店的总体发展需要制订当前到未来经营活动的行动纲领。长期计划一般应由饭店的高层决策者来制订。

（二）年度综合计划

饭店年度综合计划是具体规定计划期全年度和年度内各时期饭店在各个方面的目标和任务的计划。年度综合计划是饭店在计划期行动的纲领和依据，是饭店中最重要的计划。从时间上说，年度综合计划要统驭全年度。从内容上说，年度综合计划要包括全饭店及各部门各种业务的目标、任务、经营方式等。

年度综合计划从结构上来讲可以分为两大部分。

第一部分是饭店综合计划部分。这一部分提出饭店的目标和任务，确定饭店所有计划指标和附加指标，并对指标分解进行总体说明，同时对涉及全饭店的有关业务制订计划。这一部分由于它的综合性，称为饭店经营业务总计划。

第二部分是组成饭店综合计划的部门分类计划部分。它提出了各业务和职能部门为达到饭店目标，各自在本业务范围内执行的目标和任务，提出了本部门在计划期的各项指标和业务内容。部门分类计划主要有以下几个方面：

1．市场营销计划

市场营销计划的制订，要求从市场实际出发，确定饭店产品结构、档次及组合方式；规划饭店接待人数、客源结构及市场占有率；制定饭店的市场营销策略；等等。该计划要具体翔实，如对客源单位要明确是哪几个方向或哪几家，如何做联络工作；对计划年的展销会、交易会、客商集会等要做一个详细的列表，确定参加人员及所要达到的目的。

2．前厅部计划

前厅部根据经营业务总计划，确定全年及各业务季、月的接待人数、客源结构和客源组织形式；提出前厅接待部、行李部及总机等相关部门的服务计划和服务要求等。

3．客房部计划

客房部根据经营业务总计划，具体核定本部门的接待能力、接待人数以及这些指标具体在时间上的分段分配和各单元的分配；规定客房劳动组织形式、人员安排和编制定员；确定各工种劳动定额、业务组织形式、人员培训及服务质量计划、物资消耗计划、设备设施维护保养计划等。同时，客房部计划还包括客房所属部门如洗衣房、公共卫生及其他单位的相关计划。

4．餐饮部计划

餐饮部根据经营业务总计划，确定餐饮部的营业收入、营业收入构成。为达到计划目标，餐饮部还要在计划中确定餐饮部流动资金占用及来源，食品及原料的存储和采购量，厨师技术力量的配备和培训计划，服务形式和服务质量计划，餐饮设备设施的配置与更新，物料能耗测算，成本控制计划。

5．商品部计划

商品部在制订计划时要对市场进行调查并预测，通过对计划期市场趋势、经营方向客观而详细的分析，确定商品经营的内容、经营方式、各类商品和各柜组的经营方针和经营策略、各柜组经济效益。商品部还要核定流动资金的占有和周转，各柜组流动资金分配及效益指标，确定商品采购形式、采购计划，商品部与其他部门、其他单位的联营或其他合作形式，确定优质服务、售后服务的方式和控制办法。

6．劳动工资计划

劳动工资计划主要对饭店的人员及劳动报酬制定目标。其中劳动计划要确定饭店正常运转所需人数、职工分类、职工构成比例，招收、培训、学习、上岗等具体人数和时间，对在职人员的培训和考核，定级定职称的基本计划；核定饭店全员劳动生产率、创利率和创汇率；同时，也要对计划期职工离退休、劳动保护、保险等制订具体计划。

工资计划要确定饭店工资总额和平均工资额，职工工资的构成和分配形式，计划期因职工人数变动及工资标准调整所发生的工资总额的变化。工资计划要核定饭店奖金、津贴和其他工资的支付额度；同时，要分析计划期饭店的工资状况和工资变动状况。

7. 设备建设和维修计划

设备建设和维修计划是饭店对设备进行投资建设、保养维修的计划。该计划要确定设备的需用量，需添置设备的种类、数量、资金来源，设备更新改造和报废淘汰等情况。该计划对饭店设备现状要作出分析和评估，对设备的归口保养、设备部门对设备保养的控制作出规定，确定日常修理的工作量、修理的方法和工作安排，并根据不同类型的设备确定修理的时间及在计划修理期间设备使用的替代方案、经费预算、力量安排。

8. 物资计划

物资计划是为饭店各部门完成接待和供应任务而提供各种物资的计划。物资计划要确定饭店各部门各种主要物资的种类及基本要求（如规格、质地、使用特征等），计划期物资的需用量、物资储备量、物资进货渠道、物资的采购批量。该计划还要确定物资保管体制和方法、仓库管理方法、资金占用量和来源、物资供应方法、各部门各类物资的消耗量或消耗比例。物资计划应由财务部会同使用物资的各部门进行预算核定后再予制订。

9. 财务计划

财务计划是根据各部门和全饭店的决策和预算，为保证这些决策的实施而在财务上作出的与之相适应的规划。财务计划主要包括固定资产计划、流动资金计划、利税计划、专用基金计划、财务收支计划、成本费用计划。财务计划要规定饭店资金的一些主要方面，如固定资产折旧费、大修理费、流动资金需用量、流动资金周转速度、流动资金部门分配、利润总额、收入总额、收入和利润构成、利润率、各种专用基金的收入与支出、成本及费用的计划量。

10. 基建及改造计划

基建及改造计划是针对有土建或较大规模的饭店建筑或装修的情况而言的。基建及改造计划有两部分：一部分是基建或改造的内容，如项目、规模、投资、委托的土建和设计单位；另一部分是基建或改造的进度安排、基建或改造需其他部门配合的范围和要求等。由于基建和改造内容较多，专业性较强，有时还要和其他部门相协调和配合，所以有的饭店把该计划单独列为一个专门计划而不放在年度综合计划里。

一般而言，饭店的年度综合计划都是战术计划，是有关饭店活动具体如何运作的计划，对饭店来说，就是各项业务活动开展的作业计划，是有关饭店经营目标如何实现的具体实施方案和细节，因而，其内容复杂，时间跨度上纵贯全年，具有全面性。饭店年度综合计划对饭店实际业务活动的开展起到协调制约作用。因此，该计划制订要慎重，一经制订，就要落实并进行控制，以保证其顺利完成。它一般由饭店中层管理人员制订。

（三）接待业务计划

为了保证年度综合计划的完成，作为年度综合计划的实施和补充，饭店还需制订接待业务计划。饭店的接待业务计划分为两类：

1. 月计划

月计划是以月为时间单位，根据年度综合计划和各个月预报预订客源的实际情况，具体规定每个月的计划指标和各部门的日常接待业务活动的计划，它是年度计划在各个月的具体化。制订月度接待计划，除要注意以年度计划为依据，使各月计划相互衔接外，还应以前厅的接待业务计划为中心，由后台各部门制订各自相应的计划。

由于饭店接待有各种类型的淡旺季，每个月的业务量、业务内容、客源、经济状况都会有所不同，所以各个月计划也是不完全相同的。对月计划要求逐月制订，月计划要详细具体。

2. 重要任务接待计划

重要任务接待计划是指饭店针对某一项重要的接待任务而专门制订的接待计划。所谓重要或是指来宾的身份特殊，或是指来宾接待规格要求高，或是指来宾团体规模较大，等等。这一计划主要是根据接待对象的重要性和特点，对接待的标准和具体内容作出规定。这一计划的特点是实效短，重点突出。

重要任务接待计划要明确对象、接待目标，拟定接待内容和规格标准。应把各种任务和具体事项落实到部门及个人，确保专门接待计划的顺利完成。重要任务接待计划一般列入月计划之中，但不列明详细内容，而是在月计划制订后，再逐个制订重点任务接待计划。

任务三　饭店计划的编制、执行与控制

一、影响饭店计划编制的因素

饭店编制计划前要充分、全面、透彻地分析、研究影响计划落实的各种因素，使计划建立在科学分析的基础上。只有这样计划才能如实地反映饭店运行的客观规律，才能真正起到指导饭店经营、管理的作用。影响计划编制的因素主要有以下几点：

（一）市场状况

饭店产品既然是一种商品，这种商品的生产和销售就必须以市场为依据。饭店市场指的是饭店和宾客之间的一种供求关系。饭店是为了满足宾客的需要而存在的，那么饭店在编制计划前，要对市场有一个全面深入的了解。要了解市场状况和发展趋势，就要进行市场调查。

1. 饭店市场调查的基本内容

（1）环境调查。要调查国内外的政治环境、政治形势及对市场的影响；调查经济状况，如生产力水平（主要表现为客源国的国民总收入、国民收入、国民消费水平）、币值、汇率、国际经济关系、交通、供应、投资等对客源市场的影响。

（2）饭店状况调查。调查有关饭店的接待能力，饭店产品特色、价格，各饭店的经营策略，特别注意调查同档次饭店的情况。

（3）客源状况调查。调查客源的估计流量、客源结构、客源消费水平及消费结构、客源市场对产品的需要、客源入境状况、客源流动规律等。

（4）客源渠道调查。有了客源，便需要了解客源从何渠道进入市场，饭店可以联系的渠道有哪些，客源组织对象有哪些。这些调查既要有明确的结论，也要有相关的数据。

2．饭店市场调查的方法

（1）积累资料并分析。主要从饭店内部各部门、各业务环节取得资料（包括原始记录和统计资料），将这些资料加工为统计资料，再经过统计分析，得出调查结论。

（2）询问调查法。询问有多种形式，如直接向宾客口头询问、发单询问、开座谈会询问、个别询问等。询问首先要有目的，把目的具体化为项目，并列成目录或表格，有的放矢地进行询问。询问对象可以是客源单位、行业主管单位、外国旅行社、口岸城市有关单位等。询问的结果要进行处理，使之系统化，对这些资料要进行深入分析，从而得出正确的结论。

（3）专题调查法。例如，旅游是由众多环节组成的一个综合性过程，受市场影响的因素较多，饭店可选取众多因素中的一两个作为调查对象，也可以把某一个活动项目作为调查对象，进行专题调查，经过市场调查，在取得各种数据后，再进行市场分析和市场预测，最终为饭店编制计划提供依据。

（二）经济合同签订情况

饭店对外的经济合同是影响饭店制订计划的又一个重要因素。饭店对外的经济合同是饭店和有关单位签订的具有法律效力的契约。饭店对合同必须承诺和遵守，经济合同是饭店计划的依据。饭店的经济合同主要有：饭店与旅行社及客源单位关于客源、价格、接待条件、联营等方面的合同；饭店与物资、能源供应等部门的经济合同；饭店与基建、安装、装修等部门的经济合同；饭店与其他有关部门的经济合同。所有这些合同都是饭店在制订计划时所必须参照考虑的。饭店只有认真地履行合同，才能树立良好的信誉，才能取得良好的社会形象，也才能保证计划顺利执行。

（三）饭店综合接待能力

饭店综合接待能力是指饭店各部门能够接待宾客、容纳市场、获取效益的能力总和。从一般意义上说，饭店综合接待能力首先是指饭店以客房床位为中心，各部门按比例配套形成的接待能力。

各部门的接待能力都会因时因事而异。饭店要按各个部门的实际情况核定各部门的计划接待能力，以此作为编制饭店计划的一个依据。

（四）饭店的管理水平和技术水平

饭店的管理水平和技术水平是实现饭店计划的基本保证，在制订饭店计划时也须考虑这一因素。管理水平主要涉及管理人员素质、管理人员的协作程度、管理机构的完善程度、管理制度的健全程度、管理体制的运作、人员的积极性和创造性等。技术水平涉及饭店各岗位的操作技术、制作技术、服务技术等。要对饭店管理水平和技术水平进行细致全面的分析和评价，并将它和国内外先进水平及本地区饭店的一般水平进行比较。

二、饭店计划编制的方法

饭店计划的具体编制是通过对长期计划、年度综合计划、接待业务计划的编制而完成的。各个计划的内容及要求不同，编制的方法和过程也各不相同。

（一）长期计划的编制

长期计划的规划期较长，在编制长期计划时，一般采用远粗近细、逐年滚动的办法。

1．确定饭店长远规划

饭店长远规划包括饭店自身发展的长远规划和饭店对外发展的长远规划。确定饭店长远规划前必须对饭店内外环境进行分析，还要充分考虑每个项目之间的相互关系和相互平衡。当长远规划的轮廓较清晰后，再编制长期计划的初步方案。

2．拟订初步方案

长期计划的方案确定以前，应该先排列长期计划的各项目标和指标，然后对这些规划目标和指标进行科学的分析，分析这些目标、指标间的内在联系和制约关系。对规划要列出实施的阶段和步骤，对目标、指标要确定数量和递增递减比例，根据其内在联系把目标、指标系统化而成为计划方案。

初步方案一般由店务会议反复讨论决定。在必要时，饭店还应该邀请有关专家等各方人士进行讨论论证，以保证方案的正确性和科学性。

3．方案决策

制订了几个方案以后，要选择一个较为实际而合理的方案，这个方案未知数要较少，方案的每个步骤都能切合实际，实现方案所需要的条件与饭店面临的各种内外因素较为接近。同时，该方案要有一定的开创性和改革精神。

方案确定后，要对方案精确化。一是要补充完善，即调整、完善不合理的部分，对重点内容进行充实和强化。二是对长远规划一定要留有充分的余地，以应付内外环境中可能出现的不可测因素，以免影响计划的可靠性。长期计划方案确定后要按程序交由饭店职工代表大会讨论，同时交上级主管单位或董事会审议。

4．滚动式编制长期计划

由于长期计划的规划期较长，在执行过程中，往往会因内外环境因素的制约而使计划和实际产生差距，所以对长期计划要不断地进行调整和充实。在编制长期计划时，宜采用滚动式编制方法。滚动式编制计划是指在规定的时间内对长期计划进行检查调整，并把计划顺序向前推进一段时间，即滚动一次，而不是等计划全部执行完，再重新编制下一计划期的计划。如每年检查一次长期计划，就把长期计划向前推进一年，这样能更好地使长期计划与年度综合计划衔接起来，使其既有指导作用，又比较切合实际。

（二）年度综合计划的编制

年度综合计划是饭店的主要计划。年度综合计划既有饭店的综合部分，又有各部门计划，因而饭店在制订年度综合计划时宜采用"集中—分散—集中"的方法。制订这一计划的基本步骤如下：

1．提出计划和设想

饭店在审视和分析了饭店上期计划的执行情况后，应由饭店最高层提出初步的经营决策，提出饭店主要计划指标的试算指标和指标体系。由饭店拟定一个初步的计划设想，勾画一个主要内容的框架和轮廓，并把计划设想发放到各部门，由各部门进行研究讨论。

2．召集饭店店务会议，拟订计划

饭店通常在年底召集以拟订年度综合计划为中心内容的店务会议。会议的主要任务是决策、确定计划指标，分解指标到部门。会议由各部门主要负责人参加，各部门负责人应准备本部门报告期的详细材料和计划期的各种有关资料和信息。会上由饭店总经理提出计划设想，并详细解释，特别是要说明一些主要计划指标的依据。参加店务会议的成员根据总经理的说明和自己所掌握的材料，对饭店计划中的各项指标进行评议，通过这一过程，把饭店各项主要计划指标确定下来，构成饭店计划框架。

计划指标确定以后，要将指标分解到各部门。分解指标时，先由各部门根据本部门的情况提出本部门应完成的计划指标和承担的责任。各部门在提出承担的责任时，要有详细的部门计划指标和依据，有各部门的人、财、物的定额。同时，总经理从饭店的角度出发，提出计划指标分解的设想和要求。这两者之间会有一定的差距。要使两者达到统一，需在会上进行平衡。分解计划指标的过程，也是落实计划年度经济责任的过程。当饭店分解指标确定以后，计划年度的经济责任制也基本确定。根据会议的决定，各部门在明确本部门计划年的责任后，按饭店规定的要求和时限具体制订出各部门计划。同时，饭店根据会议决定，制订出计划的综合部分。这种会议对计划的制订具有重要意义，可反复举行几次，但时间不宜拖得太长，最好是在一周内完成。

3．计划集中

在各部门充分酝酿并制订出部门计划草案的基础上，饭店汇总并审核部门计划。通常，应把所有部门的计划集中进行审核。在审核过程中，对各项指标、达到指标的手段和途径、完成指标的困难等方面都要仔细核实。如果各部门计划和饭店计划会议的决定相一致，就审核通过；如果与计划会议决定出入较大，则要查明原因，进行修正，同时对饭店计划的综合部分相应修正，以求各部门计划的重新平衡。修正后的计划要重新提交店务会议讨论。

4．编制计划草案

饭店编制计划草案采用集中的方式。经过上述各项工作后，饭店基本上具备编制年度综合计划的各种条件。具体编制部门在总经理的指导下，根据已掌握的材料开始编制年度综合计划草案。计划草案一般包括以下 3 个方面的内容：

（1）年度综合计划的综合部分。这一部分以确定的形式提出饭店各种主要计划指标，分析达成目标的有利和不利因素，提出计划指标分配到部门的意见以及饭店对部门完成这些计划指标所能提供的帮助。

（2）综合部门计划。要从各部门实际出发，列出对各部门计划的要求，把部门计划和饭店指标衔接起来，保证各项计划指标的完成。

（3）业务进度。饭店的计划指标是指全年度的计划指标，这些指标是在年度内各个时期来完成的。饭店计划要把各计划指标分解开，分配到各个不同的业务月，安排好饭店业务的时序进度，根据饭店各个业务月业务的实际情况，对每月的业务和完成指标数作出合理的安排。安排中要提出每个月完成指标的实际数、累计数、占全年的比率。安排业务进度的目的是要有效地控制计划指标的完成。

至此，饭店年度综合计划基本上拟订完成。计划拟订后，要交饭店职工代表大会和全体职工讨论，根据讨论的意见对计划作出修正，最后形成正式文件。

（三）接待业务计划的编制

接待业务计划的编制，通常采用自上而下的方法进行。编制计划的基本程序如下：

1. 确定目标和任务

先由饭店统一确定下月的经营业务任务，提出该月要达到的目标。饭店提出任务和目标的依据是饭店年度综合计划的业务进度安排和饭店当时面临的市场状况。饭店要把这些目标和任务分解、具体落实到各部门，由各部门确认这些目标和任务。

2. 部门编制接待业务计划

部门根据饭店提出的目标和任务具体编制本部门的接待业务计划。编制计划的过程中要注意：第一，对各种数量指标要详细具体地落实；第二，落实完成指标应采取的措施和方法；第三，重要任务要编入计划；第四，对部门一些比较重要的事宜，如大规模卫生清扫、设备计划维修、服务方式改进、部分经营决策、服装的季节更换、时令菜肴等都要列入计划。

3. 饭店审核

饭店在汇集各部门计划后，逐一进行审核。审核的主要内容有：第一，各部门计划是否按照年度综合计划规定的指标和业务进度安排制订，计划是否体现了饭店下达的目标和任务；第二，各计划之间的衔接和平衡情况如何，各部门计划是否协调一致，计划衔接时有无注意指标衔接和业务进程之间的衔接。饭店对各部门计划审核调整后，由总经理签署交部门执行。

三、饭店计划的执行

饭店计划的执行需要有一个强有力、高效率的业务指挥系统为保证，饭店应建立一个以总经理为首、部门负责人协助的业务指挥系统。这一系统必须有一整套健全的规章制度，有明确的分工协作关系，并能充分发挥指挥控制职能。

计划执行工作需要与经济责任制结合。由于经济责任制强调部门和个人的责任，强调"责、权、利"的结合，只有把经济责任制和计划执行情况相结合，计划才能落到实处。同时，经济责任制的目标也就是计划指标和计划目标。

计划执行还需要与计划检查、考核制度相结合。计划检查是按计划的时间顺序和进程，对计划的完成情况，进行分析和评价，以保证计划的执行。主要的形式有店务会议的检查、经常性检查和突击检查 3 种。同时，计划执行与月考核制度结合后，能清楚了解每月的业务状况、财务积累和计划目标进度。

计划执行过程中还应注意执行中的困难和障碍。困难主要是资金、人员、客源上的困难。障碍主要是思想上、关系上、渠道上的障碍。饭店管理者应针对这些困难和障碍想方设法各个解决，并调动激发员工的积极性，推进计划指标的完成进度。

四、饭店计划的控制

饭店计划的控制就是在计划检查的基础上，发现计划执行情况与计划本身的差异，分析原因，采取措施，以保证计划的圆满完成。

通过计划检查，把检查结果与计划进行比较，发现偏差，对偏差进行分析、纠正，事实上，这属于信息反馈的步骤。其具体过程如下：

首先，应保证信息反馈的渠道的畅通，饭店可通过一系列的报告、图表、数据来掌握饭店的业务进度情况。

其次，在对比中，可能出现正偏差和负偏差两种不同情况。对于正偏差，分析原因是必然的还是偶然的，偶然的情况影响不大，必然的情况需要缜密分析后对计划进行必要的修订。对于负偏差，同样如此，如果是必然情况，需考虑有无饭店决策失误，执行计划是否有力，还是有人为因素的影响，进而考虑如何调整计划。

最后，计划调整必须在店务会议充分论证后由总经理决策。因为计划调整是一个严肃的决策，会影响饭店的资金投入、指标更替，甚至影响员工的工作积极性。

总之，计划控制需要由总经理和部门经理配合实施，并和管理的控制职能结合在一起，各级管理人员应该掌握饭店业务进展情况，做好计划控制的工作。

牛刀小试

1. 饭店计划有哪些类型？各有什么特点？
2. 饭店年度综合计划的制订过程是怎样的？
3. 如何理解饭店总体经营战略与饭店长期计划的关系？
4. 旅游市场往往具有较大的波动性和不可预测性，你是如何看待饭店接待计划目标未能实现这种情况的？
5. 饭店计划管理如何克服外部环境的不确定性？
6. 饭店有哪些计划指标类型？
7. 在网上搜索一份比较著名的五星级酒店的长期计划书，认真阅读后对其进行分析。

项目五　饭店人力资源管理

任务清单

◇　了解饭店人力资源管理的概念和特点。

◇　了解饭店人力资源管理的目标与要求。

◇　掌握饭店员工招聘、培训、激励及惩罚的相关内容。

情景在线

上海波特曼丽嘉饭店的成功秘诀

上海波特曼丽嘉饭店的 800 多名员工有充分的理由为自己的饭店感到自豪。该饭店分别蝉联了"亚洲最佳商务饭店"和"亚洲最佳雇主"的称号。

根据著名的人力资源咨询公司翰威特的"最佳雇主调查",员工满意度达到80%的公司,平均利润率增长率要高出同行业其他公司 20%左右。而事实上,从 1998 年正式营运以来,这家五星级饭店的员工满意度与顾客满意度就一直相携节节攀升,一度同时达到了 97%的高点。波特曼丽嘉并不讳言,与所有的商业机构一样,其经营的最终目标是不断实现赢利,每位员工也明确意识到自己是促成总体经营结果的一部分。

在饭店行业里,波特曼丽嘉的招聘条件是出了名的严格。它选中的员工既要拥有从事不同岗位所需的特殊天赋,其个性与价值观也必须与丽嘉文化相符合。只有同时具备这两方面,员工才会真正找到归属感。"决定聘用一个人之前,我们会花很多心思和精力向他介绍丽嘉饭店的文化,以及了解他对这里的真实感受。"总经理狄高志说。

波特曼丽嘉翻新了自己的员工餐厅,这大概是上海滩最漂亮的"食堂"。丽嘉集团的全球总裁高思盟(Simon Cooper)说过:"我们提供专业的服务,但我们绝非仆人。"与此相对应的是,丽嘉提出"我们以绅士淑女的态度为绅士淑女们忠诚服务"的座右铭,时刻提醒全体员工,作为专业服务人士要以相互尊重和保持尊严的原则对待客人以及同事。

问题: 波特曼丽嘉人力资源管理方面的成功之道对你有什么启示?

提示: 在激烈竞争的饭店业中,人才是每一家饭店成功的最基本条件之一。上海波特曼丽嘉饭店之所以能够在行业中取得一系列的"第一",很重要的因素就是其成功的人力资源管理——人尽其才,充分尊重员工等。因此,在日常工作中饭店的各级管理者都应时刻牢记:顾客就是上帝,员工也是天使。

任务一　饭店人力资源管理概述

人力资源是指一切能为社会创造财富、能为社会提供劳务的人及其所具有的能力。根据其内涵，人力资源包括人的体质、智力、特殊才干及人的意识观念状态和职业道德标准几个方面的内容。其中既有先天继承的成分，也有通过后天的培养教育逐渐积累追加的成分。人力资源是现代饭店最基本、最重要、最宝贵的资源。人力资源掌握和控制饭店其他资源，其他资源通过人力资源发挥作用，即人使用和控制饭店的物资、资金、信息和时间，从而形成饭店的接待能力，达到饭店的预期目标。

一个饭店无论其组织如何完善，设备如何先进，若饭店的员工没有或不能发挥其工作积极性，永远也不可能成为第一流的好饭店。现代饭店经营管理中极为重要的一项任务就是搞好饭店的人力资源管理，以应对经营环境的千变万化。饭店之间的竞争，最终就是人才之争。

人力资源管理工作是一项难度较大的工作，具有良好素质的人员队伍绝不是自然形成的，而是通过管理人员周密的计划、组织、管理和培养才得以产生、维持和发展。把人力资源看作有效资源进行管理，发挥其潜能，是饭店正常运转并为宾客提供高质量的服务，以及获得满意的社会和经济效益的保证。

一、饭店人力资源管理的概念和特点

（一）饭店人力资源管理的概念

人力资源管理涉及两方面的管理，一方面是对人力资源外在要素（量）的管理。对人力资源进行量的管理，就是要根据人力与物力及其变化，对人力进行恰当的培训、组织和协调，使人和物发挥最佳效应。另一方面是对人力资源内在要素（质）的管理。对人力资源质量的管理就是采用现代化的科学方法，对人的思想、心理和行为进行有效的管理（包括对个体和群体的思想、心理和行为的协调、控制与管理），充分发挥人的主观能动性，以达到组织的目标。总之，人力资源管理就是指运用科学方法，对与一定物力相结合的人力进行合理的培训、组织与调配，使人力、物力经常保持最佳比例，同时对人的思想、心理和行为进行恰当的诱导、控制和协调，充分发挥人的主观能动性，使人尽其才，事得其人，人事相宜，以实现组织的目标。

饭店人力资源管理就是恰当地运用现代管理学的职能，对饭店的人力资源进行有效的开发、利用和激励，使其得到最优化的组合和积极性最大限度发挥的一种全面管理。

（二）饭店人力资源管理的特点

应该说，凡是涉及人的问题，都是饭店人力资源管理研究的对象。饭店人力资源管理既包括传统的人事行政管理，又包括运用各种管理方法对员工潜能的开发与利用。饭店人力资源管理有以下几个特点：

1．饭店人力资源管理是对人的管理

饭店是一个劳动密集型企业，饭店人力资源管理直接面对的是个性、习惯、爱好、兴趣等各不相同的一个个员工，而员工直接面对的又是形形色色的具有不同个性的客人。只有当员工能够为客人提供令其满意的服务时，饭店才能够赢得并留住客人，达到饭店经营的目标，而只有满意的员工才能自觉地为客人提供满意的服务。

2．饭店人力资源管理是科学化的管理

现代饭店人力资源管理是一项复杂、综合性的系统工程，所以，必须建立起一整套标准化、程序化、制度化和定量化的管理系统作为保证，进行科学化的管理。

标准化是指对饭店所有工作制定有关数量、质量、时间、态度等的详细、具体、统一的要求。例如，录用员工要有素质条件标准，岗位培训要有合格标准，服务工作要有质量标准，各部门要有定员标准等。程序化是对管理或工作的过程进行科学分段，并规定各阶段的先后顺序和每个阶段的工作内容、要达到的标准、责任者及完成时间，程序化管理可使工作井然有序，各环节协调配合、紧密衔接，并保证饭店正常运转和饭店目标的实现。制度化指人力资源管理工作要有严密的规章制度作为保障，使录用、招聘、考核、选拔等各项工作顺利进行。"没有规矩，不成方圆。"饭店的规矩就是规章制度，科学的规章制度可以使饭店员工做到统一行动，保证饭店的经营管理活动顺利进行。饭店规模越大，设备设施越先进，功能越齐全，分工协作关系越复杂，规章制度就越重要。定量化是指管理者要经常进行测试和统计，进行定量分析，以制定或修改定额，进行合理定员。同时，饭店的考核系统也应有科学的数量依据等。

3．饭店人力资源管理是全员性管理

全员性管理，不仅包括饭店人力资源部或人事部对全体员工的培训与考核，而且包括饭店全体管理人员对下属的督导与管理。也就是说，人力资源管理是饭店全体管理人员的职责之一。因此，饭店的每位管理人员都应该了解和掌握人力资源管理的理论、方法以及人力资源管理的职能，合理用人，慧眼识才，给员工创造展示才能的机会和条件，调动员工工作积极性。

4．饭店人力资源管理是动态管理

动态管理是指管理者不仅要根据饭店的整体目标选拔合适人才，对饭店员工的录用、培训、奖惩、晋升和退职等全过程进行管理，更要注重在员工工作的动态过程中的管理，即重视员工的心理需求，了解员工的情绪变动和思想动态，并采取相应措施调动员工工作积极性，使全体员工发挥出潜在的各项能力。所以，这是一种在动态中进行的全面的管理活动。

二、饭店人力资源管理的目标与要求

（一）建立一支专业化的员工队伍

饭店要正常运转并取得良好的经济效益、社会效益、环境效益，不仅要有与饭店各个

岗位相适应的员工，而且这些员工的素质要符合饭店业务经营的需要。任何一家饭店要想在竞争中取胜，就必须重视造就一支专业化的员工队伍。简单地说，专业化的员工指具有良好职业意识和职业习惯的员工。

（二）形成最佳的员工组合

一支优秀的员工队伍必须经过科学的配置才能形成最佳的人员组合，即各名员工的行为要协调一致，形成合力，共同完成饭店规定的目标。否则，即使员工非常优秀，也未必能够保证取得好的成效。因此，在饭店经营管理活动中，管理者应制定明确的岗位职责，并使每个员工权责相当，能够各尽所能，形成最大的工作效能，进而形成一个有序、高效的饭店组织。

（三）充分调动员工的积极性

人的管理实质上并非管人，而在于得人，谋求人和事的最佳配合，正所谓"天时不如地利，地利不如人和。"因此，饭店人力资源管理的最终目标就是充分调动员工积极性，即"得人"，也就是通过各种有效的激励措施，发挥最佳的群体效应，创造一个良好的人事环境，使员工安心工作，乐于工作，最大限度地发挥积极性和创造性。为达到这一目标，饭店需要建立一套科学的人力资源管理体系，包括招聘员工的程序和方法，培训制度，激励奖惩制度以及优化结构、发挥最佳群体效应的措施等。

【小案例】

管理者的承诺

赵总是一位非常和善的管理者，关心下属，平易近人，唯一的缺点就是喜欢随便承诺。将近年底，踏实肯干的秘书小王将一份花了许多时间和心血整理出来的总结报告拿给赵总过目。赵总浏览报告之后，觉得其文字流畅，措辞得当，内容全面，非常满意，信口对小王说："你真是一个人才，有机会送你出国学习学习，回来堪当重任。"小王听了之后非常高兴，更加努力地工作，期望能有机会出国学习。终于饭店要派几个人去新加坡某五星级酒店学习，但是，当出国名单出来后，小王发现根本没有自己的份。之后，小王递上辞职报告，前往另外一家饭店就职。

在此案例中，赵总的许诺给了小王一个非常高的期望，成为小王更加努力工作的动力，但是由于没有信守诺言，使得小王的期望变成了彻底的失望，反而大大打击了小王的工作热情，起到了相反的作用。因此，在运用期望理论激励员工时，应特别注意目标的可实现程度，应该信守承诺。

讨论与思考：如何运用激励的技巧？

在实际工作中，激励并没有固定的模式，需要管理者根据具体情况灵活掌握和综合运用，才能真正达到激励的目的。事实上，任何管理者只要把握住"人尽其才"的原则，关注员工、理解员工、信任员工、爱护员工并灵活运用各种激励方式，就会收到良好的效果，使饭店充满鼓舞人心的士气。

三、饭店人力资源管理的内容

饭店人力资源管理主要包括以下几个方面的内容：

（一）饭店人力资源计划的制订

制订人力资源计划，首先，要根据饭店的组织结构和未来经营趋势，对饭店所需人力资源进行需求预测；其次，分析饭店内外人力资源的供应情况，进行人力资源的供应预测；再次，对需求预测和供应预测进行分析，确定饭店对人力资源的实际需要；最后，制订出一个具体的人力资源计划。

（二）员工的招聘与录用

招聘与录用是根据人力资源计划、饭店的经营目标和相关政策，定出一套筛选的方法和程序，从而判断应聘者是否符合待聘岗位的要求。招聘与录用的最终目的是将合适的员工放在合适的工作岗位上，使合适的岗位有合适的人来工作。因此，饭店招聘并不局限于向饭店外部招聘员工，饭店还可以在其内部对符合要求的在职员工进行提升和内部调动，即内部招聘。

（三）员工的教育与培训

为使每位员工都能胜任其所担任的工作，并以最快速度适应饭店的工作环境，饭店必须对新招聘的员工进行培训。随着时代的进步，为保证服务质量跟上时代步伐，还必须对所有员工进行经常不断的培训。通常，对操作层的员工侧重于技能方面的培训，而对于管理者则侧重分析问题、解决问题的管理能力方面的培训。培训方式通常有店内培训，外出进修、考察等。

（四）建立完整的考核奖惩体系并执行之

饭店必须建立一套完整的科学合理的考核奖惩体系。考核是对员工完成工作目标或执行饭店各项规定的实际状况进行考察、评估，是奖惩的依据。科学合理的考核奖惩体系给员工指出了努力的方向，可以加强员工趋向组织目标的积极性，又是饭店人力资源管理效能的反映。建立了考核奖惩体系，必须严格执行，并约束所有员工自觉遵守。

（五）建立良好的薪酬福利制度

建立饭店的薪酬福利制度是饭店人力资源管理的重要内容，因为它不仅直接涉及饭店的费用支出，而且直接影响员工的工作积极性的调动与发挥的程度。甚至，在很多员工看来，没有比薪酬福利更重要的问题了。因为它除了是员工生活的保障外，还是员工社会地位、资历以及自身价值的具体体现，同时也意味着饭店对员工劳动价值认同的程度。所以，饭店应根据自身情况，选择适当的工资形式，实行合理的奖励和津贴制度，为员工提供劳动保险等福利待遇，通过建立良好的薪酬福利制度，激励员工努力工作。

（六）培养高素质管理者

饭店管理者的素质及工作能力对饭店员工积极性的调动也有重要影响。只有高素质的管理者，才有可能对员工进行有效的激励，从而保证饭店的正常运转。因为他们掌握能进行有效激励的科学的领导艺术和沟通技巧，并善于通过培养企业文化、团队精神等来增强饭店凝聚力，激发员工的工作热情，使之乐于奉献，最终提高饭店的经济效益、社会效益和环境效益。但管理者的素质不是天生就有的，必须经过后天培养，饭店人力资源管理的一个重要任务就是要发现有潜质的人才，并进行有意识的培养工作，为饭店的进一步发展储备人才。

任务二　饭店人力资源开发

饭店人力资源开发，就是通过选择合适的员工、对员工进行培训等工作，使饭店员工具备饭店从业人员的素质，适合其特定的工作内容，主要包括编制定员、员工招收与培训等方面的管理工作内容。

一、编制定员

饭店的编制定员，是指采取科学的方法，根据饭店的经营方向、规模、档次、业务情况、组织机构、员工政治思想和业务素质等，在建立岗位责任制的基础上，本着节约用人、提高效率的宗旨，确定必须配备的各类人员的数量。

（一）编制定员的依据

饭店的经营思想和经营模式，对编制定员起决定性的作用。一般来说，编制定员既要符合精简、高效、节约的原则，又要保障饭店的正常运转和员工的身心健康。因此，管理者必须考虑对编制定员可能造成影响的各种具体的因素，通常主要有以下几个方面：

1. 饭店的等级

饭店的等级或星级是根据其设施设备的档次和完好程度以及饭店的服务水平来评定的。通常，星级或等级越高，其服务设施就越多，客人对饭店的服务要求也越高，用人的比例就越高；反之用人就少。

2. 饭店的规模

饭店规模大小也会对编制定员造成影响。规模小，其用人的绝对数量就少；而规模大，则用人数量必然会增加。

3. 饭店的组织机构与岗位设置

饭店不同的组织机构和岗位在用人数量上有不同需求。例如，客房部设立客房中心或在各楼层分设服务台，其用人数量大不相同。另外，组织机构的层次多，用人数量相对也会增加。随着饭店业的发展，组织机构扁平化已经成为一种发展趋势，这样，既可以加速信息的有效沟通，还可以提高工作效率，节省人力资源。

4．饭店设施设备配备状况

通常，饭店设施设备配备越现代化，其用人就越少；反之，用人就多。例如，饭店的通信系统、电脑系统的使用，可使饭店节约大量人力。因此，在编制定员时，饭店的设施设备状况也是依据之一。

5．饭店劳动效率

饭店劳动效率，主要是劳动定额的高低，也是编制定员的依据。劳动定额高，用人少；反之，则用人多。劳动定额的高低应经过科学的测算之后再予以确认，而且随着员工熟练程度等各种因素的变化，也应进行相应的调整。

6．劳动定额水平的高低和营业时间的长短

劳动定额水平的高低会影响饭店的定员。例如，客房服务员每日清洁客房数量的不同定额，会造成用人数量较大的差异。饭店不同部门的营业时间是不一致的，营业时间越长，需要配备的人员越多，因此饭店需要通过控制营业时间来合理安排人员，从而达到控制人工成本的目的。

7．饭店经营状况

饭店经营状况，如客源流量会因季节、气候、交通、经济、政治等因素的影响而变动，饭店设施利用率也是一个变量，因此，饭店编制定员自然也应随之而有所变化。

为了保证编制定员的科学性和合理性，管理者必须对上述各个因素予以综合考虑，并结合本饭店的经营思想和经营模式合理地编制定员。

（二）编制定员的方法

饭店编制定员的方法有很多，最为常用的主要有以下几种：

1．岗位定员法

岗位定员法是根据饭店的组织机构、岗位设置以及岗位职责的要求，结合饭店各岗位的工作量、工作班次、劳动效率和员工出勤情况等因素来确定不同岗位所需人员数量的编制定员方法。这种方法通常适用于前厅部、采购部、工程部等部门员工和管理人员的编制定员。

2．设备定员法

设备定员法是根据饭店设备数量和员工工作量，结合设备的运行次数和员工的出勤情况等因素来确定所需人员数量的编制定员方法。这种方法一般适用于工程部、洗衣房员工的编制定员。其计算公式为：

$$定员人数 = \frac{需要开动设备台数 \times 每台设备开动班次}{员工的看管定额 \times 出勤率}$$

3．比例定员法

比例定员法是根据实际工作量、劳动定额、劳动效率等因素，按一定的配备比例计算所需人员数量的方法，即定员是按照饭店内部客观存在的一定比例关系提出的。饭店的人员配备有个总量上的比例，中国饭店员工总数与客房数之比一般在 1.5：1～2.5：1。此外，管理人员与员工的比例，会因管理的层级不同而不同。一般领班与员工的比例为 1：5～1：8，

主管与基层员工的比例为 1：20～1：30。

4．效率定员法

效率定员法是根据劳动效率，结合实际工作量、工作班次、出勤情况等因素来确定所需人员数量的方法。凡是实行工作定额管理并以手工操作为主的工种，都可以用这种方法编制定员。工作定额主要有工时定额和工作量定额两种。工时定额是指完成一定量的工作所需花费的工作时间，工作量定额则是指在单位时间内所必须完成的合格工作量。如以工作量定额来编制定员：

$$定员人数 = \frac{计划期生产任务总量}{员工的劳动效率 \times 出勤率}$$

饭店可以通过统计分析、技术分析、经验估计以及比较类推等方式制定合理的工作定额。

二、员工招收

饭店员工的招收，包括招工和招聘，是管理者根据饭店的人力资源计划、饭店经营目标和运转的需要，按国家现行的劳动人事制度，制定出一套程序以择优录用最适合担任某项工作的人选。饭店员工的招收应坚持"公开招收，自愿报名，全面考核，择优录用"的原则。

饭店员工招收前，首先应制订招收计划，然后按招收程序进行考核录用。

（一）制订员工招收计划

一个考虑周全的招收计划可以用最小的成本为饭店带来最适合的员工。管理者在管理饭店员工招收计划时，应着重考虑以下几个方面问题。

1．招收对象和数量

饭店应对各部门提出的需要招收员工的工种和数量进行审核，并确认各部门员工的缺额人数以及所需配备员工的工作层次，以此作为饭店招收计划的重要内容。

在饭店实际招收员工的过程中，经常有一些应聘者资格不够，有一些应聘者可能因发现其对所申请的职位缺乏兴趣而退出，还有一些应聘者可能只是将本饭店作为其众多选择之一而最终选择其他企业。管理者在制订招收计划时应综合考虑这些因素，进而对招收的对象进行准确的定位，并把握好招收数量。

2．制定招收的标准

制定招收标准就是决定录用什么样的人才，招收标准的制定直接关系招来的员工的素质。招收标准太高，可能会使招收计划无法完成；标准太低，则招收来的员工素质得不到保证。所以招收标准必须恰当。招收标准的制定通常应建立在职务分析的基础之上，其内容包括年龄、性别、学历、工作经验、工作能力、个性品质等的分析。

另外，制定招收标准时还必须考虑社会环境的因素，如当地的人力资源供求状况、相关院校所能提供的毕业生数量和层次等。

3．确定招收途径

员工来源在总体上可分为饭店内部和饭店外部，因此饭店招收途径通常有内部招聘和外部招聘两种。饭店内部招聘是通过对饭店在职员工进行考评，采用调职和提升的方式，将已具备一定技术能力和管理能力、符合缺员岗位要求且乐于从事此项工作的员工安排在该项职位上，以达到人尽其才、激励员工的目的；饭店外部招聘是管理者通过对饭店人事资料的检索，查明并确认在职员工中确实无人能胜任和填补职位空缺时，再从社会中招聘和选择员工。

4．选择招收时机

饭店内部招收的时间可由各个饭店根据情况灵活掌握，饭店外部招收选择适当的时间也很重要。一般来说，社会上劳动力资源越丰富，饭店选择范围就越大，相应的招收质量就越有保证，反之则反。所以，外部招收应尽量选择在劳动力资源丰富的时候。例如，各高校旅游院系、旅游中专及旅游职业培训学校每年 7 月份都有一批学生毕业，在此之前进行员工招收，比较容易招收到素质较高、训练有素的人才。除此以外，饭店还应考虑其业务经营的需要，既要使招收的员工有足够的培训时间，又要尽量减少不必要的支出，应尽量使培训与实际使用的时间衔接起来。

5．招收经费预算

一般情况下，饭店招收经费预算除参与招聘人员的工资外，还可能会涉及广告费、差旅费、通信费等。尽量减少招收的成本，制定合理的招收经费预算，是饭店管理者在制订招收计划时应考虑的因素。

（二）员工的招收与录用

员工招收程序涉及招收的先后次序，主要分为内部招收程序和外部招收程序两种。

1．内部招收程序

饭店内部招收主要包括饭店内部员工提升和内部职位调动两种方式。内部招收可以激励员工，改善饭店内部人力资源配置，并节省相当的培训费用和时间。因此，当饭店内部出现职位空缺时，管理者应首先考虑进行内部招收。

饭店内部员工的提升与调动可以使饭店内的所有人员都有一个平等竞争的机会，这对于挖掘饭店员工的潜力，不断激发他们的工作兴趣和积极性，增强凝聚力，节约饭店劳动力，促进饭店的发展有重要的意义。反之，如果饭店一味地从外部招收录用人员，久而久之会使原来的员工感到升迁和发展的机会十分渺茫，觉得不被信任、重视而产生失落感，或是自甘平庸、得过且过，或在工作中利用各种机会来发泄不满，使服务质量无法得到保证。

当然，如果一家饭店总是"闭关自守"，所有的管理职位选拔和岗位流动都是在饭店内进行，必定会使经营、服务观念保守单一，人际关系复杂，总体服务质量因缺乏横向比较和新意而下降。因此，在进行招收工作时应兼顾饭店内外来源的平衡。

2．外部招收程序

饭店外部招收员工就是根据一定的标准和程序，从饭店外部众多的应聘者中选择符合空缺职位工作要求的人员，通常分为准备筹划、宣传报名、全面考核、择优录用 4 个阶段。

在对外招收员工时，饭店的招收者应认识到，招收者挑选应聘者时，应聘者有可能因某种原因拒绝受聘。这种双向选择的权利对招收与应聘双方来讲应该是平等的。有些招收者忽视应聘者的权利，不愿将饭店的某些弱点与不足告诉应聘者，结果新招收的员工因事先缺乏对新的工作环境足够的了解和思想准备，上岗后无法适应，或觉得实际工作与自己的想象或招收者的介绍相差太大，从而导致新员工在短期内离职，使饭店的正常经营活动受到影响。所以，招收时应向求职者充分介绍饭店的实际情况，并提供有关资料，以招收到真正乐于从事相关工作的员工。

3．饭店员工招收的评估与审核

饭店的员工招收结束之后，应对招收工作进行评估和审核。招收成本评估是鉴定招收效率的一个重要指标。招收成本包括招收和录取员工的过程中的各项成本，也包括岗前的适应性培训的成本以及员工离职成本和重置成本等。对录用人员的评估应从招收数量和质量两个方面进行。对招收的投资收益进行分析，则对饭店以后的招收工作具有重要的指导意义。最后，还应撰写招收小结，为以后的招收工作提供信息。

饭店应善于通过内、外部员工的招收与录用，吸引并留住优秀的服务人员和管理人员，进而激发其工作积极性，并不断提高饭店的整体服务质量和管理水平。

三、员工培训

员工培训是指通过一定的科学方法，促使员工在知识、技能、态度等方面得到提高，以保证员工能够按照预期的标准或水平完成所承担或将要承担的工作或任务。

饭店通过内部提升或调职以及外部招收，可以获得基本适应饭店服务与管理工作的员工。然而要使这些员工能够真正胜任饭店的工作，还必须通过培训。

（一）饭店员工培训的意义

员工培训无论对饭店还是对员工个人都是大有益处的。

1．培训可以提高员工文化、技术素质

随着饭店业的发展，宾客的需求不断变化，对员工的素质要求也越来越高：对员工来说，不仅要具备敬业精神和对宾客亲切友好的态度，还应具备完成本岗位工作所必需的专业知识和其他相关知识，以及相应的管理技巧和服务技能。而这些很大程度上通过培训才能获得。

2．培训可以为员工提供发展的机会

通过培训可以使员工掌握最优工作方法和技能，扩大其知识面，增强其自信心，这意味着增强员工的就业能力。而且当时机来临时，因为其综合素质提高，获得提拔和晋升的可能性也就比较大。所以，培训为员工提供了发展的机会。

3．培训可以降低损耗和劳动力成本

对饭店业的一些研究表明，未受过培训的员工所造成的事故数量是受过培训员工的数量的 3 倍。这个结果是必然的。因为未经培训的员工不了解操作的正确的方法或技巧，只凭经验进行，理所当然会使得饭店损耗率、事故率上升。而经过培训的员工会有意识地避免一些错误操作，他们在减少事故发生的同时，也使自身的安全得以保证。根据美国饭店协会对纽约州饭店业的统计，培训可以减少 73%的浪费，特别在客房部、洗衣部和餐饮部等损耗较大的部门，培训的这一效果最为明显。另外，通过培训，还可以使员工尽快适应

岗位要求，使工作得心应手，从而降低员工的流动率，提高工作效率，降低饭店的劳动力成本。

4．培训可以提高服务质量

通过培训提高员工素质的同时，也可以使员工了解并掌握饭店服务质量标准以及为客人提供令其满意的服务的相关知识和技能，增强其职业自豪感和使命感，从根本上减少让客人不满的机会，进而提高饭店的服务质量。

（二）饭店员工培训的原则

饭店管理者要做好员工培训，还应了解员工培训的原则，包括以下几个方面。

1．培训对象的全员性

饭店所有员工，从总经理到清扫员，都应纳入饭店的培训范围，应做到先培训后上岗。这样才能全面提高饭店的员工素质。而管理者的培训更为重要，因为通常饭店有什么样的管理者就有什么样的员工。所以，有效的培训通常是自上而下的，管理者具有了某种观念意识，便可能会灌输给下属员工并要求其灵活运用于实践。

2．培训内容的针对性

全员性并非指所有的员工都一起培训，而应该分层次、分部门、分岗位培训，因为不同层次、部门、岗位的培训对象应有不同的培训内容。而且，饭店培训必须务实，根据实际需要或存在的问题确定培训内容，遵循"需要什么培训什么，缺什么补什么"的培训原则。

一般来说，饭店培训的内容可分为 5 个层次，即知识培训、技能培训、思维培训、观念培训、心理培训。知识培训的主要任务就是对培训对象所拥有的知识进行更新，主要目标是解决"知"的问题；技能培训的主要任务是对培训对象所具有的能力加以培养和补充，主要解决"会"的问题；思维培训的重点是改变员工固有的思维方式，并在培训中激发其创造性思维，培养其从新的角度看问题的能力，培训的主要目标在于解决"创"的问题；观念培训主要任务是使培训对象所持有的与饭店环境不相适应的观念得到改变，其目标是解决员工"适"的问题；心理培训的主要任务在于开发培训对象的潜能，通过心理调整，引导员工开发自己的潜能，主要目标是解决"悟"的问题。

3．培训方法的灵活性

培训方法的灵活性，就是指针对不同的培训对象和培训内容，应选择不同的培训方法，以取得最佳的培训效果。饭店培训的方法一般有课堂讲授法、专题讨论法、案例研讨法、头脑风暴法、角色扮演法、视听教学法、操作示范法等。此外还有网上培训、虚拟培训等。网上培训是将现代网络技术应用于人力资源开发领域而创造出来的培训方法，培训者可以将培训课程存储在培训网站上，学员可以利用网络浏览器进入该网站接受培训。虚拟培训则是利用虚拟现实技术，生成实时的、具有三维信息的人工虚拟环境，培训学员通过运用某些设备进入其中，接受和响应该环境的各种感官刺激，并可根据需要通过各种交互设备来驾驭该环境，从而达到提高各种技能或学习知识的目的。

4．培训时机的合理性

培训时机的选择，关系受训者参与培训的积极性。当其感到难以适应工作要求或希望能够有所提高时，自然会产生得到培训的需求。从受训者的主观上说，培训的适时非常重要。另外，饭店培训层次多、内容广，加上饭店 24 小时运行、员工轮班工作，使培训必须选择适当的时机才有可能顺利进行。因此，饭店应见缝插针，尽量选择员工工作不忙时进行培训，如淡季或每月、每周、每天的空闲时间。

【小案例】

东京帝国饭店的员工培训

东京帝国饭店提供了既培训知识和技能又具有互动服务品质的优秀培训样板。饭店"能力开发项目"包括"职业化能力与知识培训"（技术能力）和"服务礼仪培训"（互动能力）两种类型的培训。

第一种类型的培训包括在岗学徒培训，要求员工在饭店所有主要部门进行工作轮换，到外国的类似饭店访问或进行专题旅行（例如，帝国饭店的高级侍者和斟酒服务员每 3 年到美国和法国的著名葡萄酒酿造厂拜访一次）。除此之外，员工还从独立的教育机构获得特殊的技能培训，涉及战略决策管理、食品卫生、表达能力。

第二种类型的培训，即"服务礼仪培训"，主要针对接待客人的礼节与心理以及服务态度，通过角色表演和录像（改正不良表现、习惯动作）教授员工适当的礼节，演示服务人员应如何出现在客人面前，强调优雅风度和优良品位，讨论客人的心理，并强调下面 6 个要点：

（1）鉴于东京帝国饭店的等级和声誉，客人希望他们被你放在首位，成为关注的中心。

（2）客人在饭店不希望遭受任何损失。

（3）客人希望受到热情的欢迎。

（4）客人希望得到的待遇水平不低于饭店的其他客人。

（5）仅凭他们使用被认为是豪华的饭店，客人希望体验到优越感。

（6）客人喜好占有饭店设施和服务的感觉，并希望得到特殊关照。

最后，要讨论非语言交流和身体语言的基本原则，向员工演示和详细讲解恰到好处的行为要点：面部表情，外表，站立的姿势；令人愉快的、吸引人的谈话方式和姿势；恰当的举止；陪同客人的礼仪。因为无论客人的国籍如何，鞠躬都是必不可少的礼仪，所以在复杂的鞠躬礼仪上就要花相当一段时间。鞠躬欢迎要弯腰15°，表示感激要弯腰30°，请求原谅要弯腰45°。服务礼仪培训的其余部分主要涉及复杂的日语使用。受训人员要学习大约25种日常用语、最常用的礼貌表达方式及对应的英语。

对饭店各级人员进行培训和实施服务提高项目是帝国饭店的总体运营战略的一部分。

（三）饭店员工培训类型

员工培训的一个重要原则是根据工作需要进行培训。首先应以各个岗位的岗位职责和工作要求为基础，分析各岗位员工需要掌握的知识和技能，然后根据这些制定培训目标和内容，并据此确定饭店员工培训的类型。

饭店员工培训从总体上可分为职业培训和发展培训两大类。职业培训主要针对操作人员，而发展培训主要针对管理人员。

1．职业培训

职业培训的重点应放在培养和训练员工操作方面的能力上，使他们能够熟练掌握所需的知识和技能。职业培训通常有以下几种：

（1）岗前培训。岗前培训是新员工上岗前的培训，可以帮助员工尽快适应饭店，尽快适应将从事的工作岗位的要求。岗前精心的培训和正确的引导将为员工以后良好的表现打下基础。岗前培训的内容通常包括本饭店的历史和现状、饭店的经营宗旨和重要方针政策，以及饭店组织结构形式，以使新员工尽快熟悉工作环境；还包括职业道德、饭店服务观念和意识、礼貌礼仪，以及饭店规章制度、组织纪律、安全知识等的教育。岗前培训后，将新员工分配到岗位，再由所在部门的上级进行基本业务知识和技能培训。

（2）岗位培训。岗位培训是指员工不脱离工作岗位、利用空闲时间所接受的培训。这是员工培训最常用的方法。因为在培训过程中，受训人也在履行自己的工作职责，所以相对需要的费用较少。一般由各级管理人员和经验丰富、技术熟练的老员工来担任岗位培训的培训者，也可有针对性地外请一些旅游院校、培训中心的教师和专职培训人员进行培训。岗位培训应特别注意培训的针对性，尤其是外请教师进行培训之前，应先对本饭店具体情况和实际培训需求有所了解，否则难以提供优质的培训服务。

（3）持续培训。员工经过岗前培训和岗位培训后，已可基本胜任服务工作。但受饭店各种内外因素的影响，员工在饭店工作过程中，还要不断地进行培训，即持续培训，以适应饭店的发展和工作环境的变化。

持续培训包括再培训、交叉培训和更换培训。再培训又称重复培训，其目的是使上岗后的员工通过再学习，把已掌握的技能与技巧再提高一步。另外，若饭店的服务规程、操作方法等有了新的改变，或使用新的设备，也需要对员工进行再培训。交叉培训的目的是防止员工临时因故不在工作岗位时由于无人替代而引起工作混乱。交叉培训可以使员工成为多面手，掌握两个以上工作岗位的技能，使管理者在有特殊需要时可以进行合理的人力调配，保证工作有序地进行。交叉培训还有利于提高员工的工作兴趣，培养其与相关部门或岗位员工进行合作的团队精神。更换培训是指将已经上岗但不称职的员工及时换下来，对他们进行其他工种的培训，使其能够寻找到合适的岗位，做到人尽其才。

2．发展培训

发展培训应根据不同管理层次予以区分，不同层次的工作侧重点不一样，培训的内容也就不相同。

（1）基层管理者的培训。基层管理者培训应着重于管理的技能、技巧的把握，使之能够创造一个良好的工作环境，让每个被管理者都心情舒畅地工作。

（2）中、高层管理者的培训。中、高层管理者的培训应注重其发现问题、分析问题和解决问题的能力，用人能力，控制和协调能力，经营决策能力以及组织设计能力的培养。

（四）饭店员工培训实施步骤

饭店员工培训的实施通常包括以下几个步骤：

1．发现培训需求

只有了解培训需求，才能提供有针对性的培训。所以，了解培训需求是饭店培训工作的起点。所谓培训需求，也就是饭店生存与发展所要求具备而未具备的一些因素，而这些因素都是能够通过培训加以解决的。

管理者应通过工作评估、宾客反映等多种渠道，采用观察员工工作状况、问卷调查、面谈等方法，找到工作中现存的问题，如观念意识、沟通协调、应变能力、业务操作等方面的问题，并进行分类分析，从而确定员工的培训需求。

2．制订培训计划

制订培训计划是培训管理工作的开端，也是保证培训顺利实施的一个重要因素。管理者应根据饭店员工的培训需求，制订相应的培训计划，包括年度培训计划和短期培训计划。

培训计划的制订要综合考虑员工的素质、心理状态及营业情况、服务质量等方面因素，选择合适的培训方式，确定培训项目以及衡量培训效果的标准等。年度培训计划的内容主要有饭店发展动态和规律研究、培训目标、培训方案、课程及师资安排、培训费用预算等。短期培训计划内容则包括培训目的、时间、地点、对象，课程设置和师资安排，培训方式方法，以及考核办法和培训费用估算等。

3．实施培训计划

发现培训需求为饭店确立了培训的目标，制订培训计划为培训提供了依据和指导，而实施培训计划则是实现培训目标的关键。

一方面，饭店实施培训时，应针对不同的培训内容和对象准备好不同的培训材料、场地和设备。完整、清晰的培训材料有助于员工对内容的把握；充分利用现代的培训工具，采用视听材料，可以增加员工的感性认识；而在进行服务操作技能培训时，备有操作工具供员工亲自操作，可加深其体会。另外，除本饭店固定的培训场所外，饭店还可组织受训者到一些服务质量好的饭店去实地考察、学习，使员工在比较中提高。

另一方面，实施培训时，培训者应针对不同的培训对象，采取不同的方式。对于以操作层员工为主体的职业培训，实施培训的具体方法可以简单地概括为 4 句话：第一句话是讲给你听（tell you），即告诉你如何去做；第二句话是做给你看（show you），即培训者进行示范；第三句话是你跟我学（follow me），要求受训者模仿培训者进行操作；第四句话是我纠正你（check you），即培训者通过检查发现受训者操作不到位的地方，予以及时纠正，使得受训者最终能够真正把握所培训的内容。

对于以管理人员为主的发展培训，则可以采取讲授、讨论、案例研讨、管理"游戏"以及选送有培养前途的受训者到院校进修等方式提高其管理水平。

4．评估培训效果

评估是针对培训的最终结果进行的。

首先，应根据培训目标确定对培训效果进行评估的内容，如思想观念有无转变、业务知识有无增长、操作技能有无提高、工作态度有无改善等。

其次，搜集有关培训效果的各种信息，如培训时笔试、口试、操作考试等各种考核的成绩，问卷或口头调查情况，实地对员工工作的观察以及管理者对员工的考评等。

最后，对照培训目标，根据所搜集的各种培训效果信息，客观地评价培训效果，总结经验，提出不足，并形成文字资料存档，作为下一次培训的参照，以提高培训质量。

任务三　饭店员工的激励

员工是饭店最宝贵的财富。通过各种方式激励员工，调动员工的积极性，激发员工的工作热情，是饭店人力资源管理的中心内容。

饭店管理目标的实现需要饭店全体员工的努力，也就是说，饭店员工对待工作的积极性、投入工作的热情程度以及完成工作的决心，对饭店目标的实现具有决定性作用。现代饭店管理者必须擅长于采用各种方式激励员工，最大限度地调动其工作积极性，以求为饭店创造出良好的经济效益和社会效益。

一、激励的概念

激励是指激发人的动机，使人产生内在的动力，并朝着一定的目标行动的过程，也就是调动人的积极性的过程。因此，管理者在考虑激励时，首先，要意识到每个人都有一种内在的动因或内驱力，如需要、欲望与期待等，它能使人按照某一特定方向或方式行动，或者使之与外在环境动力相结合产生某种行为；其次，每个人的行为都具有导向性，总是走向某一目标或结果；最后，每个人所具有的导向系统，即内驱力与环境力量的结合，使人们能综合判断自己的行为并通过反馈调整其行为目标。

在人力资源管理中，激励的实际效果与 3 个要素紧密相连，其一是激励时机，即在什么时间给激励对象以激励；其二是激励频率，即一定时间内对激励对象激励的次数；其三是激励程度，即激励的作用力大小。在饭店管理者进行激励的过程中，通过各个要素的相互联系、相互制约和相互作用，达到管理者所期望的最终的激励效果。

二、激励的方法

激励方法是饭店管理者在激励员工工作积极性的过程中所采取的具体形式，常见的有以下一些方法：

1. 适时地满足员工不同的需求

根据美国心理学家马斯洛的需求层次理论，人的需求有各种层次，所以每一个员工需求的层次也是不同的，只有满足了较低层次的需求后，才会提出较高层次的需求。因此管理人员要对不同员工的实际需求进行调查，根据每一位员工不同层次需求的状况，选用适当的方式进行激励。

2. 激励饭店赞许的行为

当员工有值得赞许的一些行为时，管理人员应公开奖励这些员工。值得赞许的行为一般有：① 给饭店带来额外价值的行为；② 给饭店或部门带来荣誉的行为；③ 员工获得客人的称赞、感谢；④ 提出的改革方案提高了饭店或部门工作效率；⑤ 员工圆满完成了工作目标。

3. 通过日常管理方式激励员工

在日常管理中要让员工参与工作计划的制订，尽可能授权给员工，使其有更多的自我支配、自我命令、自我控制的权力等，如可以采用承包方式将饭店卫生、商品销售、设施维护与改造、绿化等工作交给员工去完成。这些管理方式能让员工感到被认同、受尊重，能充分调动和发挥他们的能力，这种激励能提高员工的责任感及自我期望。

4. 制定一些奖励办法激励员工

较好的奖励办法可以鞭策员工，同时能引导员工的工作重点，如饭店销售人员的业务奖金，商品销售、娱乐、餐饮、住宿部门的承包奖，设施设备部门的节约奖等。饭店各部门的工作性质不一样，有些能以个人为对象进行奖励，有些则要以部门团队为对象来制定奖励方法。但有些工作的结果难以用客观、明确的数字衡量，这一类的工作奖励办法要慎重选取，以免引起员工的不满。

5. 唤起员工需求

有些员工可能受过去的生活、知识及经验的影响，自己的需求一直停留在较低的阶段，管理者必须唤起员工较高层次的需求。只有让员工有了较高的需求，他才会对自我有较高的期望，这样才能通过激励改进其工作质量。

三、薪酬政策

饭店的管理活动应该把发挥人的作用放在核心地位。要做到这一点，就必须运用科学的激励方式去激发人的内在潜力，充分发挥人的积极性和创造性，使每个人都感到力有所为、才有所得、功有所奖，由此鼓励个体为饭店多做贡献。在饭店激励机制中，处于焦点位置和起关键作用的是薪酬。

薪酬福利是员工工作回报的主要组成部分，也是影响员工满意的直接因素，是员工最为关注的方面。薪酬的直接表现形式是员工工资，福利则是员工生活方面所得到的补偿和各项社会保障。薪酬与绩效是激励机制的两个焦点因子。

在制定薪酬政策时，要考虑其与饭店整体经营战略的匹配。因为薪酬并不仅仅是对员工贡献的承认或回报，更是一种战略性激励因子。薪酬政策是饭店战略和文化的一个有机组成部分，在饭店战略管理的诸多方面都发挥着主导性的政策功能。而且在不同时期，根据不同的经营战略目标和重点，薪酬政策的具体导向目标也会有相应的调整。

此外，薪酬政策涉及每一个饭店员工的切身利益，是事关战略性激励的大问题。所以，在制定薪酬政策过程中，要始终坚持公平合理、公开透明的基本原则。饭店在创建自己的薪酬结构时一般从以下几个方面考虑：

（一）工资制度和工资结构

工资是饭店激励员工的基本手段。合理的工资制度和工资结构不仅可以节约饭店人工成本，而且可以最大限度地发挥员工潜力，创造良好的经济效益。在工资制度方面主要可采用浮动工资制，将员工工资与饭店总体经济效益直接挂钩，使员工收入与饭店收入紧密相连，创造"命运共同体"，激发员工努力工作。在工资结构方面，应注意工资内容的多样化，并且倾向于员工工作技能和综合素质的提高。从提高饭店营业收入、保证员工基本生活、稳定员工队伍、促进员工成长等方面考虑，理想的工资结构如表 5 - 1 所示。

表 5 - 1 工资结构表（参考）

项目	功能与作用	备注
基本工资	保证员工基本生活需要	一般固定
绩效工资	反映员工工作成果与效益	根据饭店效益浮动
工龄工资	鼓励员工继续在饭店工作	根据员工工龄长短确定
技能津贴	建立激励机制，营造自动自发的学习氛围	与技能证书的含金量挂钩

（1）基本工资。基本工资可以采用职能工资制，即分别确定不同的职能等级，按照所确定的等级来设计基本工资，以反映工作或技能本身的价值。以某五星级饭店为例，店内全部岗位被划分成 28 级，职务等级设置为 14 级，饭店根据不同岗位和不同职务制定基本工资。在此基础上建立工资倾斜制度，对重点工种、重点岗位实施倾斜政策。

（2）绩效工资。绩效工资是用来承认员工过去的工作行为和成就的工资，它是在基本工资基础上的一种增加。绩效工资通常随着绩效的变化而变化，其调整比例根据绩效突出程度进行设置。

（3）工龄工资。该项根据不同地方的民情和价值观而定。在中国，工龄往往是制定工资等级的一个重要标准。

（4）技能津贴。通过不同的技能津贴补助激励措施，能鼓励员工自动自发结合工作和自身兴趣特长，通过自学获得某种技能证书，提高自身技能水平，适应日益激烈的市场竞争。

（二）奖金

奖金是将报酬与绩效挂钩的薪酬部分。奖金与工资不同，它属于变动成本，主要用于对员工绩效的奖励，而且具有弹性，可随经营状况而变化。奖金可与个人业绩或者团队业绩挂钩，因此可以分为个人奖金与团队奖金。不论是个人奖金还是团队奖金，奖金大多是用于奖励员工和团队的优异表现，可采取奖金支付和收益提成的办法提高他们的薪酬福利水平，激励他们为企业的发展贡献力量。

（三）福利服务

福利是饭店提供给员工的报酬，但与基本工资和奖金完全不同，并非依工作绩效来发放，只要是饭店成员即可享受相同的福利。福利报酬的这种特性，就使得发放福利失去了对员工的激励作用。因此，为了改变传统的福利发放项目，就要求设计适合员工需要的福利项目。首先需要与员工进行良好的沟通，了解员工的所思所想，把握员工的内心需求，然后根据员工的需求列出一些福利项目，并规定一定的福利总值，让员工自由选择，各取所需。这种方法可以改变过去员工无权决定自己福利的状况，使员工参与到自身福利的设计中来，一旦员工在某种程度上拥有对自己福利的发言权，则满意度和忠诚度都会提升，福利就会作为激励手段发挥作用。

（四）实施灵活多样的薪酬策略

许多成功的著名企业都在薪酬策略上有各自的"绝活"。例如，海尔为鼓励员工搞技术发明，颁布了"职工发明奖酬办法"，不断探索各种精神奖励措施，如以员工名字命名小发明。美国的通用电器公司让员工根据自己的特点和技能选择工作，让基层员工按星期轮流当"厂长"，等等。

任务四　饭店员工的惩罚

在饭店管理中难免会发生一些员工表现不佳的现象。问题一旦发生，管理人员要迅速、有效地处理。如果回避问题、忽略问题，就会带来更大的问题。例如，饭店部门主管若未及时处理一名懒惰的员工，会影响其他员工的工作积极性。所以，饭店的人力资源管理部门必须制定一套工作纪律，并制定相应的惩罚条例。

一、指出和纠正员工错误时应注意的问题

（1）指出员工的错误不能用羞辱和讽刺的方式。如果管理者用这种方法对待员工，那么员工不仅不会改正错误，相反还会产生抵触情绪。

（2）指出员工的错误是为了让员工做得更好。管理者要把指出员工的错误作为培养员工的一种手段，必须注意发现员工的长处和弱点。为了员工的成长，管理者不但要纠正他的错误和缺点，同时要让他充分发挥长处，让他变得自信，将工作做得更好。

（3）指出员工的错误应选择合适的场所。不要当着众人的面指责他，而应单独找他谈话。总之，管理者的工作方法应是：表扬要公开进行，批评要私下进行。

（4）指出员工的错误要公正、公平。在部门中对每一个员工都要公平、公正地指出其存在的问题，不能带有管理者的个人偏见，不能有特例或男女有别的处置。

（5）指出员工的错误要根据其个性选用不同的方法。有的员工自尊心强、责任心强、非常爱面子，指出他的错误宜点到为止；有些员工缺乏责任感，指出他的错误时可用较严厉的语气；有些员工反抗心强，指出其错误时要让他认识到自己的过错。

（6）指出员工的错误时管理人员要有理性。指出员工错误是教育他的手段，是解决问题的方法，不能冲动、暴怒，过于情绪化。

（7）指出员工的错误时不要劈头盖脸地指责，应先听员工解释。

二、采用适当的惩罚手段

在饭店管理中要维护好饭店的纪律就必须采用适当的惩罚手段。但是惩罚不能过度，

不能在管理中一味地使用惩罚方法，也不能不惩罚员工，否则就会因员工违反纪律后得不到相应的惩罚从而使纪律失去约束性。在惩罚中要注意以下几个方面：

（1）惩罚手段要有连贯性，不能朝令夕改。惩罚手段一旦制定出来就要注意其连贯性与一致性，不能因人而异，必须对所有的员工一视同仁。只要违反了纪律，不论什么人都必须按规定处罚。另外，对惩罚手段要保持其权威性，不能随意改动。

（2）惩罚要对事不对人。对员工的惩罚是对他所做违反纪律的某件事情的惩罚。惩罚只能根据他违反纪律的性质和程度来进行，而不能看这名员工是谁，因人而异地决定对其进行惩罚的程度。也就是说在纪律面前人人平等。

（3）惩罚要及时，不能拖延。员工一旦违反了纪律必须及时作出处罚决定，不能拖延，以使员工能及时得到提醒，改正错误。

（4）惩罚要伴随警告。饭店管理者平时要努力做到事先预防违反纪律的行为发生。对员工要预先告知违反纪律将受怎样的惩罚，使其因考虑将会受到的惩罚而对自身行为产生一定的约束。

（5）惩罚要有渐进性，给员工以改过自新的机会。管理人员在执行惩罚时要按照惩罚的渐进性原则，针对错误的程度和性质，先轻后重。惩罚步骤一般为：① 口头惩罚性面谈；② 书面警告；③ 暂时停职反省；④ 解聘。

（6）惩罚的审批权限。如果要进行一定的惩罚，先由主管级（含主管）以上管理人员填写事发过程；惩处由部门经理以上管理人员提议，人力资源部审核，最后报总经理批准生效。

【小案例】

××酒店《员工手册（出勤部分）》节选

1. 员工必须依照部门主管安排的班次上班。变更班次，须先征得部门主管允许。

2. 除4级以上管理人员外，所有员工上、下班都要打工卡。

3. 员工上班下班忘记打卡，但确实能证明上班的，将视情节每次扣除不超过当月5%的效益工资。

4. 严禁替他人打卡，如有违反，代打卡者及持卡者本人将同时受到纪律处分。

5. 员工如有急事不能按时上班，应征得部门主管认可，补请假手续，否则，按旷工处理。

6. 如因工作需要加班，则应由部门主管报总经理批准。

7. 工卡遗失，立即报告人事部，经部门主管批准后补发新卡。

8. 员工在工作时间未经批准不得离店。

三、员工处罚后的申诉程序

如果饭店个别部门管理者滥用职权、饭店管理制度上有缺漏、员工认为处罚不公正或不正确而产生不满或不愉快的情绪时，员工可以按下面程序进行申诉：

（1）以口头形式直接向部门主管人员申诉。员工向上级主管反映认为惩罚不公正或不正确的原因和理由，由上级主管部门重新审核和裁决，如无法解决可以进行下一步。

（2）以书面形式向部门经理申诉。若员工选择书面方式，须注明姓名及部门以示诚意。如未有署名，将不获处理。员工将自己申诉的理由和对惩罚不满的原因以书面形式向所在部门的部门经理申诉，部门经理应尽力解决，如解决不了或对部门裁决还有不满可以进行下一步。

（3）员工向人力资源部经理提出申诉。对部门处理或裁决仍有不满的员工可以向人力资源部经理提出申诉，请人力资源部经理协助解决。

（4）若员工申诉未被接受，可以书面形式向饭店总经理申诉。饭店总经理将视申诉理由是否充足及人力资源部处理是否公正，作出是否受理的决定。饭店总经理作出的决定为最终结果，所有申诉将保密。

牛刀小试

1. 饭店人力资源管理的目标与要求有哪些？
2. 饭店人力资源管理包括哪几个方面的内容？
3. 比较饭店内部和外部员工招聘的异同。
4. 饭店管理者在制订饭店招聘计划时应考虑哪些影响因素？
5. 阐述饭店员工培训的意义。
6. 模拟对员工的错误进行批评和指正。
7. 案例分析：

王先生经过长途跋涉，到达饭店时已感觉非常疲惫，他希望马上办理好入住手续进房休息，但接待他的服务员小张二十多分钟还没有为他办好入住手续，王先生很不满意，责问小张是怎么回事，小张不好意思地对客人说："对不起，我是新员工！"

原来，由于前台一位老员工突然离职，造成人手紧张。小张是学旅游专业的，而且又受过岗前培训，所以部门领导就让她直接上岗了，今天是她上班第一天。

【讨论】
（1）你认为部门应该如何对新员工进行培训，以保证对客人的服务质量？
（2）你认为酒店中的"老带新"有何作用？

项目六 饭店财务管理

任务清单

- ◇ 了解饭店财务管理的含义，掌握财务管理的内容及其基本职能。
- ◇ 了解财务预算的编制及财务预算的基本内容。
- ◇ 熟悉饭店财务控制的内容。
- ◇ 掌握饭店财务分析的步骤与方法。
- ◇ 熟悉财务部门主要岗位的职责。

情景在线

黄小华是一家五星级饭店的新员工。4 月 25 号，她接到了很多客人的预订电话，希望预订 5 月 1 日的客房。可是在查询预订记录时，黄小华发现饭店 5 月 1 日当天的预订已满。正当她不知道如何处理这些预订电话时，预订处的主管告诉她继续预订，直到预订房数超过客房数的 30%为止。黄小华很担心这种超额预订会给饭店带来麻烦。

问题： 你认为黄小华的担心是多余的吗？主管的做法合适吗？

提示： 订房只是推销客房，还不是最后卖出客房，客人预订后不到的现象时有发生，据统计，宾客预订客房后不到者占 5%，临时取消预订者占 8%～10%。如何弥补订房不到或取消预订给饭店带来的损失？收益管理的对策就是实行有选择的超额预订。

任务一 饭店财务管理概述

一、饭店财务管理的含义

饭店财务管理是从价值的角度来对饭店的经营活动进行管理，它从制订预算计划开始，根据预算计划组织饭店的经营活动，并落实财务控制，最终根据预算计划的执行情况进行分析、考核，评价饭店的经营效果。

《企业财务通则》规定："企业财务管理的基本原则是，建立健全企业内部财务管理制度，做好财务管理基础工作，如实反映企业财务状况，依法计算和缴纳国家税收，保证投资者权益不受侵犯。""企业财务管理的基本任务和方法是做好各项财务收支的计划、控制、核算、分析和考核工作，依法合理筹集资金，有效利用企业各项资产，努力提高经济效益。"

二、饭店财务管理的内容

（一）筹资管理

饭店为了保证正常经营或扩大经营，必须具有一定数量的资金。饭店的资金可以从多种渠道，用多种方式来筹集。不同来源的资金，其可使用时间的长短、附加条款的限制和资金成本的大小都各不相同。这就要求饭店在筹资时，不仅需要从数量上满足经营的需要，而且要考虑筹资方式资金成本的高低、财务风险的大小，以便选择最佳的筹资方式。

（二）投资管理

饭店筹集的资金要尽快用于经营，以便取得赢利。但任何投资决策都带有一定的风险。因此，在投资时必须认真分析影响投资决策的各种因素，科学地进行可行性研究。对于新增的投资项目，一方面要考虑项目建成后给饭店带来的投资报酬，另一方面也要考虑投资项目给饭店带来的风险，以便在风险与报酬之间进行均衡，不断提高饭店价值。

（三）营运资金的管理

饭店营运资金也称"营运资本"或"流动资金"，一般是指流动资产减流动负债后的余额，即饭店存置于银行、投资于易售有价证券、占用于应收账款应收票据和存货储备等项的流动资产总额，减去在经营过程中发生的流动负债（应付账款和应付票据等）的余额，有时将此余额称为"净营运资金"，而将"营运资金"称为流动资产。但是，如果提到营运资金的管理，则其包括对流动资产和流动负债的管理。饭店的经营活动无不涉及营运资金的管理。

（四）成本费用管理

饭店成本费用管理是饭店财务管理的重要内容。饭店成本费用的耗费是经营活动中发生的各种资金耗费，因此，对成本费用的管理也就是对资金耗费的管理，降低成本费用是增加赢利的根本途径。

（五）股利（利润）管理

利润是饭店在一定时期经营活动中所取得的主要财务成果。当前中国国有饭店称之为利润，而股份制饭店称之为股利。从整个社会来看，利润是社会再生产的重要来源；从饭店来看，取得利润是饭店生存与发展的必要条件，也是反映一家饭店经营状况的一个重要指标。股利（利润）管理是饭店财务管理的一个主要内容，对提高饭店的经济效益具有重要意义。

（六）财务评价

提高经济效益是一切经济工作的出发点和归宿点。经济效益评价（财务评价）是经济工作不可缺少的一部分。合理的财务评价方法，是决策科学化的有力工具。任何一个经济管理干部、任何一个饭店领导、任何一个需要同资金使用打交道的主管人员，都应当懂得财务评价的基本原理和方法。

饭店财务管理从计划管理开始，通过对整个经营过程实施必要的控制，以达到预定目标，通过对饭店财务状况的分析，对经营情况作出评价。饭店财务管理具有财务预算、财务控制和财务分析 3 项基本职能，下文任务二到任务四将对此逐一阐述。

任务二　饭店财务预算

财务预算工作的好坏，不仅关系财务管理工作本身的优劣，而且对饭店整体的经营活动有重大的影响。

一、饭店财务预算的编制

饭店财务预算即饭店企业对未来某一阶段各种资源的来源和使用的详细计划，它以货币形式对饭店未来某一期间的经营活动进行概括的表述，是饭店在计划期内组织协调各部门的经营活动、指导饭店财务工作、控制财务收支的总纲领。

饭店财务预算通常以一年为一期，并在此基础上，将各项年度预算指标分解到季、月。

饭店预算按管理层次可分为饭店总预算和部门预算。总预算由各部门预算综合平衡汇总而成。一般在每年第四季度，由饭店总经理下达编制下一年度部门预算的通知书。各部门接此通知书后，即着手进行市场调查、资料搜集、预测分析，在通知书规定的期限内，按通知书的要求完成部门预算草案的编制，并将部门预算草案交饭店财务部门进行汇总、平衡。财务部门收到各部门上交的部门预算草案后，一方面要在汇总各部门预算草案的基础上分析研究各部门的预算数据是否合理、部门内部是否平衡；另一方面，也要在分析各部门预算草案的基础上，从全饭店出发，搞好预算的综合平衡，形成饭店总预算，并交由饭店预算会议审议讨论、修改补充，确定后即可落实预算方案并下达至各部门。上述预算编制的程序以部门预算为基础，以营业收入预算为起点，预算指标较为全面、详细，在推动企业内部经济核算、调动部门和职工积极性等方面具有一定的优越性。

饭店财务预算的编制方法多种多样，可以采用历年来某项指标的平均数作为预算数据，也可以从实际出发，根据必要性和合理性来预测某项指标的预算数值，或根据上年某项指标的实际数值，结合预算期各相关因素的变动加以推算，等等。

在实际工作中，也有的饭店采用编制滚动预算的方法，即随着时间的推移，预算逐步向前滚动，以保持某一时间长度（如一年）的预算数据。年度预算制定以后，随着时间的推移，逐月（季）向前滚动，并加以修改、调整。例如：一月份（季度）结束后，将预算延伸至明年一月份（季度）；二月份（季度）结束后，将预算再延伸至明年二月份（季度）⋯⋯如此不断滚动，始终保持一年的预算。

二、饭店财务预算的内容

饭店预算的具体内容主要通过各项预算指标来表达。预算指标是饭店在预算期内以数字表示的经营活动各方面所要达到的目标和水平。饭店预算指标种类繁多，各项指标内容各不相同，但指标之间存在一定的内在联系。饭店预算通常由资金预算、营业收入预算、成本费用预算等组成。

（一）资金预算

为了加强对饭店企业资金的管理，保证饭店经济活动的正常运行，促进企业合理、有效地使用资金，饭店应进行资金预算。资金预算主要包括固定资金预算和流动资金预算两个部分。

1. 固定资金预算

饭店固定资金预算主要由固定资金需用量和固定资产折旧两部分预算组成。固定资金需用量规定了饭店预算年度固定资金的占用数额，它包括固定资金年初数、本年增加数、本年减少数和年末数。如果饭店在基年编制预算，可根据编制预算时的账面实际数，加减预计到基年末可能发生的增减数计算确定固定资金年初数；如果饭店在预算年度年初编制预算，则可根据账面实际数确定。饭店固定资金可能由于新购建固定资产的加入等原因而增加，也可能因为调出固定资产等原因而减少。固定资金年初数加上本年增加数减去本年减少数，即等于固定资金年末数。

饭店应根据预算年度内固定资产增减变动的情况和固定资产实有值，提出预算年度应计提的固定资产折旧。为编制固定资产折旧的预算，饭店应确定年初应计折旧固定资产总值。

2. 流动资金预算

编制饭店流动资金预算，应正确核定流动资金定额，如存货的储备资金定额。另外，流动资金预算也应确定经营中的货币资金和结算资金占用，并确定资金周转速度。

饭店经营离不开存货。存货是饭店在生产经营过程中为销售或者耗用而储存的各种资产，包括材料、燃料、低值易耗品、物料用品和库存商品等。饭店对这部分资产所占用的资金，即储备资金，要做到既能保证供应，又不过多地占用，因而需要确定其资金定额。

储备资金的核定，一般可采用定额日数法进行。所谓定额日数法，是指根据资金的日均周转额和定额日数来确定资金定额的一种方法。这里，日均周转额是指平均每天需要的资金数额，它根据全年平均占用额确定；定额日数也称资金周转期，是指资金从投入周转到完成一次周转所需的时间（天数）。

以定额日数法来确定储备资金的需要量，其数额的多少取决于 3 个因素：预算期材料物资的日均消耗量；材料物资的单位价格；储备定额日数，即材料物资从付款到被领用耗费所需的时间。

饭店储备资金额是整个饭店储备资金所应有的限量，应是各部门所需材料物资储备资金之和。

考虑到饭店淡旺季材料物资的消耗存在差异，各种材料物资的日均消耗量一般以出材料物资消耗较为均衡的有关月所组成的业务季的日均消耗量为准。

（二）营业收入预算

饭店营业收入是指创收部门的营业收入，饭店营业收入预算由企业创收部门的收入预算组成，一般主要有客房、餐饮、商品和其他（康乐、洗衣、出租汽车）等几个部分。

1．客房营业收入预算

饭店客房营业收入是指饭店客房的租金收入。对这部分收入预算的编制，一般可按以下方法进行：① 根据历年来有关客房经营的统计、会计资料，分析市场供求关系的变化，结合本饭店的营销情况，预测确定预算期内客房的平均出租率或出租间天数。② 计算预算期客房的总接待能力。③ 根据本饭店的客房结构和价值趋势，预测预算期的平均房价。

2．餐饮营业收入预算

饭店餐饮营业收入预算以各营业单元（如餐厅）为基础，根据就餐人次和人均消费额来编制。其具体方法是：① 根据历年的资料，分析市场发展趋势，分餐厅按餐次分别测算出预算期内各餐厅的就餐人次。② 预测人均消费额。可以根据历史资料和价格变动指数按餐次分别测算各餐厅的人均消费，也可以根据历史资料和价格变动指数直接测算日人均消费额。这样，根据不同餐厅的就餐人次和人均消费，就可计算出不同餐厅的预算期内的营业收入；然后利用季节指数，将收入预算分解到各月；再通过餐位数指标，计算出预算期内餐位的利用率。

3．商品部营业收入预算

商品部营业收入是指商品部商品的销售收入。对这部分收入预算的编制，一般可按以下方法进行：① 根据历史资料预测商品部的预算期销售额。② 根据历史资料预测商品部各营业单元（如柜台或营业小组）的销售份额。③ 根据历史资料，以各单元为基础计算季节指数。④ 根据预算销售数和各单元销售份额得出预算期商品销售收入，再根据季节指数，将收入预算分解到各月。

4．其他营业收入预算

饭店营业收入除上述客房、餐饮和商品 3 部分外，还有诸如康乐、洗衣、出租汽车等其他服务项目的收入。这部分收入预算可按上述收入预算同样的原理来编制，也可用其他相应的方法来加以制定。例如：康乐中心收入预算可依照上年实绩、发展趋势、季节指数等来编制；洗衣收入预算可根据洗衣人次、洗衣数量、洗衣价格、季节指数等来编制；出租汽车收入预算则可根据营运里程、单价、季节指数等确定。

（三）成本费用预算

饭店成本费用预算即各部门为完成接待或供应任务而要耗费费用的支出计划，以及饭店管理企业总体上的一些费用支出计划。由于各部门的工作内容各不相同，成本构成各异，计算方法有别，因此成本费用预算的编制也有所不同。

1．客房部成本费用预算

客房部成本费用预算是在客房收入和出租率预算的基础上制定的。客房部成本费用是指客房部的各项直接营业费用。客房的营业费用随着客房出租的多少而发生变化。各项变动费用的年预算指标可按它们各自的特点加以计算，如房内消耗品的预算，在计算各项物品消耗的基础上，再加上人员工资费用，就可得出年度客房部成本费用预算指标。或根据历史资料和发展趋势，先测算出单位变动费用（间天变动费用），然后得出预算年度客房费用，即

$$年度客房费用=单位变动费用\times预计客房出租间天数$$

也可根据以往各项变动费用在收入中所占的百分比及发展趋势，推算出各项变动费用率，结合预算期收入预算指标，得出各项变动成本数值，进而确定预算年度客房部成本费用指标。

在将预算指标分解到月时，可按季节指数分摊。

2．餐饮部成本费用预算

餐饮部成本费用预算是在餐饮营业收入预算的基础上制定的。餐饮部的成本费用主要包括用于购买食品原材料的营业成本和部门营业费用两个部分。营业费用部分的计算与客房部基本相同，它的大小与销售额和餐位利用率有关。

3．商品部成本费用预算

商品部成本费用预算主要由商品部的营业成本和部门营业费用组成。营业费用部分的计算与客房部基本相同，其中变动部分与商品销售额有关，可按一定比例根据商品收入进行测算。

商品部营业成本则是指所销售商品的进价成本，进价成本的大小取决于所销售商品的有关具体情况。因此，在编制商品营业成本预算时，可先按各类商品的销售收入预算以及它们的进销差价率分别计算，然后再进行汇总。

4．管理费用和财务费用预算

管理费用是指饭店为组织和管理经营活动而发生的费用以及由饭店统一负担的费用。财务费用主要是饭店经营过程中的筹资费用。这两项都由固定和变动两部分组成。其中固定部分可在一定指标水平的基础上，考虑预算期费用节约的潜力、物价指数的发展趋势等变化情况加以调整；而变动成本部分，则可依据上年变动费用率指标和预算期的变化情况，结合饭店收入预算指标而定。

5．税金指标预算

税金是指与营业收入有关的、应由各项经营业务负担的税金及附加，包括营业税、增值税、城市维护建设税及教育费附加等。该项预算指标可根据各部门收入预算和国家规定的不同税率分别计算，然后汇总得出。

任务三　饭店财务控制

饭店制定了预算之后，就必须加强财务控制。如果没有控制，预算就没有实际意义，就不能保证预定目标的实现。因此，饭店应对饭店经营的收支等各方面实施有效的控制，

以确保预算指标的完成。

一、建立饭店财务控制制度

饭店实施财务控制，首先必须建立起完善的财务控制制度，使财务控制工作能在组织机构、人事分工、岗位责任等诸方面得到保证。饭店应在各部门之间及部门内部建立起一套行之有效的管理制度，使各部门、各岗位的工作人员既相互联系、相互协作，又相互监督、相互制约。

二、营业收入控制

（一）一次性结账的收费办法

饭店一般采用一次性结账的收费办法，即宾客一旦入住饭店，就可在饭店内部（除商场等个别消费点）签字赊账消费。饭店应建立起与之相配套的管理办法和控制制度，如宾客总账单上的每一笔账目都应附有宾客签字的原始附件，同时应规定欠款的最高限额；一旦超过限额，就应及时催促宾客付款，以免因欠款累计太多、太久而使饭店陷入被动。

（二）营业收入稽核

为防止经营过程中作弊、贪污等不正常行为发生，饭店应建立营业收入稽核制度，以确保营业收入的回收，维护饭店的利益。为此，饭店应设立收入核数岗位，层层审核，层层把关，以保证营业收入不受损失。

营业收入稽核有夜审和日审两种方法。夜审的目的主要是为了控制营业收入中的宾客签字挂账，一般在每个营业日结束时进行。日审是夜审工作的继续，它要在夜审的基础上，对前一天营业收入的情况再深入进行全面的检查复核。例如，核对餐饮收入，需对餐厅服务员开出的点菜单、餐厅菜单、餐厅收款员开出的宾客账单三者进行复核，以防出现差错。

（三）收款的控制

饭店应加强对各收款点的控制，如饭店应建立起专人负责账单发放的管理制度，对发出的账单的编号进行登记，对账单存根逐笔逐号进行审核。

各营业点收款员当班结束后，都需填报"收入日报表"和"交款单"，饭店据此检查收回的账单与交来的表单是否相符、账单是否连号及与上一天账单的编号是否相连。

（四）应收账款控制

应收账款是指饭店已经销售但款项尚未收回的赊销营业的收入。加强对应收账款的控制，可以确保营业收入款项的回收，防止坏账损失的产生。

饭店应收账款的大小，通常取决于企业外部的大环境和企业内部的方针、政策。就饭店的外部环境而言，宏观经济情况会影响企业应收账款数额的大小，如在经济不景气时，往往会有较多的客户拖欠付款，这种情况是饭店主观上无法加以控制的。但是，饭店可以通过内部的管理，通过自身信用政策的变化来改变或调节应收账款的数额，对应收账款的大小施加影响，加以控制。

饭店相关的信用政策涉及信用期限、现金折扣、信用标准和收款方针等方面的内容。信用政策的松紧直接决定了企业赊销数额的大小，决定了应收账款数额的大小。松弛的信用政策虽然能够刺激销售，增加收入，但同时也会增加应收账款的数额和信用管理上的一些费用；而紧缩的信用政策虽然能减少应收账款，减少信用管理费用，但也会相应地减少收入。

采用赊销的饭店一般都有专门的信用管理部门。根据饭店的具体情况，这类部门可由总经理、总会计师、信用经理、前厅经理、餐饮经理等人员组成，由他们来研究决定饭店的信用政策。信用政策一旦确定，就应使与信用工作有关的人员对它充分理解和熟悉，并严格遵照执行，以使饭店的应收账款控制有一个理想的结果。

三、成本控制

饭店成本控制是指按照成本管理的有关规定和成本预算的要求，对成本形成的整个过程进行控制，以使企业的成本管理由被动的事后算账转为比较主动的预防性管理。

饭店成本控制有预算控制、主要消耗指标控制和标准成本控制3种基本方法。

（一）预算控制

成本预算是饭店经营支出的限额目标。预算控制，就是以分项目、分阶段的预算指标数据来实施成本控制。

这种方法的具体做法是：以当期实际发生的各项成本费用的总额及单项发生额，与相应的预算数据相比较，在业务量不变的情况下，成本不应超过预算。这里，由于考虑现实的情况与预算预计的情况有时并不绝对一致，因此往往需要事先进行几个不同业务量水平上的预算数据的测算，编制出弹性预算，以使成本的实际发生额与预算数额两者之间便于比较，而不能仅仅只有某一种业务量水平上的预算数据。当然，在弹性预算中，只有业务量和变动成本的变化，固定成本仍保持不变。因此，一般就以变动成本随业务量变化而变化的幅度为依据，确定弹性预算中业务量数值的档距。

（二）主要消耗指标控制

主要消耗指标是指对饭店成本具有决定性影响的指标。主要消耗指标控制，也就是要对这部分指标实施严格的控制。只有控制住这些指标，才能确保成本预算的完成。例如，如果客房物料消耗失控，就很难完成成本预算目标。

控制主要消耗指标，关键在于控制这些指标的定额或定率，不但定额或定率本身应当积极可行，而且一旦指标确定，就必须严格执行。此外，除这些主要消耗指标以外的其他指标，即非主要指标，也会对饭店的成本发生影响。因此，在对主要消耗指标进行控制的同时，也应随时注意非主要指标的变化。一旦主要指标相对稳定，或非主要指标变化加大，控制非主要消耗指标的意义就更大。

（三）标准成本控制

标准成本是指正常条件下某营业项目的标准消耗（只包括营业成本与营业费用，不分摊到部门的管理费用、财务费用除外）。标准成本控制，也就是以各营业项目的标准成本为依据，对实际成本进行控制。

采用标准成本控制，可将成本标准分为用量标准和价格标准，以便分清成本控制工作的责任。如果是由于用量的原因导致实际成本与标准成本产生差异，则应主要从操作环节查找原因；如果是由于价格的原因导致实际成本与标准成本产生差异，则应主要从采购环节查找原因。例如，对某一时间段某一种餐饮原材料成本进行检查，就可从价格和用量两方面进行考察。

从用量方面看，应将该种原材料的实际用量同按标准应消耗的用量进行比较，先将某个时间段使用该种原材料的餐饮制品全部列出，根据每一种餐饮制品中该原材料的标准用量、这一时间段内该种餐饮制品的销售量，得出按实际销售情况该种原材料应该消耗的用量；再用倒计成本的办法推算出该时间段内该种原材料的实际用量。

从价格方面看，应检查标准价格（预计价格）和实际价格（采购价格）两者相比的差异情况，然后再进一步分析是何原因产生的差异，如是因为工作失误（如事先估计不足、临时采购、市场行情了解不够等），还是不可避免的客观因素（如物价上涨、自然灾害等）。

任务四　饭店财务分析

饭店财务分析是对饭店预算的执行、经营状况及其未来发展趋势、饭店营利能力及偿债能力等诸方面进行研究分析。

一、分析的步骤

一般来说，饭店财务分析可按准备材料、对比分析、研究改进3个步骤进行。

（1）准备材料。财务分析是在对各项数据材料进行分析、计算的基础上进行的。饭店要进行财务分析，首先必须建立起企业内部完整的统计、会计核算体系，以搜集饭店经营的各项数据材料。与此同时，饭店也应注重广泛地搜集除此以外的其他有关资料，将它们与饭店的财会、统计资料相结合，以便为财务分析提供准确、可靠的依据。

（2）对比分析。有了必要的数据材料，饭店就可以运用科学的方法，对这些材料进行具体的技术处理，以求测算出指标的差异和产生差异的原因，并从众多的因素中找出主要矛盾，以便加以改进。

（3）研究改进。通过分析，对经营中存在的问题提出合理、有效的改进措施和解决办法，以达到改善经营管理、提高经济效益的目的。

二、分析的方法

（一）比较法

比较法又称对比分析法，是财务分析的基本方法，也是实际工作中运用最为广泛、最简便的一种方法。它是通过对同名指标所进行的对比来确定指标间的差距。常用的对比方法主要有：

（1）以计划为标准，将报告期实际数与同期的计划数相比。通过这种对比，可以了解计划的完成情况、进度，以及实际结果是否符合期望或理想的标准，以便及时采取必要的措施，解决计划执行过程中存在的问题，保证计划的实现。但是，计划往往带有一定的主观性，计划标准也很难制定得恰到好处，可能会偏高或偏低，也可能会因客观情况的变化而失去公正衡量的意义。因此，在以计划作衡量标准时，要客观、如实地制定计划标准并及时予以修正。

（2）以历史为标准，将报告期实际数与去年同期或本饭店历史最高水平相比，即纵向的对比。与本企业历史比较，其优点是具有高度的可比性，可以帮助饭店了解企业在某些方面是否已有了改进，了解企业经营活动的规律，以及企业经营的纵向变化发展。但是，历史标准只能说明过去，特别是在客观环境或企业已有重大变化的情况下，这种对比就不够合理公正。因此，比较时应注意对历史数据进行一些必要的调整。

（3）以同行业为标准，将报告期实际数与本地同行业的平均水平、先进水平相比，或与国内外同行业的水平相比，即横向的对比。通过这种对比，可以了解本企业在同行业中所处的水平以及与先进水平的差距，促使企业改善经营管理。对于处于竞争中的企业来说，与同行业，特别是与同本企业竞争激烈的同行对比是十分重要的。如果企业的各项指标达不到同行业的平均水平，就有被挤出市场的危险。但是，由于企业情况不同，这种对比的可比性不高，只能提供一个大概的情况。但就是这种大概的情况，对企业也是十分有益的。

（二）因素替换法

因素替换法也称因素分析法或连环替代法。它是在运用比较法找出了差异的基础上，就影响经济指标的各个因素的影响程度进行的一种分析。具体做法如下：

（1）列举因素。根据所要分析的经济指标列举出构成这一指标的各种因素。这些因素应与所要分析的指标紧密相关，二者在客观上存在必然的联系。

（2）排列因素。按照各个因素相互之间的依存关系对因素加以排列。如果不按照相互依存关系排列因素，就会得出错误的结论。

（3）分别测定各因素对指标的影响。按照一定的顺序，依次将影响指标的各个因素的实际数代入排列的算式，并计算其结果；再将逐次替换计算出的结果与前面的结果相比较，以测算出各个变动因素对指标的影响程度。

（4）综合汇总各个因素对指标的总的影响。

三、会计报表分析

会计报表是饭店企业在会计日常核算的基础上，运用一定的方法和标准，对企业的会计资料进行整理、分类、计算和汇总，以总括反映企业在一定时期内财务状况和经营成果的书面文件。根据现行制度，饭店企业基本会计报表由 3 张主表和两张附表组成。3 张主表是资产负债表、损益表和财务状况变动表，两张附表是利润分配表和营业收支明细表。

（一）资产负债表

资产负债表是反映企业某一时点资金状况的会计报表，它依据"资产＝负债＋所有者权益"这一会计算式，依照一定的分类标准和次序，将企业在某一时点的资产、负债和所有者权益项目适当排列，按照一定的要求编制而成，以反映企业月末、年末全部资产、负债和所有者权益的情况。该报表着重说明了企业在某一特定时间拥有哪些资源，按照对这些资源的求偿权和利益权，区分债权人和净资产所有者，分别表示其所有的权利。分析资产负债表，应着重分析企业资金风险的大小、负债的多少和资金占用状况等。最具代表性的是以下指标：流动比率、速动比率、资产负债率和负债权益比率等。

（二）损益表

损益表从其内容来看，反映了企业经营的最终财力成果，即反映企业在月份、年度内利润（亏损）的实现情况。它采用多步式计算，从营业收入出发，减去营业成本、营业费用和营业税金及附加，计算出经营利润；再减去管理费用和财务费用，计算出营业利润；再加上投资收益、营业外收入，减去营业外支出，最终计算出利润总额。分析损益表，通常应分析营业利润率、资金利润率等指标。现在企业的资金来源渠道众多，基本上分为负债和所有者权益，应着重分析所有者权益的赢利能力，以反映所有者投资的赢利水平。

（三）财务状况变动表

财务状况变动表是依据企业一定时期内各项资产和权益项目的增减变化，分析、反映资金的取得来源和流出用途，说明企业财务动态的报表。它反映了企业在年度内流动资金的来源和运用情况以及各项流动资金的增加或减少情况，是联结资产负债表和损益表的桥梁。通过分析财务状况变动表，可以了解企业的财务政策、理财能力和财务状况等有关情况。分析财务状况变动表主要应做 3 个方面的工作：

首先，应进行总体分析，掌握基本情况，考察财务状况的变动是否符合一般规律，如流动资金和营运资金增加与否，流动资金的增长同有关指标是否相互适应，等等。

其次，应进行流动资金来源与运用的分析，考察营运资金的来龙去脉，检查是否贯彻了企业既定的经营方针和财务政策。

最后，应对流动资金各项目的变动情况进行分析，检查变动后的财务结构是否更趋合理，财务状况是否得到优化。

（四）利润分配表

利润分配表是反映企业一定期间对实现净利润的分配或亏损弥补的会计报表，说明利润表上反映的净利润的分配去向。利润分配表包括在年度会计报表中。通过利润分配表，可以了解企业实现净利润的分配情况或亏损的弥补情况，了解利润分配的构成以及年末未分配利润的数据。

（五）营业收支明细表

营业收支明细表是一种反映企业多项主营业务的收入、成本、费用、税金及附加、利润情况的会计报表。该表对分析企业经营成果的形成，判断企业获利能力的大小及作出以后年度的赢利预测等都有很大的帮助。

四、饭店财务分析指标

考核和评价饭店企业财务状况和经营成果的财务分析指标很多，以下就有关的主要指标加以介绍。

（一）流动偿债比率指标

这类指标可反映饭店偿还短期债务的能力。

（1）流动比率。流动比率用于衡量企业流动资产在短期债务到期以前变为现金、用于偿还流动负债的能力。流动比率高，说明企业偿债能力强。一般认为，企业流动比率以200%左右为佳。如果该比率过低，企业在偿付流动负债时就可能会遇到困难。就债权人角度而言，流动比率越高越好；但就企业本身而言，比率过高，表明企业流动资产大量闲置或存货结构存在问题，以致流动资产无法得到充分的利用。

（2）速动比率。速动比率用于衡量企业流动资产立即用于偿付流动负债的能力。速动比率高，说明企业具有较强的清算能力。就债权人而言，速动比率越高越好，但比率越高，速动资产利用就越不充分，闲置越多。一般认为，速动比率在100%或稍超一点为宜，但具体分析时，还应考虑其他因素。因为该比率的分析虽然排除了存货，但速动资产中的应收账款也可能存在账期过长、尚有未确认的坏账等问题，从而影响速动比率的可靠性。

（二）长期偿债比率指标

这类指标可反映饭店的长期财务状况，即长期偿债能力。

（1）资产负债率。资产负债率用于衡量企业利用债权人提供的资金进行经营活动的能力。负债比率低，说明总资产中借入的资产少，企业偿债能力强，债权人得到保障的程度高，债权人和企业双方风险都比较小。当然，该负债比率要受到企业赢利的稳定性、营业额增长率、行业竞争程度、负债期限等诸多因素的影响，因而分析时应注意综合考虑。

（2）负债权益比率。负债权益比率是指负债总额对所有者权益总额的比率，负债权益比率用以反映企业财务结构的强弱及债权人资本受到所有者权益保障的程度。该比率越高，企业的长期偿债能力越弱，债权人承担的风险就越大。但对饭店经营者而言，若资产报酬率高于负债利率，就愿意保持一定的负债权益比率。

（三）营运能力指标

这类指标主要反映饭店经营管理水平的高低。

（1）应收账款周转率。应收账款周转率用于反映企业应收账款的流动程度。应收账款周转率越高，平均收款期越短，则表明饭店应收账款回收的工作越有效。

（2）存货周转率。存货周转率用于衡量企业的存货是否过量。存货周转率表示企业存货的周转速度。一般而言，存货周转率越高，说明企业存货从投入资金到被销售收回的时间越短，经营管理效率就越高。资金回收速度越快，在营业利润率相同的情况下，企业就能获取更高的利润。如果存货周转率低，则说明企业可能存货积压，或适销不对路，以致经营管理效率低下。但如果存货周转率过高，也应注意防止采购供应脱节影响正常经营等现象的发生。

（四）赢利能力指标

饭店经营要以较少的耗费获取较大的收益，赢利能力的强弱、赢利的多少、今后的发展趋势，是衡量企业生存价值和管理水平的综合指标。

（1）资本金利润率。资本金利润率用于衡量投资者投入企业资本金的获利能力。一般来说，资本金利润率越高，投入的资本获利越多，说明企业的经营状况越好。

（2）营业利润率。营业利润率用于衡量企业的赢利水平。营业利润率反映了实现的利润在营业收入中所占的比重。该比率越高，说明企业赢利能力越强。但在对不同规模的饭店进行赢利能力比较时，还应考虑不同饭店在投资收益率上的差异。

（3）成本利润率。成本利润率用于反映企业成本费用与利润的关系。该指标通过所得与所费的比率，直接反映企业赢利能力的强弱、综合管理水平的高低。

（4）资产报酬率。资产报酬率是投资收益率的一种表现形式，它是利润总额与平均资产总额的比率。资产报酬率反映了企业运用全部资产获取利润的能力和效率。该比率越高，说明企业运用资产的效率越高，赢利能力越强。

（5）所有者权益收益率。所有者权益收益率是投资收益率的另一种表现形式，它是利润总额与所有者权益的比率。在实际工作中，所有者更关心的是缴纳所得税后得到的净收益。在所有者权益期末余额中，则包含从本期利润中提取的盈余公积和未分配利润。因此，对上述指标加以修正，就可得到所有者权益净收益率。所有者权益收益率和所有者权益净收益率直接反映了饭店管理部门使用所有者资金的效率，这两项比率越高，说明企业的赢利能力越强。

上述 4 类财务指标，均采用了比率分析的方法，即对两个相互之间有内在联系的数字进行比较分析。但应注意分析时不应只考察单个指标，财务分析指标是一个体系，各个指标从不同的角度揭示了某一方面的财务信息。为避免产生误解，应进行全面系统的分析，并结合纵向、横向的排列对比，以得出全面、正确的结论。

任务五　财务部主要岗位职责

目前饭店财务部门的主要岗位是经理、会计及出纳。其主要职责如下：

一、财务部经理岗位职责

（1）在总经理的领导下，统管饭店的计划财务、会计预决算以及收款、费用支出、财产及物价等工作。

（2）根据国家有关财务制度的规定，结合饭店自身的特点制定和完善有关财务制度。

（3）负责编制财务计划（收支计划、银行借贷计划等），检查监督计划的执行情况。

（4）负责管理饭店流动资金，审核、平衡、汇总各部门报送的用款计划，合理调度资金，发挥资金效益。

（5）负责物资采购申报的审核，督导采购人员按质按量完成任务。

（6）定时或不定时地对饭店库房物资进行清理、盘点和核查。

（7）负责饭店的固定资产管理，建立完整的固定资产账目，配合有关部门加强物资管理，建立并完善有关制度。

（8）监督资金的合理使用。

（9）负责加强经济核算，做好财务分析和预测，加强资金的计划管理，调动一切财力资源，积极为饭店经营管理服务。

二、会计岗位职责

（1）严格按照国家财政制度和财经纪律做好会计核算、账务处理工作。

（2）认真做好对各种原始凭证的审核登记工作，按照会计制度做好总分类账及明细分类账的登记管理工作，做到账证相符、账实相等，真实准确地反映经营活动中的各种数据。

（3）认真做好会计成本核算工作，随时掌握各部门的经营情况，有效控制成本，降低消耗。

（4）按照规定，编制会计日报表并做好成本分析工作，实事求是地向领导汇报各部门的经营成果和原材料消耗情况。

（5）认真履行职责，按制度做好本职工作，加强与各部门的衔接，督促各部门管理好各种原始凭证。

（6）做好领导安排的其他工作。

三、出纳岗位职责

（1）严格执行现金管理制度及现金管理办法。

（2）认真做好现金收支管理工作，按规定定时到收银台做好现金清点收取工作。

（3）做好现金、银行存款、收支的记账，并做到日清、月结，妥善保管好现金收支原始凭证。

（4）坚持原则、不谋私利、堵住漏洞，无领导签字的票据（包括借条）不予支付，认真审核各种票据，检查大、小写金额是否相符。

（5）做好现金防盗安全管理，当日现金收入当日入行，严禁坐支现金，不许公款私存、公款私借，不得以任何理由挪用公款。

（6）每天下班前填好当日现金收入报表一式四份，留底一份，报总经理、副总经理各一份，财务主管一份。

（7）认真做好本职工作，并从事领导安排的其他工作。

牛刀小试

1. 试述饭店财务管理的主要内容。
2. 饭店财务预算编制的步骤有哪些？
3. 怎样搞好饭店成本控制？
4. 如何进行饭店财务分析？
5. 如何判断饭店的赢利能力？

项目七　饭店物资和设备管理

任务清单

✧　了解饭店物资管理的内容，熟悉饭店物资用品分类。
✧　掌握饭店物资的定额管理和采购管理。
✧　了解饭店设备管理的基本要求，掌握饭店设备维修与保养的相关知识。
✧　熟悉饭店能源管理的内容，掌握饭店能源管理的措施。

情景在线

小王是三星级花园酒店的一名员工，酒店正有意让他担任物资管理部门主管的职务，负责协助部门副经理从事物资管理工作。对于即将上任的职位，小王既兴奋，又紧张，他有很多问题不是太明白，比如说：

物资管理具体要做什么样的工作？

物资采购过程中有哪些需要注意的事项？

客房、厨房、餐饮等各个部门的物资太多，如客房里的电视、床单、被子等，这些物资应该怎样去管理呢？

不同部门的物资不一样，怎么有针对性地管理？全面盘点应该多久一次？

问题：饭店物资有哪几类？物资管理的重点工作有哪些？

提示：饭店的物资指饭店在生产经营活动中所消耗的各种生产资料，如原料、材料、辅助材料、燃料、动力、工具和机械、仪表、零部件等物质，是饭店业务运转中必不可少的一个关键因素，按自然属性分主要包括食品原材料、办公用品、餐具和茶具、印刷品及文具，还有维修材料、棉织品、清洁用品、装饰用品和消防用品等。对于不同的饭店，其物资管理的内容不尽相同。

任务一　饭店物资管理

一、饭店物资管理的基本内容

由于饭店物资管理者的工作对象具有广泛性和复杂性，饭店物资管理首先必须明确工作重点。饭店物资管理的基本内容包括：

（1）核定饭店各种物资的需求量，编制与执行物资供应计划，并根据市场情况、饭店业务情况的新变化不断修正供应计划，提高物资供应的科学性。

（2）全面了解饭店所需的各种物资的特性，深入研究适合各种物资的保管、储藏方法，使物资安全度过采购与使用之间的过渡期。

（3）编制科学、严密的物资管理制度，制定饭店各类物资的流通程序，设计物资流转过程的管理方法和严格的规章制度。

（4）核定饭店各类物资的消耗定额；监督各类物资的使用过程，核算其使用效率，使所有物资在饭店的业务过程中充分发挥其应有的使用价值和经济效用。

（5）用各种方法回收饭店各种尚有利用价值的报废物资并设法使其再生，再次为饭店经营作出贡献，达到物尽其用、节约经营成本的目的。

二、饭店物资用品的分类

饭店所需的物资用品种类繁杂，这些物资在定额制定、使用保管、计划购置上各有不同特点。为了便于管理，需要对饭店各种物资用品进行分类。常见的分类方法有：

（一）按在经营中的不同用途分类

（1）保管品，指价值在 10 元以下，使用时间较长的物品，它们的特点是：物体小、单位价值低；如果保管得好，使用时间长。

（2）服务用品，指直接供给客人的服务性易耗品。

（3）消耗品，包括灯泡、扫帚、拖把、去污粉、肥皂、灭虫剂等。

（4）食品原料，包括米、面、油、水果、海产品等。

（5）布件，包括床单、被套、枕巾、毛巾、台布、窗帘等各种织品。

（6）厨房餐具，包括刀、叉、碗、盆等各种餐具和厨房炊具等。

（7）燃料和动力，包括煤、煤气、柴油、汽油等。

（8）五金材料，包括电料器材、水暖配件、五金工具等。

（9）建筑材料，包括木料、砖、沙、水泥、脚手架等。

（二）按物资用品的使用方向分类

这种分类方法便于考核饭店各种物资用品的大类消耗，维持物资消耗平衡。在实际工作中，可以将饭店物资分为客用物资用品、生产产品用料、办公用品、清洁和服务用品、基建和维修用料、安全保卫用品、后勤用品。

三、饭店物资的定额管理

饭店物资的定额管理是维持其正常经营的最基本的保障。饭店物资的定额管理可以分为消耗定额和储备定额的管理。

（一）饭店物资消耗定额的管理

物资的消耗定额是指在一定的业务技术条件下，为完成某项任务或制造单位产品所必需消耗的物资数量标准。它是编制物资供应计划和计算其他指标的基础，它表明业务经营过程中物质资料的使用情况。制定合理的物资消耗定额，对改善饭店经营、降低消耗、增加利润是很重要的。

1．制定物资消耗定额的方法

制定物资消耗定额的方法有经验估计法、统计分析法和技术分析法3种。

（1）经验估计法是以有关人员的经验和历史资料为依据，通过分析估计来确定物资消耗定额的方法。以食品为例，食品原料品种多，数量大，季节性强，进货质量和净料率各不相同，很难用一个统一的公式来计算。核定消耗定额的方法一般是以历史经验为基础，在分析各个餐厅的接待能力、淡旺季的差别后大致确定的。

（2）统计分析法是根据实际物资消耗的历史资料，通过简单的计算和分析，确定物资消耗定额的方法。这种方法主要适用于核定客房、餐厅的各种茶具、口布、台布、卫生用品的消耗定额。

（3）技术分析法是根据实地观察、测定等计算确定物资消耗定额的方法。这种方法主要适用于饭店的燃料动力消耗定额的计算。这种方法虽比较精确，但工作量较大。

通常情况下把以上3种方法结合起来使用。

2．确定饭店物资消耗定额的工作程序

在任何一家饭店内，都存在客用物资和自用物资两大类物资。由于饭店服务对象是大量的客人，我们重点讨论饭店客用物资消耗定额的确定程序。

（1）考虑各个部门的具体情况，饭店首先将物资消耗定额的任务下达到各个部门，并详细说明物资消耗定额的意义和内涵，以及各部门进行物资消耗定额的工作要求，确定物资消耗定额的标准。

（2）各部门根据自己的特点，详细制定单位产品或单位接待能力所需物资的配备表，注意区别一次性消耗物品和多次性消耗物品。

（3）确定客用一次性消耗物品单位时间或单位产品的消耗定额，注意按照物资的不同特性选用不同的计算标准。如客房的茶叶、香皂、卫生纸等一次性消耗物品，一般按单位时间计算；饮食产品则按单位产品计算，如食品原料，以"克/份"为计算单位。

（4）确定客用多次性消耗物品在寿命期内的损耗率或一段时间内的更新率。这些物资是在更新周期内逐步补充、更新的。

（5）综合汇总。汇总客用一次性消耗物品和客用多次性消耗物品的各种消耗定额，汇总各个部门在一定时期内各种物资用品的消耗定额。

自用物资消耗定额的确定大抵也采用如上做法，只是在确定自用物资的消耗定额时，要从严而非从宽，这样可以培养员工节约物资的观念。

（二）饭店物资储备定额的管理

饭店的物资储备是保证饭店经营活动正常进行的必不可少的工作，要清楚不同的物资

究竟储存多少才算合理，做到既不影响饭店的经营业务，又不积压资金，且采购、储存费用最低。这就需要管理人员运用定量分析方法来研究确定物资最经济、最合理的采购和储存数量，并且选择最合适的采购时间，这是饭店物资管理的重要内容之一。

储备定额，简单地说是饭店规定的各类物资的储备限额，即在一定的经营条件下，饭店为保证接待服务质量，保证服务活动不间断地顺利进行所必需的、合理的物资用品储备数量。饭店制定储备定额的根本目的是保证服务质量，保证服务活动的顺利进行。在这个前提下，有效地配备储备物资的种类、数量，可以合理利用资源，节约饭店流动资金，以谋求更好的经济效益。

饭店物资储备定额可分成不同的种类，各类储备定额的确定方法如下：

1. 经常储备定额

经常储备定额是指为满足饭店日常业务需要而建立的物资储备量，影响经常储备定额的因素是该类物资平均每天的需要量和两次进货时间的间隔期。

经常储备定额=物资日消耗定额×两次进货间隔天数

2. 保险储备定额

保险储备定额是一种后备性的储备，它是为了防止某些物资因运送受阻、交货误期、规格品种不符合要求等造成的供需脱节而建立的物资储备定额。其计算公式为：

保险储备定额=物资的日消耗定额×保险储备天数

3. 季节储备定额

季节储备定额是为了克服某些物资供应受季节性影响而建立的物资储备数量标准。季节储备是由进货的季节性和客房销售的季节波动所引起的，一般有两种情况。一是受客房出租的淡旺季影响，旺季出租率高，各种用品、食品消耗大；淡季出租率低，消耗量小。为了减少资金占用，加快资金周转，需要确定季节储备量。另一个是受某种货物的生产季节性影响，饭店只能在某段时间内组织进货，并应进足中断期内的全部用量。其计算公式为：

季节储备量=平均每天需要量×中断天数

4. 订货点储备定额

订货点储备定额是指为了及时补充库存物资而确定的库存数量标准。当饭店库存的某种库存物资下降到一定数量时，就要发出订单，组织采购。这里重要的问题是确定备运时间，也称订货周期。备运时间是指从办理订货手续直到物资进店的全部时间，是发出订单、办理订货手续、运货和进库前验收等时间的总和。

正确地确定备运时间是使饭店仓库保持合理储备的重要手段，如果订货周期过长，物资储备就会过多；反之订货周期过短，物资储备过少，就会影响业务经营正常进行。备运时间确定后，订货点储备定额可按以下公式计算：

订货点储备定额=每日平均需要量×备运时间＋保险储备量

5. 经济储备定额

经济储备定额是通过合理确定订货批量，从而使饭店的存储总费用最低的物资储备定额。在该定额的计算中，几种与物资储备有关的费用的支出是：

（1）存储总费用，包括订货和储存有关的费用。

（2）订货费用，包括与订货采购有关的差旅费、行政管理费。订货费用一般随订货次数增加而增大，而与每次订货的数量关系不大，但订货的数量越大，订货次数越少，这种费用就越小。

（3）存储费用，包括：库存物资占用资金应付的利息；库房建筑物和仓库机械设备的折旧费、固定资产占用费、修理费、燃料动力消耗、通风照明等费用；仓库管理费用，包括职工的工资、办公费、管理费；库存物资在保管过程中的物资消耗，以及由于技术进步而使库存物资陈旧贬值所蒙受的损失。

四、饭店物资用品的采购管理

饭店物资采购管理是建立在饭店物资定额的基础之上的。饭店物资的消耗定额详细规定了保证饭店经营活动正常开展所需的物资的品种、数量，饭店物资的储备定额详细规定了饭店必须储存多少物资才能保证经营的连续性，并使饭店的成本和开支降低。物资采购工作就是参照既定的物资定额（包括消耗定额和储备定额），在不同的时间段内采购不同品种、不同数量的物资，以维持饭店的正常运转。物资采购管理的任务就是管好、理顺饭店的一切采购行为及采购环节。

（一）物资采购管理的主要内容

饭店物资采购管理工作是一个内容复杂的业务活动过程，其主要工作内容有：

（1）认真分析饭店所有业务活动的物资需要，依据市场近况，科学合理地确定采购物资的种类与数量。

（2）根据各业务部门对物资的质量需求与价格需求，选择最为合适的供货商，并及时订货或直接采购。

（3）控制采购活动全过程及堵塞每个环节中可能存在的管理漏洞，使采购物资按质、按价、按时到位。

（4）制定采购各种物资的严密程序、手续和制度，使控制工作环环有效；同时，建立科学的采购表单体系，为每一环节的工作流程留下可查询的原始凭证，并以制度保证所有原始凭证得到妥善的收集、整理和保存，为饭店结付货款及物资管理的其他环节提供可靠的依据。

（5）制作并妥善保管与供货商之间的交易合同，保证合同合法有效并对饭店有利。

（6）协助财务部门做好饭店对供货商的货款清算工作。

（二）物资采购的基本程序和方法

科学的采购需要按照科学的采购程序，选择合适的采购方法灵活进行。

（1）确定采购程序。饭店物资采购程序大致包括以下几个环节：① 各物资使用部门或仓库管理人员根据经营需要填写请购单；② 仓库定期核算各类物资的库存量，若库存降至规定的订货点，仓库向采购部送请购单，申请订购；③ 由采购经理通盘考虑，对采购申请给予批准或部分批准；④ 采购部根据已审核的采购申请向供货商订货，并给验收部、财务部各送一份订货单，以便收货和付款；⑤ 供货商向仓库发送所需物资，并附上物资发货单；

⑥ 经检验将合格的物资送到仓库，并将相关的票单（检收单、发货单）转到采购部；⑦ 采购部将原始票据送到财务部，由财务部向供货商付款。

（2）选择采购方法。饭店物资采购的方法主要有4种：① 市场直接采购，是指采购人员根据批准的采购计划或请购单的具体要求，直接与供货商接洽，采购所需物资。② "一次停靠"采购法。这种采购法就是饭店选择一家实力雄厚、供应物资品种齐全的饭店物资供应公司，以批发价向它订购饭店业务所需的全年量物资，一次订货，分期到货。③ 预先订货，即饭店采购部根据采购计划及请购单上的要求，选定供货商，与之签订订货合同，使之在规定的时间内将所规定品种、规格和数量的物资送到饭店的指定地点。④ 集中采购，是饭店集团常用的一种采购方法，后被世界上许多非集团饭店所效仿。它是指两家以上饭店联合成立物资采购中心，统一为各饭店采购经营中所需的物资。它的做法是：各饭店将采购物资需求报送采购中心，采购中心将各饭店的同类需求汇总向供货商订货，收货统一验收后分送到各饭店。总之，究竟哪种采购方式最佳并没有一定的标准，各饭店应根据本饭店的规模、等级、特点和所需物资的具体情况而选择合适的采购方法。

（三）确定采购价格与订货

饭店物资用品品种很多，价格各不相同。特别是开业前的配备采购，批量较大。为此，确定采购价格必须采用多方询价、公开招标、集体定价的方式。坚持价比三家、货比三家的原则，才能合理制定价格，降低进价成本。其价格制定方法是：将物资用品分为不同的定价期，每批物品每次采购前，事先掌握市场行情、制定货源报价表，然后由饭店采购人员、财务主管人员、库管人员和业务主管人员共同确定采购价格，供应商轮流与上述人员（集体定价人员）协商价格。在此基础上，采购计划报总经理审批，然后打印出价格单，分发采购部、财务部等业务主管人员签字，并监督采购价格的执行，从而控制物资用品进价。

在采购计划和采购价格确定的基础上，开业物资用品配备采购一般是由酒店组织专门人员，按计划数量和价格，与供应商签订采购合同，批量一次或分批组织进货。日常物品按月、季采购，由采购人员按时组织进货。每次采购，要坚持做到品种对路、质量优良、价格合理、数量适当、到货准时，既保证饭店和各部门业务经营活动需要，又严格遵守制度、廉洁奉公、不牟私利。

任务二　饭店设备管理

饭店的设备管理不仅包括客用设备设施的维护和保养，也包括其他设备运行的维护。

一、饭店设备概述

现代化的设备设施不仅是饭店的必备条件，也是判断一个饭店服务质量高低的重要标准。

（一）饭店设备的概念

饭店设备是指可以长期使用，并在使用中基本保持原有实物形态的机械、装置和设施。对饭店来说，设备的含义包括以下3个方面：

一是指饭店各部门所使用的机器、器具、仪器、仪表等物质技术装备的总称。

二是指具有长期、多次使用特征的物品。

三是指在会计核算中被列为固定资产的物品。

（二）饭店设备的分类

饭店设备不但种类繁多，而且分布广泛。饭店每个部门都配有自己的设备。

1. 按设备的构成类型分类

（1）单体设备。单体设备指能独立完成某项功能的单个设备，如电冰箱、电视机、水泵等。

（2）成套设备。成套设备指由若干个设备组成，能完成某一功能的完整的、有机的生产系统，如中央空调制冷设备、锅炉设备等。

2. 按设备的系统功能分类

设备按功能共分为12个系统：供配电系统、给排水系统、供热系统、制冷系统、通风系统、运送系统、消防报警系统、通信系统、电缆电视系统、音响系统、计算机管理系统、楼宇智能化管理系统。

3. 按设备在各系统中的作用分类

（1）动力（主机）设备，包括各种动力动能设备以及信息设备的主机，如锅炉、水泵、程控交换机等。

（2）传输设备，指用来传输动力（主机）设备发出的各种能源和信息的设备，如管道是供水、供热系统的传输设备，电线、电缆是电力和电子信息设备的传输设备。

（3）工作设备，指各设备系统的末端设备，它是直接改变工作对象形态的设备，如厨房设备系列、娱乐设备系列等。

饭店的设备还可以根据实际利用情况划分为在用设备、未用设备和弃用设备等。

二、饭店设备管理的要求和内容

（一）饭店设备管理的要求

饭店设备管理主要有如下要求：

1. 技术性要求

饭店设备采用当代科学技术的最新成果，主要设备设计先进，结构复杂。因此，饭店需要有懂机械、电器、电子和计算机等各种技术的专业人员，这些人员要能胜任设备管理和维修保养等工作。

2．综合管理要求

饭店设备管理不仅包括设备的维修保养等纯技术工作，而且还包括设备的经济性分析和大量的组织工作。所以说，饭店的设备管理必须是技术、经济和组织三者密切结合的综合性管理工作，必须实行全过程的管理，这一过程涉及物资准备、计划调度、设计制造、安装调试、劳动组织、质量控制、经济核算等多方面。

3．效率要求

饭店设备是构成饭店产品的一部分，饭店设备的故障具有随机性，这就要求饭店的设备管理必须提高效率，具有应付突发故障、承担意外突击任务的能力。饭店设备管理部门必须信息渠道通畅、业务技术精湛、器材准备充分，随时为设备现场提供服务。

4．全员性要求

饭店的设备管理需要调动广大员工参与管理的积极性，实行以人为本的管理。设备的综合管理更要求全体员工的共同参与。根据饭店的实际经营特点，对管理人员要求一岗多职，对专业技术人员要求一专多能。

（二）饭店设备管理的内容

饭店设备管理是饭店为完成经营管理目标，运用各种组织的、技术的、经济的措施对设备从规划决策、安装使用、维修改造直到报废为止的全过程进行综合管理，以求得最经济的设备寿命周期费用和最高的设备综合效率。具体来说，饭店设备管理有以下工作内容：

1．为设备购置决策提供有效信息

该工作具体包括在设备购买前认真制订规划方案，对设备市场进行调查以确定价格，对设备进行技术经济评价。

2．基础管理

该工作具体包括建立饭店设备的基础资料、设备档案和建立健全设备管理制度。

3．运行管理

该工作具体包括对饭店设备的安装、调试、试运行、使用、维护等进行管理。对饭店设备的使用与维护进行管理，既包括工程部人员对设备进行的使用和维护，也包括其他部门人员对设备进行的使用和维护。

三、饭店设备管理的组织体系

为了提高设备管理的效率，饭店应当设立设备管理的组织体系。饭店建立的设备管理组织体系必须能适应饭店设备技术性要求和管理要求高的特征，符合设备生命周期全过程的变化规律，并能体现对设备技术和经济的综合管理要求。

（一）饭店设备管理模式和组织机构

饭店设备管理的主要职能部门是工程部。但由于饭店设备种类繁多，分布广泛，大量设备都由工程部以外的员工操作，所以饭店应建立从最高管理层到各部门共同参与的设备管理系统。目前，饭店较好的设备管理模式是在总经理的统一领导下，成立以分管设备的副总经理为组长，工程部经理、财务部经理为副组长，其他有关部门经理参加的设备管理领导小组，对饭店设备进行管理。其中，饭店工程部是饭店设备管理的主要职能部门。根据设备综合管理的需要，工程部可以设置综合管理、运行值班、维修等职能班组。适应这种设备管理模式的组织结构是矩阵式组织结构，即根据任务的需要把各部门的各类人员组织起来，加强不同部门之间的配合与信息的交流。

（二）饭店设备管理的岗位职责

饭店设备管理的岗位职责可以从设备管理成员的职责范围、承担的任务、与相关方的关系等方面来予以明确。以下仅对基本岗位职责进行阐述。

1．总经理

饭店总经理是饭店设备管理的第一责任人，对饭店的设备管理负有全面领导的责任。

2．分管设备的副总经理

分管设备的副总经理在总经理领导下，在各部门积极推行设备的全员管理，对饭店的设备管理负主要责任。其主要职责有：组织制定饭店设备的管理办法、规章制度、设备更新和改造计划，组织并实施设备管理的检查、考核、评比与奖惩，实施饭店设备管理的规章制度，注重设备的经济运行，了解国内外饭店设备设施的发展方向，积累信息资料，协助总经理筹划饭店的改造和更新计划。

3．工程部经理

工程部经理在分管副总经理的领导下，对饭店各种动力设备的正常运行、各类维修工作质量全面负责。

4．财务部经理

财务部经理负责饭店设备的资产管理，与工程部及设备使用部门配合，共同做好重要设备的大修、技术改造和更新的经济分析和可行性研究，同时还负责工程设备用款的筹措、设备运行的经济效益分析等方面的工作。

5．人事部门经理

人事部门经理负责配备设备管理人员和技术人员，负责技术人员和其他部门上岗人员使用设备的培训。

6．质检部经理

质检部经理负责检查、监督设备的运行、维修、维护等工作的完成情况。

7．采购部经理

采购部经理负责按各部门提出的设备购置申请单的要求进行采购和验收。

8．业务部门经理

各业务部门经理对本部门设备管理的工作负有重要的领导责任，要切实做好设备的日常管理工作，用好、维护好本部门的设备，并设置专门的设备管理人员。

（三）饭店设备管理的规章制度

饭店设备管理的规章制度是饭店全体员工在对设备的决策、采购、验收、安装、使用、维护、修理、改造、更新等工作中必须共同遵守的规范和准则，主要包括设备综合管理制度、工程部设备管理制度和部门设备管理制度。设备综合管理制度有设备前期管理制度（如设备规划、购置、安装、调试和试运行方面的制度）、设备资产管理制度、设备技术档案管理制度、设备运行期管理制度、教育和培训制度、检查和评比制度等。工程部设备管理制度包括维修组和运行组的岗位职责和操作规范。部门设备管理制度包括部门设备管理规范和使用维护方法。

四、饭店设备的基础管理

饭店设备的基础管理是对饭店设备的种类、数量、分布情况、基本性能、特点，设备的基本参数、工作状态、润滑要求、寿命期限，设备系统的构成、功能、操作、维护规程等资料进行搜集、分类、登记、归档的一系列工作，如对设备进行分类编号，建立设备分类台账、设备卡片和设备档案等。

（一）饭店设备的使用管理

1．设备的技术状态

设备的技术状态是指其技术性能、负荷能力、安全运行和能源环保等方面的实际状态。设备在实际使用中一般呈现 3 种状态，即完好的技术状态、故障状态和设备已出现异常或缺陷但暂时未发生实际故障的状态。设备管理的目标之一就是要使设备在使用过程中始终保持良好的技术状态。

设备技术状态完好的标准是：

（1）性能良好。设备的各项功能都可达到原设计或规定的标准，性能稳定，可靠性高，能满足饭店提供产品和服务的需要。

（2）运行正常。设备零件齐全，磨损不超过规定的技术标准，控制系统、计量仪器仪表和润滑系统工作正常。

（3）耗能正常。设备在运行过程中，燃料等消耗正常，基本没有跑电、冒气、漏油、滴水现象。

不能同时符合上述 3 个标准的设备，不能称为完好设备。设备完好与否由两个因素决定，一是购买决策的优劣，二是使用和维护的好坏。

2．设备的使用管理要求

设备在使用过程中，由于受各种因素的影响，其技术状态会发生变化而逐渐降低工作能力。要控制这一时期的技术状态变化，延缓设备工作能力下降的进程，最重要的措施是正确、合理地使用设备。

（1）设备使用管理的原则。设备使用管理应遵循"谁使用谁负责"的原则，对每一台设备都要有明确的负责人。

（2）设备使用前的准备工作。设备使用前要进行技术资料的准备、操作人员的培训、设备性能的检查。

（3）对设备使用部门的要求。设备使用部门在设备使用时要做到"三好"，即管好设备、用好设备和维护好设备。每个部门必须管理好本部门使用的设备，做到台账清楚，账卡齐全，并与实物对应；同时督促和指导本部门员工按设备操作规程和维护规程正确使用设备，设备借用时要办理借用手续。用好设备的前提是使用设备的员工要经过相应的设备使用方法的培训，并在使用过程中严格遵守操作规程，杜绝超负荷使用和不文明操作。维护好设备指在使用设备后和每班下班前都要对设备进行日常的维护和保养。各部门人员的保养主要是清洁、去污、除尘等。

（4）设备操作人员的"四会"。设备操作人员应做到"四会"，即会使用、会维护、会检查、会排除一般故障。

（5）对操作人员的 5 项规定。一是实行定人定机，凭证操作，遵守操作规程；二是经常保持设备清洁，按规定加润滑油，保证合理润滑；三是认真执行设备的交接班制度，做好交接班记录和运转台时记录；四是管理好工具、附件，不能遗失和损坏；五是不准在设备运行时离开岗位，发现异常应立即停机检查，自己不能处理的问题应及时通知维修人员进行检修。

3. 设备的动态管理

已投入使用的设备由于季节和弃用等原因而闲置封存、移装、转让、租赁、报废等引起设备资产的变动，都必须进行设备的动态管理。动态管理主要是按规定办好手续，做好变更记录。

4. 设备的维护保养要求

设备的维护保养必须达到 4 项基本要求，即整齐、清洁、润滑、安全。"整齐"要求设备工具、工件、附件放置整齐，各种零部件和线路管道完整齐全；"清洁"要求设备的工作环境整洁，无污染物、尘埃等设备磨损源，如工作环境无积油、积水、切屑、垃圾等杂物；"润滑"要求按时按量地加油和换油，保持油标醒目和油箱、油池、冷却箱干净，无铁屑，油壶、油枪、油杯、油嘴齐全，油毡、油线清洁，油路畅通，各部位轴承润滑良好；"安全"要求设备的安全防护装置齐全、牢固，工作场地清洁、干净、防滑，人员操作遵守操作规程。

5. 设备维护保养的类别

设备的维护保养有日常维护保养和定期维护保养两类。

日常保养又称为例行保养，指设备操作人员在设备使用前和设备使用后进行的保养，是全部维护工作的基础。主要工作有：彻底清洁、擦拭和上油，它包括每班维护和周末维护，一般在每班结束后或周末实施。定期保养是每隔一定时间对设备进行的深层次维护，以便消除隐患，减少磨损，保证设备长期正常运行。定期保养有一级保养和二级保养之分。一级保养由维修人员指导操作人员完成，对设备进行全面紧固、清洁、润滑并做部分调整；二级保养是对设备内部进行清洁、润滑、局部解体修理，由专职维修人员完成，操作人员协助。

（二）饭店设备的维修管理

1. 设备的磨损

设备在使用甚至闲置过程中，总会受到环境的影响而发生磨损。设备的磨损可以分为两大类型，即有形磨损和无形磨损。

（1）有形磨损。有形磨损是由于受到外力作用产生的磨损。外力作用有机械作用（如生锈、老化、腐蚀、变质等）。

（2）无形磨损。设备的无形磨损是设备实体形态上看不到的磨损。由于设备制造部门的生产技术与管理方法不断提高，使消耗降低，从而使设备市场价格下降，造成设备原价高于现价，设备贬值，这是经济性磨损；或者市场上出现了设计更加合理、性能更加完善、生产效率更高和原材料能源消耗更少的新型设备，使原设备相对贬值，这是技术性磨损。

（3）设备的综合磨损。设备的综合磨损是设备同时出现有形磨损和无形磨损，引起设备的贬值。

2. 设备的磨损规律

设备使用后不同阶段产生的磨损量是不同的，但也有明显的磨损规律。设备的磨损分3个阶段。

第一个阶段为磨损阶段，其特点是无论经过多么精密的加工，零件表面都有一定的粗糙度，设备开始使用时磨损速度较快。

第二个阶段为正常磨损阶段，其特点是磨损量基本随时间而匀速增加，磨损速度相对较慢。

第三个阶段是剧烈磨损阶段，由于设备的零件已达到了它的使用寿命而继续使用，破坏了正常的磨损关系，磨损加剧造成了机器设备的精度、技术性能和生产效率的明显下降，磨损量剧增。

3. 设备的故障规律

与设备的磨损规律相对应，设备的故障发生也分为3个阶段。

第一个阶段是设备的初发故障期，指设备新安装调试至移交试用这一阶段，由于设计制造中的缺陷及使用人员操作不熟练等原因，这一阶段故障较多，设备故障率高。在此阶段，应当严格检查、验收，认真进行试运转。

第二个阶段是设备偶发故障期，经过第一个阶段的试用后，设备各部件已经进入正常磨损阶段，设备操作人员基本掌握了正确的操作技术和方法，此时设备故障率低于正常允许故障率。这一阶段应当认真执行操作维护规程，加强维护保养。

第三个阶段是设备劣化故障期，主要由于设备长期使用，设备零部件老化、腐蚀逐步加剧，故障率增加迅速。要防止或推迟劣化故障期的出现，就要加强预防维修。

【小贴士】

电梯困人应急处理程序

（1）工程部员工在接到通知后应立即报告值班工程师，并带上工具包、电梯门钥匙、电梯机房钥匙、对讲机和手电筒，及时赶往电梯停靠点。

（2）工程师在接到通知后及时赶往电梯停靠点，用电梯门钥匙打开电梯门，查看电梯停留的位置，如有空间应及时解救出受困人。

（3）若电梯停留在两层楼之间，开门后没有足够的空间解救受困人，值班工程师应立即带领一名强电技工到电梯机房盘车，一名强电技工留守现场，直到电梯轿箱停留的位置有足够的空间解救受困人。

（4）解救出受困人之后大堂副理及时做善后处理：如是酒店客人，安排送回客房或是休息区，向客人表示歉意，并送水果表示慰问；如是酒店员工，安排其回部门休息；如有受伤者，及时将伤者送往医院或酒店医务室。

（5）工程部安排检查故障原因并恢复电梯运行。必要时通知电梯公司进一步检查。

4．设备维修方式

设备的维修方式主要有事后维修、预防维修、改善性维修3种。

在设备不能继续使用后所进行的维修是事后维修。其主要特点是能充分利用零部件的自然寿命，且修理次数少。事后维修主要用于利用率低、维修简单、能及时提供备用机、实行预防维修不经济的设备，如客房中的换气扇、照明灯具等。

预防维修是从预防的角度出发，在故障出现之前就进行维修。如果已经掌握设备的磨损规律，根据磨损规律确定设备劣化的时间周期而定期进行维修，即定期维修。例如，对锅炉、各类电动机就可以采用定期维修。如果设备的磨损规律并未全部掌握，可以根据设备的日常和定期检查、状态监测等所得到的统计资料来判别设备的运行状态，并在故障发生前进行维修。这种维修又称预知维修。

改善性维修是对原设计结构和技术已经落后的设备在可能的情况下进行消除缺陷的维修，从而提高设备的可靠性。

5．设备维修信息的获得

设备维修信息的获得有4种方式，即报修、巡检、计划维修和预知性维修。

（1）报修是设备的使用人员和操作人员发现设备故障后通知工程部，由工程部派人进行维修。

（2）巡检主要针对许多处于饭店公共区域的设备设施，由工程部人员根据既定的路线和检查内容逐一检查，发现故障及时处理。

（3）计划维修即定期维修，根据设备的磨损规律制订计划，在设备发生故障之前进行维修。

（4）预知性维修在前面已述，这里不再重复。

6．设备维修的类别

设备维修的类别主要是根据维修的工作量、维修的内容及要求而划定的，一般可以分为大修、项修和小修。

设备如果使用时间过长，零部件磨损严重，主要性能和精度大部分丧失，不能继续使用，只有经过全面修理才能恢复其精度和性能，否则将造成生产效率和工作质量严重降低，这时就必须进行大修。大修要对设备进行全部解体的维修。项修是根据设备达不到的某些工艺技术要求的项目进行有针对性的维修，这时仅进行设备的部分解体维修。小修则是针对日常和定期检查中发现的问题，拆除部分零部件进行检查和修理。

五、饭店设备管理的经济评价

（一）经济评价的概念和意义

1. 经济评价的概念

饭店设备管理的经济评价指对设备管理全过程中的经济效益进行分析，以期达到设备寿命周期费用的最经济。

从设备管理的形态上看，设备管理包括物质形态的管理和价值形态的管理。在目前的饭店设备管理中，一般更强调物质形态的管理，即从设备的选购开始，经过运输、进店、安装、调试、验收、运行到维护、修理、改造、报废全过程的管理，重视对设备性能、技术的管理，而对价值形态的管理较薄弱。如饭店设备投资至少要进行设备投资的风险评价、投资的边际效益分析、投资回收期的确定衡量、最佳更新周期的确定等，但目前饭店的设备投资常缺少这些有效的经济评价。实际上，在饭店设备的运行和维修、报废、更新等过程中，注重经济性是非常重要的。

2. 经济评价的意义

在饭店全部投资中，设备投资占据越来越大的比重。据统计，饭店设备投资约占固定资产总投资的 35%～55%。因此，对设备投资进行经济评价可以避免投资的盲目性，对设备运行进行经济评价可以降低饭店的能源消耗和维护费用，而设备管理的经济评价能直接影响饭店的产品质量和经济效益，并能极大地提高饭店的经营管理水平。

（二）经济评价的内容

1. 设备投资决策

随着饭店业竞争越来越激烈和饭店经营的专业化发展，设备设施日趋现代化、高档化，要求饭店设备投资结合实际，用科学、经济的手段对设备投资进行决策。

2. 设备的资产管理

饭店的设备是饭店的资产，而设备的资产管理包括对设备资产的基础管理和动态管理。

3. 设备的费用管理

与饭店设备相关的费用是十分巨大的，设备费用管理不仅包括设备费用的控制，也包括对备件的管理。

4. 设备资产的评估

饭店对设备的投资是有风险的，饭店必须对设备投资的风险进行评估。为了提高设备的使用效率和管理效率，饭店需要对设备资产的周转性进行评价。饭店的设备支出构成了饭店产品成本的一部分，设备的获利性如何直接影响饭店的经济效益和潜在的发展能力，所以饭店还要进行设备的获利性分析。

任务三 饭店能源管理

一、饭店能源管理的内容和特点

由于能源供应紧缩，人口不断增加，公众对环境、安全和如何有效地利用现有资源更为关切。饭店的管理层对当今能源问题的反应，有消极的也有积极的。如果管理者只是把能源看作费用开支的话，他们就不可能意识到随着成本降低利润便会相应增加。如果管理者认为通过降低成本能增加赢利的话，重视能源管理就会得到优先考虑。当前，重视能源管理对于整个国民经济的发展具有重要意义。

（一）饭店能源管理的内容

饭店能源管理的具体内容有以下几个方面：

（1）建立健全饭店能源管理体系，明确各级管理者的职责范围。

（2）贯彻执行国家有关节能的方针、政策、法规、标准等，制定并组织实施本饭店的节能技术措施，完善各项节能管理制度，降低能耗，完成节能任务。

（3）建立健全能耗原始记录、统计台账与报表制度，定期为各部门制定合理的能源消耗定额，并认真进行考核。

（4）完善能源计量系统，加强能源计量管理，认真进行能源分析研究，针对突出的问题，提出解决方案。

（5）按照合理的原则，均衡、稳定地调度设备运行，避免用能多时供不应求、用能少时过剩浪费的现象，提高能源利用率。

（二）饭店能源管理的特点

（1）定量化。饭店购买、加工、转换、使用任何能源，首先必须要有一个"定量"的概念。定量化是能源管理的基础，只有在定量的基础上，才能实行能源的定额管理，制订能源的供需计划；才能开展能量平衡工作，正确评价耗能设备和饭店能源的利用效率；才能制订合理的能源规划和准确的能源供需预测。定量化方法采用大量的统计数据；可靠的、完整的数据，是能源定量化管理的基础，也是运用计算机管理的基础。

（2）系统化。饭店使用的任何一种能源大都经过购入、转换、输送直到最终使用的阶段，各个阶段共同构成了一个完整的能源利用过程，称之为能源系统。饭店的能源系统通常有：电力系统、燃煤（燃料油）系统、水系统、煤气系统等。饭店要进行有效的能源管理，必须从系统化观念出发，运用系统工程的方法，对各种因素综合考虑，以获得最优利用能源的方案。

（3）标准化。由于能源的种类较多，发热量各异，各饭店用能结构也不相同，因此在能量统计、能量平衡和能源利用的取数、折算和分析中，必须按统一的标准进行。能源标准化工作是能源科学管理的重要组成部分。

（4）制度化。饭店能源的利用是一个系统工程，能源利用过程涉及饭店各个部门、各管理层和全体员工。要进行有效的能源管理，就必须建立和健全各项规章制度，将能源管理的组织机构、职责范围、工作程序、操作规程、节能要求以文字的形式明确下来，作为员工行动的规范和准则。

二、饭店能源计量管理

能源计量是节能减排量化数据的体现，对饭店管理起举足轻重的作用。同时，利用能源计量数据的采集、诊断、分析，实施有效管理，科学准确地计量数据，能够指导能源的利用，由此达到节能降耗的目的。

（一）能源计量管理的作用

饭店节约能源的途径，主要是加强能源管理和改造耗能设备两个方面，这两个方面都需要有可靠的能源消耗数据。仅靠"倒轧账"来计算能源消耗是不能真实反映产品单耗情况，也无法进行饭店能源核算和考核的；没有正确的计量测试数据，也难于正确地进行技术改造。所以，饭店安装能源计量仪表、完善计量体系是能源科学管理和节能技术改造中一项不可缺少的基础性技术工作，是饭店实施能源管理的第一步。

（二）能源计量管理的要求

（1）设置能源计量管理人员。工程部需要指定专人进行能源计量的管理，工作包括计量仪表的安装验收、使用检查，能耗分析，定额的制定，计划的制订，统计汇总等；各部门要设置本部门的能源计量专职人员负责抄表、统计和对计量仪表的检查等工作。

（2）建立健全能源计量管理制度。为了实现饭店能源计量的统一管理，饭店必须健全能源管理制度，能源管理制度主要包括以下内容：① 饭店能源管理办法；② 饭店能源计量制度；③ 饭店能源计量仪器管理制度；④ 饭店能源统计分析制度；⑤ 饭店能源档案、技术资料管理制度。

（3）制定计量标准，严格计量监督。为了保证使用计量器具的量值统一准确，饭店必须根据实际需要，对主要的计量器具建立健全计量标准，严格计量监督。

（4）明确各部门能源计量的基本职责和任务。饭店总的能源计量工作由工程部负责。各部门负责本部门的能源计量和分析。能源消耗的情况应每天记录，并结合营业状况、天气状况比较分析。

三、饭店能源管理的措施

（一）做好能源管理的基础工作

饭店能源管理基础工作包括全面计量、统计分析、定额考核和实行奖惩 4 个环节。这 4 个环节的核心是定额考核。在完善计量的基础上，要建立饭店、部门和机房以及各班组的能源统计台账和统计分析制度，按月、季、年提出能源统计分析报告，为饭店提出节能措施提供可靠的决策依据。

（二）开展饭店能量平衡工作

饭店能量平衡是反映饭店耗能情况，分析饭店用能水平，查找饭店节能潜力，明确节能方向的重要手段；也为改进能源管理，实行节能技术改造，提高能源利用率提供科学的依据。饭店应根据需要，有重点地开展热能平衡、电能平衡工作。

（三）积极采用先进技术

加强管理固然能提高能源利用率，降低经营成本，但并不能替代技术因素所起的作用。在采用先进技术方面，饭店应处理好以下3方面工作：

1．尽可能采用先进的节能设备

饭店是用能大户，必然会有许多耗能设备。目前在市场上，某一类具有相同功能的设备，其耗能量会有很大的差别。因此在购买新设备时，必须将其耗能量作为一个重要的考虑因素，连同其他因素综合评价，也就是既要引进技术性评价，又要考虑该设备的寿命周期费用是否经济。

2．积极地进行技术改造

建成后的饭店，由于各种原因，有许多设备和设备系统在技术上达不到节能的要求。例如，公共场所全部使用白炽灯照明，大面积公共场所照明没有分区控制，有的饭店制备热水后的冷凝水没有回收，等等。针对上述情况，饭店应有计划地进行技术改造，逐步改造能耗大的设备和设备系统，以达到节能的目的。

3．采用先进的能源控制系统

目前有5种常用的能源管理控制系统。

（1）能源使用定时系统。它按照事先确定或事先计划好的时间间隔，开启或关闭机械装置。这种系统广泛应用于室外照明装置，定时器定格在日出和日落时，日出时电灯会自动熄灭，日落时会自动打开。目前室外照明的定时器已开始由更先进的光感应器取代。

室内的照明通常采用自动照明控制，通过电脑程序控制某一地段照明的强弱程度。对灯光强弱的不同要求，也给饭店的设计者提出了新的要求，特别是对大堂、餐厅、娱乐区、会议室、宴会厅、客房等空间的设计。比如说客房照明，在床上看书、在写字台边工作、刮脸、化妆时都要求有充足的灯光，只要有一处灯光不足，宾客就会感到不满。会议室灯光要能调节，要把白炽灯、荧光灯和追光灯结合起来，白炽灯用来制造气氛，荧光灯用来开会，追光灯用来陈列和重点照明。餐厅里应该采用具有装饰色彩的灯光以创造一种理想的情调。

（2）循环运转系统。它主要用来控制一些耗电量大的设备，可以使这些设备同时停止运转，当然也可使部分设备在规定的时间内运转，以达到控制能耗的目的。

循环运转系统可使宾客进入餐厅时餐厅空调才开始运转。这一系统被拥有分区建筑物或多幢建筑物的饭店用来控制能耗。在分区建筑物中，建筑物的每一区域都有独立的供热或空调系统，如果饭店有3幢建筑物，那么控制系统只允许两幢建筑物同时供热或使用空调系统，如果第三幢建筑物也需要供热或使用空调系统，那么只有停止前两幢建筑物中一幢的供热或空调系统才能办到。许多饭店都采用这一控制系统来控制能耗，这一系统能确保饭店能源系统在某段时间内不会负荷过重。

（3）电能需求量控制系统。它根据电能需求量来控制能耗，类似于循环运转系统。当正在运行的电机装置已经满足事先确定的需求量时，若要再开启一个电机设备，则必须先停止一个设备的运转方可。比如能源高峰控制器把设备的能源总消耗规定在一定限度之内，无论何时，一旦消耗超过这个限度，控制器就会将设备关闭。

（4）废热利用系统。它把饭店供暖、空调、热水等产生的废热充分利用起来，其用途之一就是发电，常用的废热发电装置是往复式发电机，功率应能满足基本用电量。该系统还利用降温排热装置散发出的废热来满足饭店对热量的需求，该系统应能提供热水、厨房和洗衣机房使用的蒸汽、室内的暖气、游泳池用的暖水或暖气。

（5）智能能源控制系统。系统利用电脑自动控制动力、照明用电及取暖、通风、空调等设备，随时通过监控系统开启或关闭某一设备，从而避免设备空转造成能源浪费。

牛刀小试

1. 饭店物资管理的内容是什么？
2. 饭店物资采购的方法有哪几种？其区别是什么？
3. 选择设备应考虑哪些因素？
4. 如何对饭店的设备进行维护保养？
5. 饭店能源管理的内容是什么？
6. 饭店的能源管理过程中可以采取哪些措施？

项目八　饭店主要业务管理

任务清单

◆　了解饭店主要业务的地位、作用。

◆　掌握饭店主要业务的职能。

◆　熟悉饭店主要业务管理的程序和管理内容。

情景在线

如何应对多样的餐饮服务？

陈先生是住店客人，在餐厅预订了10人的晚餐，并于当晚和他的朋友用餐，陈先生对餐厅环境很满意，非常高兴。服务员热情地介绍特色菜肴。陈先生点了当地特色菜。陈先生对菜肴、服务也都很满意。用餐后陈先生问服务员是否可以签单，服务员回答说可以，当服务员把账单递给陈先生的时候，陈先生看了看账单就签了字。服务员核对了陈先生的房卡，然后把账单送到收银台。收银员立即打电话到前台询问陈先生是否可以签单，前台服务员却说陈先生在前台的押金只剩1 000元，不能签单。服务员转身看到陈先生和朋友要离开餐厅，赶紧走到陈先生面前小声说："对不起，您不能签单，您在前台的押金不足。"陈先生立刻显出不高兴的样子说："我住这个饭店为什么不能签单？"服务员解释说，陈先生在前台的押金不足1 000元，只有到前台补交押金后才可以签单。陈先生很不高兴地走到前台补交押金，并说："我在这儿还要住好几天呢，我又不会不结账就跑了，太不像话了！"

问题：客人不满的原因是什么？餐厅服务员应该怎样做？

提示：当客人需要签单时，餐厅服务员未及时向前台询问押金情况，就回答客人的问题；并且当服务员向客人解释时，语言技巧未掌握好，过于生硬，最终让客人很生气。正确的做法应该是：当客人需要大金额签单时，餐厅服务员应及时向前台问询押金情况，了解清楚情况后才能回答客人。当服务员向客人解释时，语言应婉转，以避免客人的误会。餐厅服务员除了应该具备娴熟的服务操作技能以外，还应该具备良好的交流技巧，掌握一定的礼仪礼貌知识。客人住在饭店，前台应随时核查客人的押金数额，如有押金不足的情况，应及时通报有关部门和岗位，以免发生类似事情，引起客人不满。

任务一 饭店前厅管理

前厅部（front office）的主要机构位于饭店最前部的大厅，因而称为前厅部。它是整个饭店业务活动的中心。

一、前厅的任务与职能

前厅部门是饭店销售产品、组织接待工作、调度业务以及为宾客提供一系列前厅服务的综合性服务机构。饭店前厅是在顾客抵店时接待顾客并为顾客推介饭店服务和办理住宿等相关手续的场所，同时为顾客提供综合性服务。

（一）客户接待

饭店前厅具有接待客人的业务职能：接待有预订和未经预订直接抵店的客人；办理客人的登记入住手续及安排住房并确定房价；进行接送客人、搬运行李以及其他可能的接待服务。

（二）服务推介与预订

前厅部参与饭店的市场调研和市场预测，参与房价及促销计划的制订，配合销售部进行宣传促销活动；开展客房预订业务并对预订工作进行有计划的安排和管理。饭店前厅部门需要向客人全方位介绍与推荐饭店的客房、餐饮等饭店服务与信息，为客人办理预订手续以及受理客人预订。

（三）控制客房状况

前厅所设的总台需要根据近期饭店客房的预订以及可能的客房入住情况控制客房状况，及时登记宾客换房、退房或是变更入住和离店的信息，提高客房利用率和客房收益。前厅部必须在任何时刻都正确地显示每个房间的状况，如住客房、走客房、待打扫房、待售房、维修房等，为客房的销售和分配提供可靠依据。

（四）客账管理

前厅部还为来店的客人建立客史档案，记录客人在店逗留期内的主要情况，负责登记客人基本信息，审核客人账户，办理退房结账等客账业务。宾客档案中记录了饭店所需的有关宾客的主要资料，可供饭店了解宾客消费特征，为饭店分析客源市场状况，研究宾客消费心理，提供个性化服务提供了依据。

（五）信息沟通与部门协调

前厅部处于饭店业务活动的中心，每天能接触到大量的信息，内部信息有客源市场、产品销售、营业收入、客人需求及反馈意见等信息。前厅部要及时将这些信息加以处理，向饭店的管理机构报告，与饭店其他有关部门沟通，以便采取对策，适应经营管理上的需要；同时，把市场调研和预测、客户预订、接待情况、客人资料等收存归档，定期进行统计分析，形成以前厅为中心的搜集、处理、传递及储存信息的系统，通过已掌握的大量信息来不断改进饭店的接待服务工作，提高服务水平。前厅部门还应搜集饭店外部信息，对信息进行加工整理后将其传递到饭店其他相关部门。外部市场信息主要包括市场发展状况、客人消费行为特征、饭店行业动态以及客人各种潜在需要等信息。

二、前厅部的组织结构

前厅部的组织结构因饭店情况的不同而不同，在多数大、中型饭店中，前厅部单独设置，但也有一些大型饭店设置有客房总部，将前厅部归属其内，但仍为部门建制。在小型饭店里一般不单独设立前厅部，相关业务归客房部负责。

规模较大的饭店其前厅部组织结构就复杂一点，反之前厅部的组织结构就相对简单，其管理层次和管理跨度的设置都应该从实际出发，不能生搬硬套，拘泥于形式。

前厅部的机构可以分为两类：管理机构和业务机构。管理机构指部门的指挥领导机构，业务机构指部门的各业务单元和业务班组。

（一）管理机构的设置

前厅管理机构的设置通常采用设置部门领导机构的形式。从狭义上讲，部门领导机构就是部门办公室，部门办公室的人员组成通常包括部门经理、部门经理助理、文员等人。有的饭店把各主管和大堂副理也纳入前厅办公室。

（二）业务机构的设置

前厅部的业务机构较为复杂，一般前厅部的业务机构主要有：
- 预订处。
- 总服务台，一般包括接待处、问讯处、账务处（收银处）、外币兑换处等。
- 大厅服务处（礼宾），包括行李处（运送、寄存）、门童岗。
- 总机房，主要是接线员；商务中心，主要是打字复印等业务岗、秘书岗、票务岗。
- 驻外代表，包括驻机场、车站等的驻外代表。
- 大堂副理。

三、前厅部管理的内容

（一）建立宾客档案

前厅部门需要利用计算机等工具对宾客每次入住的资料进行详细记录，建立起饭店宾客档案库，包括宾客常规档案、消费档案、习惯和爱好档案以及反馈意见档案等，从而为饭店提供各项个性化的服务，为饭店经营战略的制定提供依据。

（二）建立服务质量标准体系

前厅管理人员需要为前厅各个岗位制定服务质量标准体系，包括客房预订服务质量标准、总台服务质量标准、大厅服务质量标准、电话总机服务质量标准、商务中心服务质量标准、大堂经理服务质量标准等标准。通过定期培训等方式提高前厅员工的服务技能，树立员工良好的服务意识，并通过日常考察和暗访等方式对前厅服务质量进行考核与评估。

（三）树立危机管理意识

制定危机管理制度，培养员工的危机意识，将潜在威胁扼杀在萌芽状态，防患于未然。对于一些突发性事件要快速处理，尤其是一些有损饭店形象的投诉等，应当及时转到饭店后台，通过有效沟通和协调妥善处理。

（四）加强与各部门的沟通与联系

前厅是饭店的信息中心，需要与其他部门保持高度密切的联系，相互间通过有效的沟通，传递各类动态信息。前厅部成员与饭店所有部门都有联系。

如营销部依靠前厅部提供的客史档案，可以针对目标市场开展促销活动。因此，前厅部成员必须尽最大的努力提供及时、准确的资料信息，帮助营销部完成对大型会议、团队及特殊客人的预约。

客房部和前厅部相互之间就客房状态和能立即出租的客房数进行沟通，任何时候都应能够准确显示饭店可供出租客房的信息。前厅部的客房状态通常有下面几种：

- 空房（vacancy）：已经准备好随时供宾客使用的客房，简称 OK 房。
- 走客房（check out on change room）：由于前一天有客人租用，还未打扫清理，暂时不能被新的宾客使用的客房，简称 C/O 房。
- 住客房（occupancy）：已经有客人入住的房间，简称 OCC 房。
- 待修房（out of order）：因正在进行维修整理而暂停出租的客房，简称 OOO 房。

客房状态还有：VAC 代售房、DND 请勿打扰房、DLR 双锁房、MUR 请即打扫房、S/O 外宿未归房等。

对于客房状态的报告是面对面进行的，客房部主管或客房中心经常每两小时或每一小时就与总台服务员联系一次，以确保双方均正确地记录了房态。准确记录的客房状态可帮助总台员工正确地销售客房，帮助客房员工掌握楼层客人的情况。客房部根据前厅部客房销售情况预测来安排员工的工作。

（五）前厅信息管理

信息的搜集与传递是前厅信息管理的手段，进行信息归档、分析整理及统计是信息管理的核心，提出咨询建议，帮助饭店管理层作出推测、销售饭店客房及其他商品、提高管理水平和经济效益是信息管理的目的。饭店前厅制定各类表单与报表，定期汇总整理，进行传阅；建立交接班制度，通过日记与记事簿等保证交接顺利；建立顺畅的信息传递渠道，保证内外部和上下级间无障碍沟通；对市场进行专项调查，为饭店经营提供决策依据。

（六）计算机控制管理

计算机系统已成为饭店信息传递、沟通、协调必不可少的手段。计算机系统在信息统计的精确性、处理的高效性、传递的及时性、范围的广泛性方面有无与伦比的优势，是人为或其他手段无法替代的。常用的前厅部计算机应用系统有客房预订系统、客房销售系统、查询系统、财务系统以及综合分析系统。

任务二　饭店客房管理

饭店客房业务主要由客房部，又称房务部管理，其工作的重点是管理好饭店所有的客房，通过组织接待服务，加快客房周转。客房部担负着客人住店期间的大部分服务工作，其业务范围涉及饭店房间和楼层公共区域的清洁卫生、物资用品消耗的控制、设备的维修保养等。

如果说前厅是销售产品的部门，客房则可以称为生产产品的部门，客房生产是前厅销售的基础。客房是饭店中必不可少的基本设施，客房部是饭店最基本的职能部门。客房服务与管理的水平，不仅影响饭店的声誉和房间销售，而且直接影响成本消耗和经济效益。

一、客房内部结构

饭店客房内部通常可以分为 4 个功能区域：睡眠区域、盥洗区域、储存区域、起居区域。

（1）睡眠区域，主要包括床、床头柜和床头灯等与睡眠相关的空间与物件。

（2）盥洗区域，一般由淋浴间（浴缸和淋浴器）、洗脸台、浴室镜、毛巾架和马桶等组成。

（3）储存区域，主要由壁橱、衣帽架、保险柜等构成。

（4）起居区域，包括电视机、写字台、茶几、座椅、梳妆镜、台灯、落地灯等空间与物件。

二、客房业务职能

（一）客房服务中心

客房服务中心是客房部门的核心，设值班员，负责统一调度对客服务工作，负责发放客房用品，管理客房钥匙，掌握和控制客房状况，并与前厅部等部门进行联络、协调。

（二）房务部

房务部主要负责客房内的服务工作。客房楼面由各种类型的客房组成，每一层楼都设有工作间，便于服务员工作。楼面人员负责全部客房及楼层安全，房间用品的更换，设施简易维修保养，为顾客提供必要的服务。

（三）管家部

管家部主要负责大堂（前厅）公共卫生、洗手间卫生、客房楼层公共区域地面卫生，地毯的洗涤，玻璃、大理石的清洁工作，公共区域设施设备、工艺品的卫生清洁和保养，使之达到卫生标准。

（四）洗涤部

洗涤部主要负责饭店布草、客衣、工衣的收洗。饭店要提供高质量的洗涤服务，为宾客提供方便。

（五）设备维修保养

客房设备如家具、电器、卧具、洁具、地毯等都投入了较多的资金，是饭店的重要财产，这些财产一旦保护、保养不力，就会大大缩短使用寿命，降低投资收益。因此，客房部的一个重要任务就是利用先进的科学的方法，搞好设备的保养，延长其使用寿命，使饭店财产保值增值，间接增加投资收益。

三、客房部管理的内容

客房管理是饭店重要的日常性工作，需要在高效率下保证客房的干净与整洁，及时反馈客房与客人动态，第一时间为客人解决问题和提供所需服务。

（一）对客服务工作管理

对客服务是客房最主要的任务之一，客房不仅应向客人提供规范、标准的服务，还应为客人提供个性化的服务，以满足客人的各种符合情理的要求，使客人完全满意。因此，客房管理者应根据饭店星级标准的要求、规模大小以及主要客源的特点和需求选用合适的对客服务模式，设立相应的客房服务项目，并制定科学合理的服务规程作为提供优质对客服务的保证。

1. 楼层值台式

在客房楼层设立服务台，配备专职对客服务员，这种模式是中国饭店客房服务中最基本、最传统的一种服务模式。其优点是有利于加强对客人的面对面服务、突出人情味，还有利于对楼层的安全管理。但这种模式也有不足的一面，就是花费的人力较多。而且，楼层服务台的专职服务员必须具备很好的素质，才能胜任楼层各项服务工作。

2．客房中心式

目前，许多饭店不设楼层服务台，而设立客房中心。这种模式可以减少人员编制，降低劳动力成本支出，有利于对客服务工作的集中统一调控和强化客房管理，有利于楼层的安静，符合客房"暗"服务的要求。

客房中心设有专职服务员。住客通过电话将服务要求通知客房中心。服务员进行详细记录，并迅速转告有关楼层的服务员，从而完成对客人的服务。客房中心大多 24 小时运行。服务员必须反应敏捷，善于协调，能妥善处理各种情况。设立客房中心，要求客房楼层员工有较强的服务意识。

3．客房中心与楼层服务台并设

这种模式可取前两种模式的优点，克服前两种模式的部分缺点。白天，楼层服务台有专职服务员。因为白天楼层事务以及对客服务工作任务较多，楼层服务员的工作量较为饱和。而到夜间，大多数住客都休息，对客服务的工作量较少，一般可不安排专门值台。如果客人需要服务，可由夜班服务员负责落实。夜班服务员一般在客房中心待命，当客人打电话要求服务时，夜班服务员要立即前往提供服务。也有些饭店采用在某些楼层（如商务楼层）设服务台，其他楼层则设客房中心提供服务的模式。为更加节约人力资源，也有一些饭店将客房中心的夜班与总台合并，客人夜间的电话直接接至总台，夜班服务员则由公共区域的领班兼任。

（二）客房服务项目的设立

设立合理的客房服务项目是进行优质的客房对客服务的基础，也是客房管理者的一项重要工作。在日常的对客服务管理工作中，管理者还需要不断对现有的服务项目进行评价和调整，以确保为客人提供其真正需要的有效客房服务。

（三）饭店客房控制

客房控制是前厅部门和客房部门共同的工作职能，需要两个部门协调合作。

1．客情预测

客情预测是一项前瞻性的工作，为前厅部门乃至饭店的经营管理提供重要的依据。科学的客情预测有助于前厅接待、房价控制、客房服务、餐饮服务和采购等部门进行事前管理，为饭店综合服务质量提供可靠保障。

2．房价管理

客房价格的制定对于饭店经营的成败具有决定性的影响。

3．客房分配

客房需要根据饭店空房的类型、数量和客人的预订要求等具体情况进行分配。客房分配应按一定的顺序进行，对于贵宾和团体客人可以给予适当的优先，通常按下列顺序进行排房：

团队客人—重要客人（Very Important Person，VIP）—已付定金的保证类预订客人—要求延期的待离店客人—确定抵达时间的预订客人—常客—无预订的散客—不确定的预订客人。

（四）建立客房标准化工作程序与内容

客房业务中大部分工作都是有规律的，管理人员应该制定客房服务的标准程序和注意事项，包括客房清洁服务标准、客房安全制度、客房部的管理职责等，对客房服务人员实行标准化、程序化管理。

（五）提高员工服务意识和业务技能

客房服务需要细致和周到，并且要求客房部门的员工具备服务意识，掌握服务工作的精髓，充分尊重客人，如不当着客人的面查房等，听取客人的合理意见与建议，尽可能了解客人的姓名、习惯等信息，提供个性化的服务。

卫生管理是客房部门管理工作永恒的主题。客房的卫生清洁和布置整理工作看似简单，可在实际工作中存在大量的技巧和注意事项，需要客房服务人员掌握一定的业务技能，保证客房卫生与整洁。

任务三　饭店餐饮管理

餐饮业务管理是饭店业务管理中环节最繁多、技术要求最高、涉及的学科知识最广泛，因此也最复杂的一项业务管理工作。

一、饭店餐饮业务管理的特点

饭店餐饮业务管理是一项集经营与管理、技术与艺术、秉承与创新于一体的业务工作，与其他部门的管理相比具有不同的特点。

（一）产销即时性强，收入弹性大，现场管理十分重要

餐饮业务管理是通过对菜点的制作和对客服务过程的计划、组织、协调、指挥、监督、核算等工作来完成的。其业务过程中的生产、销售、服务与消费是在短时间内完成的，即具有生产时间短，随产随售，服务与消费处于同一时间的特点。这就要求餐饮部必须根据客人需要马上生产，生产出来立即销售，不能事先制作，否则就会影响菜的色、香、味、形，甚至腐烂变质，造成经济损失。由此可见，做好预测分析，掌握客人需求，提高工作效率，加强现场控制，是饭店餐饮管理面临的重要课题。

饭店餐饮作为主要的创收部门，与客房相比，具有收入弹性大的特点。客房收入来源于住店客人，房间数和房价保持相对不变，因而客房收入是相对固定的，其最高收入往往是一个可预测的常量。而餐饮的服务对象除了住店客人外，还有非住店客人，而且客人的人均消费也是一个弹性较大的变量。饭店可通过提高工作效率、强化餐饮促销、提高服务质量等手段提高人均餐饮消费量，使餐饮的营业收入得到较大幅度的提高。所以，餐饮往往是影响饭店营业收入多寡的关键项目。

（二）业务内容杂，管理难度高

餐饮业务构成复杂，既包括对外销售，也包括内部管理；既要考虑根据饭店的内部条件和外部的市场变化，选择正确的经营目标、方针和策略，又要合理组织内部的人、财、物，提高质量，降低消耗。另外，从人员构成和工作性质来看，餐饮部既有技术工种，又有服务工种；既有操作技术，又有烹调、服务艺术，是技术和艺术的结合。这必然给餐饮管理增加一定的难度，要求我们既要根据客观规律组织餐饮的经营管理活动，增强科学性，又要从实际出发，因地制宜，灵活处理，提高艺术性。同时，餐饮成本构成广泛，变化较大。从原材料来看，有的是鲜活商品，有的是干货，有的是半成品，有的是蔬菜瓜果。这些原材料拣洗、宰杀、拆卸、胀发、切配方法等存有明显差异，加工过程中损耗程度各不相同，而且有些原材料的价格往往随行就市，变动幅度较大。但是饭店的菜点价格又不能经常变动。此外，还有燃料和动力费用，劳动者工资，家具等易耗品的消耗，家具、设备的折旧等，其中有些是易碎品，损耗控制难度较大。如何加强餐饮成本控制，降低消耗，往往是餐饮管理所要解决的重要课题。

（三）影响因素多，质量波动大

餐饮质量是餐饮管理的中心环节，但由于影响餐饮质量的因素较多，餐饮质量控制难度较大。

首先，餐饮是以手工劳动为基础的。无论是菜点的制作，还是服务的提高，主要靠人的直观感觉来控制，极易受到人的主观因素的制约。员工的经验、心理状态、生理特征，都会对餐饮质量产生影响，要做到服务的标准化难度较大。

其次，客人的差异大。俗话说"众口难调"，客人来自不同的地区，其生活习惯不同，口味要求各异。这就不可避免地会造成同样的菜点和服务，产生截然不同的结果。

最后，依赖性强。饭店的餐饮质量是一个综合指标，餐饮质量的好坏，不仅依赖市场的供应，而且还受到饭店各方面关系的制约。菜点质量如何，同原材料的质量直接有关，对协作配合的要求也非常严格。从采购供应到粗加工、切配、炉台、服务等，要求环环紧扣，密切配合，稍有扯皮，就会产生次品。

（四）品牌忠诚度低，专利保护难

一方面，在一般餐饮消费上，客人求新求异、求奇求特的消费心理使其不断追逐新产品、新口味、新服务，常会出现"吃新店、吃新品"的一窝蜂"随新赶潮消费"现象。

另一方面，饭店餐饮部很难为自己的装饰、服务方式等申请专利。因此，倘若某一产品或服务能吸引客人，则仿者甚多。如何培养品牌忠诚，如何寻求专利保护成为饭店餐饮研究的重要课题。

二、饭店餐饮业务管理的内容

（一）掌握市场需求，合理制定菜单

餐饮业务管理人员要了解本饭店目标市场的消费特点和餐饮要求，在此基础上制定出满足客人需求的菜单，并由此决定餐厅类型和规格、餐厅特色等。当然，精明的经营者不会仅仅将客源市场限定于本饭店的入住宾客，但作为饭店附属的餐厅仍需要跟饭店的类型等保持一致，并以饭店入住宾客为基础客源。此外，随着餐饮业务的扩大，管理人员需要进一步开发餐饮新品种，挖掘餐饮文化内涵，创造经营特色。

（二）控制餐饮成本，加强推销，增加营业收入

竞争不仅有来自饭店行业中其他餐厅的，还有来自市场中餐饮企业的。餐饮成本的控制是增加企业赢利的必要措施，是餐饮管理的重要内容。

一方面，餐饮部门一系列业务环节都涉及成本控制，管理者应根据标准成本率确定食品原料采购价格，加强原料验收、储藏、发放管理以避免原料损耗浪费，抓好原料粗加工管理，控制原料加工损耗率，做好成本核算和成本分析，在保证食品质量、数量符合标准的前提下，减少损耗，降低成本，增加饭店赢利。

另一方面，餐饮部门管理者应在饭店营销计划的指导下，掌握宾客的需求，选择推销目标，制订针对饭店入住宾客和饭店外客人的推销策略和计划，开展促销活动，增加营业收入。

（三）合理组织人力，开展职工培训，提高生产效率

餐饮部门管理者应对营业量进行科学、准确的预测，制订生产计划和接待计划，从而以此为根据组织餐饮部门人力。管理者还应根据部门具体情况，制订职工培训计划，开展有针对性的技术培训和礼仪培训等，不断提高职工的行业素质和业务水平，形成训练有素的稳定的员工队伍，保证有序的生产和优质的服务。

（四）确保食品卫生和饮食安全

保证餐饮卫生和安全是餐饮部门应承担的社会责任，并且饭店餐饮部门的卫生和安全是否符合标准直接影响饭店的声誉和经济利益。因此，餐饮部门管理人员必须加强食品卫生和饮食安全方面的监督和管理，强化预防措施，确保食品卫生、环境卫生和员工个人卫生符合标准要求，以杜绝食品污染，防止食品中毒等事故发生。

（五）餐饮服务质量控制

为了提供给饭店用餐客人满意的用餐享受，需要对饭店的餐饮服务进行严格的质量控制。

1. 树立危机管理意识

由于餐饮业务在生产和服务等方面所存在的各种特点，餐饮服务质量管理需要首先树立一种危机管理意识，制定危机管理制度，如客流量过大时的解决方法，客人醉酒或客人

对菜品或服务不满时的处理办法，以及餐饮服务各环节中可能发生的事故等的应急措施。只有树立危机管理意识，制定危机管理制度，才能尽可能地将意外扼杀在萌芽状态，并在危机出现时保持镇定、有序，从容地应对危机。

2．开展餐饮服务控制工作

首先，需要对餐饮服务进行预先控制，即在开餐前对人力资源、物质资源、卫生质量以及潜在事故进行预先控制。

其次，开展餐饮服务现场控制，监督服务程序，使其规范化，并迅速、妥善处理意外事件。

最后，餐饮服务反馈控制就是做好服务质量的信息反馈，找出餐饮服务工作中的缺陷，进一步加强预先控制和现场控制，提高服务质量。

3．严格服务质量检查

服务质量检查是餐饮服务控制的重要内容之一，主要对整个餐饮业务的服务规格、就餐环境、仪表仪容和工作状况等方面进行检查。

任务四　饭店康乐管理

康乐指满足人们健康和娱乐需要的一系列活动。康乐设施和服务在饭店中已经十分普及，成为饭店经营业务的重要组成部分。

一、康乐业务的特点

（一）经营风险高

康乐项目受市场变化影响大，消费者的收入水平、个人兴趣的改变乃至地区经济和文化环境的变化都会引起康乐项目需求的变化。康乐项目的初期投资大，固定成本高，一旦出现经济不景气或是消费者娱乐休闲兴趣转向，经营业绩将受到较大冲击。

（二）设备依赖性高

康乐活动依靠各种专业设施设备才能实现，各种设备必须时刻处于完好运转状态。康体娱乐项目需要投入大量资金购买先进设备，并对设备进行维护和保养。

（三）治安环境复杂

康乐活动的高密度人群和亢奋的情绪氛围容易导致治安事件的发生，为了预防治安事件的发生，康乐部门一般需要一支强大的保安队伍。

（四）服务控制难度大

消费者在饭店的康乐产品中购买的是某种生理和心理的体验，每个消费者的需求都不同，对康乐产品和服务质量的评价就有不同。康乐产品质量的不可感知性造成饭店康乐服务控制难度大。

二、康乐项目设置原则

现代的康乐服务项目主要有桑拿按摩、健身、游泳，及歌舞厅、美容中心的服务等，还包括高尔夫场所、主题公园等主题项目。一般来说，饭店决策者必须全面了解现阶段国内外康乐项目的类型、特点及其未来发展趋势，才有可能为饭店选择恰当的康乐经营项目。在康乐项目设置上，还需要遵循一定的原则。

（一）与饭店类型相符

康乐项目的设置选择，需要与本饭店的经营理念、设计规格和主要的客源群体特征相符。例如：一家倡导绿色、健康经营理念的饭店，应该选择如高尔夫球、瑜伽等方面的康乐项目；而一家接待商务旅行宾客较多的饭店应该选择美容中心、茶艺等方面的康乐业务。

（二）与饭店经营优势相符

任何饭店都具有一定的优势，有的体现在规模档次上，有的体现在所建项目上，有的体现在经营理念上，有的体现在价格上，康乐项目必须发挥饭店自身的优势，取长补短。

（三）与场地状况相符

各种康乐设施和设备对场地有不同的要求，因而应根据饭店的场地属性，因地制宜地设置康乐活动项目。

（四）与客人需求相符

饭店康乐部门的一切工作是围绕着满足客人的需要而开展的。理想的康乐项目和服务应该使得客人达到3种境界：一是忘记时间，二是忘记金钱，三是忘记自我。

（五）与政策法规相符

康乐服务行业是一个极其敏感的行业，投资者必须能抵制某些非法娱乐项目短期内获利丰厚的诱惑，严格按照法律法规开展康乐服务项目。

三、康乐部门管理的内容

（一）康乐服务人员管理

1. 技术和职业道德培训

技术和职业道德培训主要涉及以下方面：
（1）康乐设施设备的基本性能和基本运行原理以及正确操作程序与方法。

（2）设备日常维护的基本方法，康乐活动的规则、方法和活动技术技巧等。

（3）各种康乐项目的服务方法、服务规范和程序等。

此外，要端正从业人员态度，培养其乐业精神及企业归属感，帮助其树立职业道德观念。

2．业绩考核和激励机制

业绩考核过程中需要建立统一的标准，一视同仁，保持标准的连续性，并且将考核结果与奖惩相结合，建立激励机制。

3．劳动成本控制

康乐行业属于劳动密集型行业，管理人员应制定出一整套有关工作人员数量控制及人力合理安排的程序制度，通过对劳动力的计划、协调和控制，使得人力资源得到最大限度的利用，降低劳动成本。

（二）康乐设施设备管理

康乐设施设备是指构成饭店康乐项目固定资产的各种物质设施，它是康乐部门提供康乐服务，进行经营活动的生产资料，也是为客人提供有形和无形产品的物质基础。

1．康乐设施设备管理的特点

康乐设施设备的管理具有以下特点：社会性强，管理效率要求高；损耗大，更新周期短；管理工作涉及面广，协作性强；设施设备本身专业性强；等等。因此，需要对专业的设施设备在组织上和程序上加以控制，进行严格有效的管理。

2．康乐设施设备管理程序

（1）设施设备的更新规划，具体包括选型、订购、入库保管、安装调试、移交和入账、人员培训、日常管理等。

（2）设施设备的定期检修，具体包括一级保养、二级保养、设备大修等。

（3）设施设备的技术改造。设施设备在使用一段时间后，可能出现兼容性问题或配套设施不合理等状况，需要对其进行技术、安全、节能等方面的改造。

（4）设施设备的更新报废。设施设备在出现无法修复的问题或达到使用年限时，一定要进行更新报废处理。

3．康乐设施设备的安全管理

（1）实施工作人员专业化操作。带有一定危险性的设施设备需要由专业工作人员进行规范操作，或是配备专门的安全保护人员，如游泳池必须配备有安全救生员。对工作人员的职责和责任需要进行严格的界定。

（2）杜绝客用设施设备的安全隐患。选购康乐设施设备时要注重其安全性能和保护设施；对于桑拿池和泳池等，需要严格进行消毒工作，并使用一次性耗用品；在康乐场所醒目位置设置安全警示标志；选用耐火材料，严格消防管理。

牛刀小试

1. 前厅部的管理职能包括哪些内容？其组织机构设置是怎样的？
2. 客房业务有什么职能？
3. 饭店餐饮管理包括哪些内容？饭店餐饮管理的特点有哪些？
4. 简述康乐业务的特点。

项目九　饭店营销管理

任务清单

◇　了解饭店市场营销环境。

◇　掌握饭店市场营销的概念和市场细分、目标市场选择。

◇　掌握饭店产品策略、价格策略、销售渠道策略、促销策略。

◇　掌握饭店新型营销组合的基本内涵，了解饭店新型营销理念。

情景在线

港丽饭店成功的秘诀

1995 年，美国权威旅游杂志《旅行者》将中国香港港丽饭店评为全球服务最佳饭店，让不少人大吃一惊。港丽饭店成功的秘诀就在于"战略定位"！香港港丽饭店开业时正值海湾战争，战争使欧美旅客大量减少，与此同时，美国经济出现衰退，许多大公司减少了出差计划。而港丽饭店所处的港岛地区却集中了 4 家五星级饭店和 7 家四星级（准四星级）饭店。对于还没有建立起客户信誉，知名度还不高的饭店来说，处境相当困难。港丽饭店及时调整定位，提出五星级服务，四星级收费，吸引希望享受五星级服务却支付四星级费用的客户。饭店还推出了特定时间的 40% 折扣，不断登出国际性广告，派出 18 个业务开发小组，拜访港岛 1 800 家大公司，使饭店逐步建立了自己的声誉。海湾战争结束后，美国经济开始恢复活力，港丽饭店的市场也打开了。随着 90 年代初亚洲经济的繁荣，中国大陆市场的发展，中国香港对五星级饭店的需求增加，港丽饭店又及时调整策略，开始向五星级饭店回归。饭店优化了各项服务设施，改善了某些产品特性，花费 415 万美元重新装潢大厅和宴会厅，重新装修行政主管层及其交谊厅等，以新的面貌成为更加完美的五星级饭店。此时，港丽饭店决策层又开始筹划未来，他们的目标是"六星级"商务饭店。正确的战略定位，使港丽饭店的入住率超过 90%，各方面均达到了世界饭店业的顶级水平。

问题： 你觉得，港丽饭店打开市场的战略是什么？

提示： 对于饭店业来说，市场定位就是战略定位，战略错误将导致满盘皆输，但饭店的定位，不是一相情愿的自我定位，而是顾客心中认可的定位，后者决定了饭店的业绩。影响顾客定位的因素有很多，如产品、客户服务、价格、名声和声誉、特色、方便程度、气氛和环境等。港丽饭店在面对激烈的本地竞争和恶劣的国际经济环境（海湾战争和美国经济衰退）时，及时调整饭店的战略定位，在短时间内建立起国际声誉，成为世界最佳服务饭店之一，它成功的决定性因素就是正确的战略定位。

任务一 饭店的营销环境

饭店的一切经营活动都要受到各种环境因素的影响,社会政治、经济、人口、文化、科技水平、自然资源等宏观因素和供应商、竞争状况、公共关系、顾客需求、营销中介等微观因素以及饭店的内部条件,都以不同的方式制约和影响饭店的市场营销过程。

一、饭店营销环境的概述

饭店营销环境是指推动或影响饭店营销管理的饭店内部和外部各种因素组成的饭店生态系统。

饭店营销环境主要包括两方面构成因素:一是微观环境因素,即指与饭店紧密相连,直接影响其市场营销能力的各种参与者,这些参与者包括饭店的供应商、营销中间商、顾客、竞争者以及社会公众和影响市场营销管理决策的饭店内部的各个部门;二是宏观环境因素,即影响饭店微观环境的巨大社会力量,包括人口、经济、政治、法律、科学技术、社会文化及自然地理等多方面的因素。微观环境直接影响和制约饭店的市场营销活动,而宏观环境主要以微观营销环境为媒介,间接地影响和制约饭店的市场营销活动。

二、饭店的宏观营销环境因素

饭店的宏观营销环境主要包括以下因素:

(1)政治环境。在任何社会制度下,政治是企业营销活动最重要的影响因素,饭店营销工作也受到政治局势、政策法律等因素的影响。

政治局势包括国内政治局势、国际政治局势。政治局势关系社会稳定。旅游者外出旅游最关心的是安全问题。如果一个国家的政局稳定,旅游者就有安全感,就会放心而去。客源是饭店的衣食父母,是饭店生存发展的根本源泉,极少有旅游者敢冒生命财产之险去一个正在发生冲突与战争的国家或地区游山玩水,领略民族风情。

(2)经济环境。是指饭店营销活动所面临的外部社会经济条件,经济运行状况及发展趋势会直接或间接地对饭店营销活动产生影响。国内生产总值(Gross Domestic Product,GDP)、汇率、税率、失业率、通货膨胀等经济因素都是饭店市场营销的直接影响因素。

相关链接

有关研究资料显示:一个国家的人均 GDP 达到 400 美元时,人们就会萌发国内旅游的愿望;达到 800 美元,出国旅游就会提到生活日程上来;达到 1 000 美元,就有就近出国旅游的要求;达到 3 000 美元时,就有出国远程旅游的要求。

（3）人口环境。市场是由那些想购买商品同时又具有购买力的人构成的。因此，人口的多少直接决定市场的潜在规模，人口越多，市场规模就越大。而人口的年龄结构、地理分布、婚姻状况、出生率、死亡率、密度、流动性及其文化教育等特性会对市场格局产生深刻影响，并直接影响饭店的市场营销活动和饭店的经营管理。饭店必须重视对人口环境的研究，密切注视人口特性及其发展动向，不失时机地抓住市场机会。

目前，家庭规模变小，但单身家庭、单亲家庭、丁克家庭增加，人口老龄化问题突出，需要饭店认真研究，及时把握市场机会。

（4）文化环境。市场营销学中所说的社会文化因素，一般是指在一种社会形态下已经形成的信息、价值、观念、宗教信仰、道德规范、审美观念以及世代相传的风俗习惯等被社会所公认的行为规范。饭店的市场营销人员应分析、研究社会文化环境，针对不同的文化环境制定不同的营销策略。

（5）自然环境。饭店所处的自然环境是影响饭店竞争力的重要因素之一。饭店的营销者也应是环保的倡导者和追求者，应严格遵守政府制定的环保法规，依法排污，开发使用新的环保产品，并运用绿色营销的观念和手段，把消费者需求、饭店经济效益和环境效益三者有机地结合起来，提高产品竞争力。

（6）技术环境。作为营销环境的一部分，科技环境不仅直接影响饭店内部的生产和经营，并与其他环境因素相互依赖、相互作用，给饭店市场营销既造就了机会，又带来了威胁。饭店的机会就是寻找或利用新的技术，满足新的需求，而它面临的威胁可能有两个方面：一方面是新技术的突然出现，使饭店现有产品变得陈旧；另一方面是新技术改变了饭店人员原有的价值观。

（7）竞争环境。现在的饭店市场是买方市场，顾客掌握了挑选饭店的主动权。饭店同行业之间的竞争是饭店竞争环境中最主要的竞争。饭店必须认真分析市场竞争情况，再根据自身优势与劣势作出相应的市场营销对策，争取以优势取胜、以新取胜、以快取胜、以廉取胜，创造出高人一筹的饭店产品，吸引更多顾客。

三、饭店的微观营销环境因素

饭店的微观营销环境主要由饭店本身、供应商、营销中间商、顾客、竞争对手、社会公众以及饭店内部参与营销决策的各部门组成。

（1）饭店。饭店自身对饭店市场营销活动起重要的作用，具体涉及饭店的使命和目标、营销机构的工作和饭店的企业文化 3 个方面。在竞争激烈的今天，各饭店已愈来愈意识到市场营销的重要性，将越来越多的人力、物力、财力投入市场营销，并将市场营销部独立，使之成为饭店的一个部门，受总经理的直接领导。营销机构是饭店进行市场营销的职能部门，但并非所有营销工作都应由营销机构来完成，饭店应提倡"全员促销"，即每一位员工都要有销售意识，积极推销饭店产品。

（2）供应商。供应商是影响饭店市场营销的微观环境的重要因素之一。供应商所提供的资源主要包括原材料、设备、能源、劳务、资金等。供货的稳定性与及时性、供货的价格变动、供货的质量水平等都会对饭店的经营带来相当的影响，因此，饭店在寻找和选择供应商时，应特别注意供应商的资信状况，同时必须使自己的供应商多样化，并尽可能挑选当地的供应商。

（3）营销中间商。营销中间商是协助饭店推广、销售、分配产品和服务给最终顾客的企业或个人，他们对饭店产品从生产领域流向消费领域具有极其重要的影响。所以，饭店在选择中间商时要非常慎重，注意其资信度、信誉、声誉、客户渠道、销售成果等。在与中间商建立合作关系后，要随时了解和掌握其经营活动，并可采取一些激励性合作措施，推动其业务活动的开展。一旦中间商不能履行其职责或市场环境发生变化时，饭店应及时解除与中间商的关系。

（4）消费者。饭店消费者的类型有多种，如度假旅游者、商务旅游者、会议旅游者、体育旅游者等。这些旅游者的需求是不同的，因此购买和使用饭店服务的方式也不同。饭店营销人员应根据饭店本身的特点来分析本饭店所提供的产品和服务最适合于哪一种旅游者类型，搞好市场定位，确定主要客源市场。

（5）竞争者。一个企业要想成功，必须能够比竞争者更好地满足目标市场的需求。对于营销战略，营销人员不仅要针对目标顾客的需求适时作出调整，而且还要针对同一市场上竞争者的服务战略来作出相应的调整。

（6）公众。公众可能有助于增强饭店实现自己目标的能力，也可能妨碍实现目标。鉴于公众会对饭店的命运产生巨大的影响，精明的饭店管理者会采取具体的措施来处理与主要公众的关系，而不是去等待。大多数饭店都建立了公共关系部，专门筹划与各类公众的建设性关系，负责搜集与饭店有关的公众的意见和态度、发布消息、沟通信息、建立信誉。

四、饭店营销环境分析方法

营销环境分析常用的方法为 SWOT 分析法，即对饭店的优势（Strength）、劣势（Weakness）、机会（Opportunity）和威胁（Threat）进行分析。

（1）优势或长处。与其他饭店相比较而言的优势或长处，是饭店吸引客人的重要方面。例如，地理位置对一家饭店的经营状况影响重大，饭店的地理位置要与饭店的类别、设施、服务项目、客源市场，甚至饭店的档次相一致才为最佳。

（2）劣势或短处。一家饭店在与竞争对手相比较时，总是存在一些不尽如人意的方面。这些不足有的比较明显，有的需要通过和别的饭店深入对比才能发现。在进行劣势或短处分析时，就是要找出这些不足。

（3）机会或机遇。外部环境的重大变化常常给饭店带来极好的机遇，如重庆升直辖市、海南建省、沈阳世界园艺博览会、北京奥运会等，都可以给饭店创造新的客源。外部环境的重大变化有些是饭店管理者无法预料的，有些则在一两年前或更早以前即已知道。不管属于前者还是后者，饭店管理者都必须采取相应的行动，以免错失良机，让别人捷足先登、抢占市场。

（4）威胁或危险。在市场经济条件下，一切企业时时都面临各种威胁或危险，饭店更不例外。尽早认识，及时采取措施，才能避免危险，甚至将威胁转为机遇。

SWOT 分析能帮助饭店管理者不断更新或延伸产品，调整价格，扩展销售渠道，强化促销，从而在竞争中立于不败之地。

【小案例】

表9-1 ××酒店的SWOT分析

外部环境分析 内部力量分析	机会（Opportunity）	威胁（Threat）
	1. 旅游热呈逐年升温的趋势； 2. 经济大环境的改善为商务客流的上升创造了条件； 3. 市场成熟度的提高降低了不正当竞争对饭店业的伤害； 4. 政府对旅游业强有力的支持	1. 大量高星级旅游涉外酒店兴建； 2. 不正当竞争直接导致赢利水平降低； 3. 旅游景点服务项目单一，服务水平低； 4. 地方经济发展缓慢
优势（Strength）	优势机会策略（S.O.）	优势威胁策略（S.T.）
1. 拥有成熟的销售渠道； 2. 酒店餐饮在本地有一定的知名度； 3. 相关人员接受过系统培训，掌握一定的理论知识； 4. 旅游服务接待比较规范； 5. 通过旅游局星级评定	1. 充分挖掘市场潜力，扩大销售渠道； 2. 加大散客客源开发力度； 3. 强化内部结构管理，提高服务规范水平； 4. 文化导向带动销售	1. 开发新的促销手段； 2. 组建旅游服务接待部，加强与周边地区旅行社的业务联系； 3. 加强财务控制，严格成本核算，提高利润率
劣势（Weakness）	劣势机会策略（W.O.）	劣势威胁策略（W.T.）
1. 设施设备需要进一步的更新改造； 2. 营销行动缺乏战略； 3. 促销手段单一； 4. 属低星级酒店； 5. 流动资金缺乏	1. 制定整体营销组合策略； 2. 提出适合酒店的设计方案，利用淡季着手设备改造； 3. 做好市场分析，重新进行市场定位； 4. 筹款解决资金问题	1. 保证老客户业务持续稳定增长； 2. 加强资金预算管理，统筹支出，开源节流； 3. 与高星级酒店联合，扩大客源

分析后的整体结论：定位于大众化消费市场，国内旅游团、中型会议接待以及普通市民的消费服务是该酒店的业务主干。

任务二　饭店市场营销

一、饭店市场营销的概念、地位与作用

（一）饭店市场营销的概念

饭店市场营销是指饭店在变化的市场环境中，为满足顾客需要和实现饭店目标，综合运用各种营销手段，把饭店产品和服务销售给顾客的一系列市场经营活动。

（二）市场营销在饭店管理中的地位与作用

（1）是寻找市场机会的钥匙。饭店市场的特殊性、饭店消费者及其购买行为的复杂性，

决定了饭店市场机会寻找相对困难。市场机会就是消费者未满足的需求，寻找市场机会即寻找市场需求。

（2）是实现饭店经营目的的根本保证。饭店市场营销应真正树立"以顾客为中心"的观念，以满足顾客需求为自己的根本任务，把创造利润建立在满足消费者的需求的过程之中。

（3）是建立当代最佳管理体制的前提。市场营销观念要求饭店组织机构从根本上适应市场需求，更新不适应市场的组织机构。市场营销观念要求饭店实现重心转移，工作重心放在全面的市场营销上，从市场调研、计划制订、产品设计、定价、销售推广到信息反馈，这一套营销活动皆由市场营销部门领导和协调，保证市场营销活动的整体性和营销目的的实现。

（4）是合理调节饭店供求关系的准则。饭店供给具有相对稳定性，但顾客需求却因时间、地点不同而差异极大。市场营销管理的重心是研究市场需求，深入分析顾客的各种需求状况，确定营销对策，从而卓有成效地解决饭店供求关系上的矛盾。

二、饭店市场细分与目标市场营销策略

（一）饭店市场细分

1. 饭店市场细分的概念

饭店市场细分是饭店营销管理人员根据饭店顾客对饭店产品需求的差异性，将顾客市场划分为若干具有不同需求特征的子市场，从而使饭店有效地分配和使用饭店资源、进行各种营销活动的过程。它是针对现代市场的复杂性以及庞大的规模而提出的一种需求分类方法，对饭店提高营销效率具有十分重要的意义。

2. 饭店市场细分必须遵循的原则

（1）可衡量性原则。细分后，各子市场具有明显的需求差异，且能用指标加以衡量。

（2）可达性原则。细分后，饭店能够进入其中的某个或某些子市场。

（3）稳定性原则。细分市场在一定时期内应是相对稳定不变的。

（4）有效性原则。细分市场在容量上需达到一定的规模。

（二）饭店目标市场选择及营销策略

1. 饭店目标市场选择的概念

饭店目标市场选择是指饭店在市场细分的基础上，把某个具有特定欲望和需求的细分市场确定为自己服务对象的过程。进行市场细分的目的，就是要寻求和发现各子市场在顾客消费需求上的差异性，然后结合饭店的营销条件和能力，确定饭店应满足哪类顾客（子市场）的需求。这种对满足哪一类顾客，即满足哪一个子市场的需求所作的抉择，就是饭店目标市场的选择。或者说，目标市场的选择就是饭店对最佳细分市场的抉择。

【小案例】

××饭店的客房服务目标市场

（1）商务散客。饭店应利用硬件条件和价格优势，吸引国有企业的商务客人、民营企业市场及售后服务人员、合资企业的中高级雇员和其他商务客人。

（2）教学、医疗、科研界人士。与其他同档次酒店相比，饭店有较好的气氛，会议产品质优价廉，对他们有吸引力。

（3）展会客人。饭店毗邻展览馆，与之同属一个集团，可为展会组委会和参展客人提供系统化的服务。展览馆每年安排展会约 40 个，以区域性展会为主，并有少量全国性展会。而区域性展会一般规模约在 100～150 个展位。按 60% 为外地厂商，平均每一厂商派员 4 人计算，一个展会约产生 300 人的食宿要求，还可加上外地观众住宿需求。展会期间，参展单位对会议室也有很大的需求，因此客源总量是相当可观的。

（4）会议客人。饭店会议设施较为齐全，既有能容纳 300 人的大型多功能厅，又有能接待 50 人的中型会议室，还有能接待 30 人的小型会议室，适合中小型商务会议、公司总结会议、公司董事会议、学术会议、中小型产品演示会议。

（5）旅游团队。在联系会议客源的同时，可将驻地办事处和中外合资企业驻地公司作为开发旅游团队的突破口，并兼顾其他旅行社的中档旅游团队，由此补充饭店不足的客源部分。

2. 饭店目标市场的基本营销策略

与其他企业一样，饭店占领目标市场的基本营销策略主要有以下 3 种：

（1）无差异性营销策略，是指饭店将整体市场作为自己的目标市场，只推出一种饭店产品，运用一种营销组合方案，去满足所有顾客的需要。

无差异性营销策略的优点是可以减少饭店的经营成本和营销费用，而缺点在于它忽视了市场需求的差异，不能适应多变的市场形势，不能满足多方面的市场需求；而且无差异性营销策略不能适应竞争激烈的市场环境，当多数饭店都用这种策略时，就会出现在大的细分市场里竞争极为激烈，而部分小的子市场的需求又无法得到满足的现象。

【小贴士】

无差异性营销策略属于旧式营销策略，在买方市场没有形成之前，许多以生产观念为导向的饭店都有意无意地采用了这种营销策略。随着饭店数量的增多，市场由卖方市场向买方市场转变，饭店越来越重视分析和研究市场细分，无差异性营销策略的应用范围也日益缩小。

（2）差异性营销策略，是指饭店从不同的细分市场的需求差异出发，针对各个不同细分市场的特点，分别推出不同的饭店产品，采用不同的营销组合方案，以满足各类不同的顾客。也就是说，饭店以多种产品、多种价格、多种销售渠道及多种促销的手段满足各类不同的顾客。

差异性营销策略的优点是能满足各个目标市场顾客的需求。因此，饭店就有可能在各个目标市场上实现比向一种市场提供一种产品更大数量的销售，有利于塑造企业及产品的良好形象，增加对顾客的吸引力，增加重复购买的数量和饭店在目标市场上的竞争力。同时，由于产品多元化，经营目标分散在几个目标市场中，竞争中有较大的回旋余地，可减少饭店的经营风险。差异性营销策略的缺点是目标市场过多，会增加饭店的营销因素组合，生产、管理和促销等费用也会随之增多，同时也会增加营销人员管理工作的难度。

饭店在采用差异性营销策略时，应避免目标市场过多、提供过多的产品，应设法增加每一种产品的适应性，以便以较少的品种去适应更多顾客的需要。

（3）集中性营销策略，是指饭店在市场细分的基础上，从整体市场中选择一个或少数几个细分市场为目标市场，采用一种营销组合策略来集中满足这些目标市场顾客的需求。对一个资源有限的饭店来说，采用这种营销策略的依据是，与其在一个大市场上占有很小的市场份额，不如在一个或少数几个较小的市场上占有较大的市场份额，甚至处于支配地位。集中性营销策略适用于中小型饭店或竞争比较激烈的饭店市场。

集中性营销策略的优点是有利于饭店经营项目专业化，由于实行专业单一经营，也会大大减少营销费用；有利于提高饭店的市场占有率，建立稳固的市场地位；也有利于饭店创名牌及提高饭店资源的利用率。

集中性营销策略的缺点是饭店的经营风险较大。由于饭店将资源集中于某个或几个市场，一旦目标市场发生不利于企业的变化，饭店的回旋余地较小。此外，饭店在某一目标市场确定了自己的地位，树立了自己的形象，就很难再改变形象，去吸引别的细分市场。

【小贴士】

影响目标市场选择的因素：
（1）饭店的主要经营项目。
（2）市场容量。
（3）饭店的人员素质及物资设备条件。
（4）市场的赢利状况。

三、饭店营销组合策略

饭店营销组合策略是基于对产品（Product）、价格（Price）、渠道（Place）、促销（Promotion）4个方面进行综合的考虑，选择有效的组合以实现饭店的营销目标的策略（strategy），即4Ps。

（一）饭店产品策略

产品是饭店营销组合中的一个重要因素，产品策略正确与否直接关系饭店市场营销的成败，直接影响和决定其他营销组合因素的决策。

饭店产品是有形产品和无形服务的有机结合，并且在这个结合体中，无形的服务永远是饭店产品的主体，有形产品则是无形服务的依托。正如一位著名的化妆品公司经理所言："我们卖的是化妆品，但出售的却是人们对美容的欲望。"同样，饭店所推销的绝不仅仅是客房、食品和饮料，顾客要购买的是自己的愿望、要求、抱负和梦想。饭店产品和服务，必须满足人们的这些需求。

（二）饭店价格策略

价格是饭店产品价值的货币表现形式，是饭店进入市场的介绍信，也是饭店营销中产生收入的重要因素。合理的定价和价格政策可以影响生产领域的生产效率、流通领域的供求关系、消费领域的满意程度。饭店要采用合理的价格策略来吸引顾客，既要避免因价格过低导致饭店遭受损失，又要防止因价格过高造成"门可罗雀"的局面。价格策略是饭店企业进行价格决策的基本措施和技巧。饭店常采用以下价格策略：

1．新产品的定价策略

新产品的定价是企业生存决策中极为重要的关键环节，它关系新产品能否顺利进入市场，能否站稳脚跟，能否取得较大的经济效益。新产品的定价策略一般有以下 3 种：

（1）撇脂定价法。产品以高价进入市场，以便迅速收回投资，当有竞争者进入时，则采用降价的方法限制竞争者的进入。采用这种定价方法，要求饭店提供的产品具有很高的质量或很强的独特性。

（2）渗透定价法。产品以低于预期水平的价格进入市场，以期获得薄利多销的效果。在饭店市场形成买方市场的情况下，许多新开业的饭店都是以这种方式进入市场的。

（3）满意定价策略。这是介于前两者之间的一种定价方法，即按照本行业的平均定价水平或按当时的市场行情来制定价格的策略。企业这样制定的产品价格容易被消费者认可，企业可以在不承担较大风险的情况下，获得比较稳定的市场份额；同时，价格的适中使销售渠道成员觉得稳妥，因此能保持经营的积极性。这样既可以避免消费者拒绝和竞争者大量涌入，又可减少饭店承担的风险和初期的亏损额。因此大多数饭店对新产品的定价都采用此法。其最大的优点在于"稳"，但同时也在很大程度上将上述两种策略的优点抹杀，因此要避免商品因没有特色而打不开销路。

2．折扣价格策略

折扣价格策略是调动各方面积极性或鼓励顾客作出有利于饭店的购买行为的常用策略，常用于饭店与中间商、代理商（如旅行社）之间，也可用于饭店与一般顾客之间。具体策略有以下几种：

（1）数量折扣。这是指饭店对那些大量购买某种产品的顾客予以一定减价的方法。通常，购买数量越大，折扣越大。实行数量折扣可以起到鼓励消费者增加购买数量、建立长期关系的作用，同时使饭店降低各环节的费用。

（2）现金折扣。目前市场上逐渐开始流行一种现金折扣的定价策略。这是在信用付款的前提下发展出来的一种优惠策略，即对有良好的业务信誉的消费者，对其按约定日期付款的情况给予不同的折扣优惠。其目的是鼓励购买者尽早付款，加速企业资金周转。

（3）季节性折扣。该折扣也称季节差价，是指饭店在淡季给予顾客的折扣优惠。饭店产品的不可储存性迫使饭店想方设法刺激淡季需求，折扣便是最有效、最直接的办法。

现在的饭店行业甚至出现了周末折扣。例如，美国大量的商务饭店，在周五晚至周日晚，由于假日期间企业商务活动的暂时停顿和商务客人的休假而进入周末淡季，因此在周末降价以吸引观光、探亲客人的入住。

（4）推广津贴。饭店对中间商提供的促销承担费用，如刊登广告、布置专门橱窗等费用，称为推广津贴。特别是对饭店推出的新产品，提供推广津贴的做法能起到一定的推广宣传作用。

（5）同业折扣与佣金。同业折扣是饭店给予中间商（如旅行社）的价格折扣。加强与旅行社的合作是饭店营销工作的重要组成部分。饭店给予旅行社的佣金数额是决定旅行社是否向饭店介绍客源的重要标准之一。例如，美国凯悦饭店公司规定，旅行社为顾客每预订 24 间客房，该公司就免费向旅行社提供一间客房。

【小贴士】

采用折扣、佣金会使饭店的平均房价降低，因此饭店的经营管理人员必须在事前仔细研究并作出计划安排。只有在降价增销所增加的营业收入高于所需的直接成本时，特殊价格才是可行的。

3．心理定价策略

心理定价策略，主要有以下几种：

（1）尾数定价策略。饭店为了迎合顾客求廉心理，往往给商品制定一个带有尾数的非整数价格，如 299 元、180 元等。这不仅可以给顾客以价格较低的印象，还可以使顾客产生饭店定价认真负责的信任感。这种方法适用于低档产品的定价。

（2）整数定价策略。此策略主要用于高档产品，如豪华客房、总统套房等。为满足一些特殊层次顾客的心理，价格应尽量往上靠，如 1 000～1 200 元不如定在 1 500 元。

（3）分级定价策略。饭店将产品按档次分为几级，每级定一个价格，以满足不同消费层次的顾客需求。档次高的，可满足高消费顾客的优越感；档次低的，可满足低消费顾客的求廉心理，便于顾客按需购买，各得其所。

饭店经常采用这种方法来确定房价结构。一般而言，饭店的客房有 5 种价格：40%客房的价格为平均房价，最低、最高房价的客房各占 10%，次高、次低房价的客房各占 10%。饭店可以使最低房价低于竞争对手，而最高房价又高于竞争对手，这种方式往往能使饭店在价格竞争中获胜。

（4）声望定价策略。此策略是指凭借饭店在顾客心目中良好的信誉及顾客对名牌产品、高档产品"价高质必优"的心理，以较高的价格吸引顾客购买而制定饭店产品价格。采用这种方式前，需要进行详尽的市场调查，使价格与产品质量相符合，以保证饭店信誉和消费者利益。

【小贴士】

饭店在实施价格策略时，应严格执行有关价格政策，防止利用虚假价格开展营销活动的倾向，也要防止卷入削价竞争的泥潭。

（三）饭店渠道策略

渠道即指销售渠道，是指饭店产品和服务从饭店向顾客转移过程中所经过的途径或路线,又称为分销渠道,主要包括中间商、代理商以及处于渠道起点和终点的饭店与顾客。销售渠道既是饭店产品商品化的必由之路,也是连接产品和顾客的中介;而且不同的销售渠道决定销售活动的质量和效果。

1.销售渠道的种类分析

饭店产品的销售渠道主要有以下两类:

(1)直接销售渠道,又称无渠道销售,是指饭店将产品和服务直接向顾客供应,顾客直接向饭店购买所需的产品。直接销售渠道的形式是饭店→顾客。

(2)间接销售渠道,是指饭店利用中间商将产品和服务供应给顾客。间接销售渠道的典型形式是饭店→批发商→零售商→个人顾客。

直接销售渠道有利于饭店、顾客双方沟通信息,可以按需定制,更好地满足顾客的需要。随着旅游市场国际化进程的加剧,顾客开始出现全球分布的趋势,直接销售渠道在这些分散的顾客面前显得越来越脆弱。间接渠道的出现弥补了这一缺陷。许多饭店借助批发商、零售商、代理商等销售机构和个人在销售信息上的优势,开展销售活动。有了中间商的加入,饭店产品能得到更广泛的推销,缓解饭店人、财、物等力量的不足。

2.销售渠道选择策略

饭店产品销售渠道的选择策略是解决饭店在销售过程中选择何种销售方式问题的策略。例如,是以直接销售的方式为主还是以间接销售的方式为主?如何选择不同长度和宽度的销售渠道?一般来说,在回答此类问题时,饭店首先应考虑以下因素:

(1)产品因素。主要考虑产品的质量。一些质高价优的产品往往被少部分富有的购买者重复购买,因此在销售这类产品时,宜采用直接销售渠道或窄、短的销售渠道。相反,一些大众化的产品由于购买对象复杂、分布较广,宜采用宽、长的销售渠道。同时,还要考虑产品的性质,如新产品,由于知名度较低,在争取中间商时往往花费较大的成本,不如采用直接销售渠道。

(2)饭店自身的因素。饭店的资金实力、销售管理能力等都是应该考虑的因素,若饭店的资金实力雄厚,则完全可以自己组建销售队伍,或是用较高的佣金来吸引更多、更好的中间商。若饭店的销售管理能力较强,也可以利用自己熟练的销售队伍来打开市场。反之,则必须靠中间商来做销售工作。另外,饭店若能提供较多的广告、展览、培训等项目为产品的销售创造条件,则应选择间接销售渠道;反之,则应选择直接销售渠道。

(3)市场因素。购买批量、顾客分布情况、购买习惯等都会影响饭店企业的销售渠道的选择。一般来说,若购买批量大,且顾客比较集中,饭店宜采用直接销售渠道;反之则宜采用间接销售渠道。饭店还应该根据目标市场的消费习惯进行销售渠道的选择。

3.饭店新式销售渠道——全球预订系统

全球预订系统是以一些大型航空公司中央预订系统为基本框架,旅行社、饭店以及其他旅游企业、组织加入其中形成的一种世界范围的、多层次的、以计算机技术支持的预订网络。全球预订系统由 4 个要素构成:客房预订来源、航空公司中央预订系统、饭店中央预订系统和通用接口。通过全球预订系统,饭店可以快速获得广泛的客源和支持,解决销售渠道单一的问题。

相关链接

旅行社是饭店的重要中间商

旅行社的业务内容决定了旅行社是饭店非常重要的中间商，旅行社之于饭店业务而言，具有如下特点：

（1）旅行社的订房数量大。

（2）旅行社的订房连续性强。

（3）旅行社的订房时间集中。

（4）旅行社的订房价格低。

（5）旅行社的订房取消率高。

这些特点，对于饭店而言，既有有利的一面，也存在不利的一面。这就需要饭店加强同旅行社的合作，多沟通，从而发挥旅行社这种重要中间商的积极作用。

（四）饭店促销策略

1．促销和促销策略的概念

促销就是饭店将有关企业或产品的信息，通过各种宣传、吸引和说服的方式传递给目标消费者，促使其了解并信赖产品所蕴涵的丰富效用，引导他们购买，达到扩大销售的目的。

促销策略就是对促销对象或领域、促销任务、促销目标、促销效果、促销投入、各种限制条件等进行科学的选择、配置、控制和分析，使信息宣传、沟通手段和过程系统化、规范化，尽量改善促销活动效果和效率的有关策略。

2．促销组合要素分析

促销活动要通过各种促销手段的组合来达到销售目标。饭店促销组合的构成要素主要有人员推销、广告活动、公共关系、营业推广。这 4 项要素通常称为饭店促销手段或饭店促销工具。

（1）人员推销。饭店人员推销是一种传统的销售方式，也是现代饭店经常采用的一种重要促销手段。这需要训练有素的销售员。饭店人员推销具有直接沟通、培养感情、反应迅速、灵活的特点。

（2）广告活动。这是最普遍、最常用的促销手段，具有公开性、普及性、丰富的表现力、非人格化的特点；一方面能用于建立饭店的长期形象，另一方面能促进快速销售。就其将信息触及每一位受众的成本而言，广告是一种很有效的方法。

【小案例】

20××年夏季，××市繁华地区一家四星级饭店一楼临街的餐厅改造完工，准备直接面向社会经营。饭店经过策划，准备向本饭店员工每人发放 50 元就餐券，从而带动客人消费，增加人气。开业伊始，效果非凡，络绎不绝的人流使新装修的餐厅名声远扬。饭店在此基础上，陆续调整了菜单里的部分菜肴品种，使人均消费由 30 多元逐步稳定在 40 元以上。生意稳定了，质量提高了，市场找准了，实践证明饭店餐厅改造成功，营销手段见效了。

20××年儿童节前夕，××省北部经济欠发达地区××县的一家政府宾馆经过构思策划，印制数千张"庆'六一'欢乐自助餐"餐券对学校学生发放，凭券儿童免费就餐，成人每人 20 元。学生们拿着餐券要求父母亲前往，父母亲算了一笔账，在当地市场买半只鸡、一条鱼，炒个蔬菜烧个汤才 10 元钱，全家的伙食解决了；要是到宾馆吃自助餐，要花上 40 元，实在不划算。结果宾馆准备的"六一"节前后一周的"欢乐自助餐"仅两三天就草草收场了，而且还收到了来自学生家长的投诉。

小思考：为什么同样的促销手段会产生不同的效果？

（3）公共关系。是指饭店为了达到与公众之间的相互理解和信任，增强饭店的美誉度和知名度，在公众中树立良好的组织形象的特定目的，而有计划地进行对内、对外交往的总和。

（4）营业推广。是指在目标市场中，为了刺激早期需求而采取的能够迅速有效产生鼓励作用的销售措施。营业推广的具体形式有赠券、优惠券、代金卡、竞赛、奖励、赠送样品、减价、折扣等。这些方式，可以吸引顾客、刺激购买，产生的作用是强烈的、快速的，但也是短期的，在市场竞争比较激烈的情况下效果更为显著。营业推广的缺点也很明显，诸如消费者对产品的质量、价格会产生疑问，使企业的形象地位有所下降等。营业推广仅仅是推销组合中的一部分，它必须和其他推销手段结合起来，才能产生好的效果。

3. 促销的基本策略

从促销活动运作的方向来分，有以下两种策略：

（1）推式策略：以人员推销为主，辅之以中间商销售促进，兼顾顾客的销售促进，是把饭店推向市场的促销策略。其目的是说服顾客与中间商购买饭店产品，并层层渗透，使产品最后到达顾客手中。

（2）拉式策略：以广告促销为主，通过创意新、高投入、大规模的广告轰炸，直接诱发顾客的购买欲望，由顾客向零售商、零售商向批发商、批发商向饭店求购，由下至上，层层拉动购买。

任务三　饭店新型营销组合策略与理念

一、饭店新型营销组合策略

20 世纪 90 年代以来，为有效提升服务业的营销效果，专家根据服务业的基本特点，按照传统的 4Ps 营销组合策略的模式，提出了 4Cs 和 4Rs 这两种新型的营销组合策略。

（一）4Cs 营销组合策略

4Cs 营销组合策略认为，为有效提升营销效果，服务型企业应注重宾客（Customer）、消费成本（Cost）、便捷（Convenience）、沟通（Communication）的有机结合。饭店在开展营销活动时，应综合考虑宾客的需求及满意程度、宾客愿意承担的消费成本、宾客购买产品的便利性以及饭店与宾客之间的双向信息沟通。

1．宾客

宾客需求信息是饭店的黄金资料，谁掌握了宾客的需求信息谁就是赢家，谁能满足宾客的特殊需求就表明谁具有超越同行的能力。因此，饭店企业应将宾客作为饭店营销活动的出发点和归宿，着眼于研究宾客的需要和欲望，对宾客需求保持敏感。饭店工作人员特别是一线工作人员要积极寻找、发现、预见宾客需求，培养对宾客需求敏捷反应的能力，尤其应突出满足宾客特殊需求的能力，并根据不同宾客的消费需求，在产品设计、价格定位、促销模式的选择上充分考虑其特殊性，从而实现饭店产品效用、价格定位与宾客心理的有机对接。

2．消费成本

宾客作为饭店产品的消费者，总希望以较少的投入获得较大的收益。因此饭店营销要考虑的重要问题是如何以较少的宾客消费总成本来吸引宾客。值得注意的是，宾客的消费成本是一个综合概念，它包括以下成本：

（1）货币成本，即宾客购买、消费饭店的产品所支付的货币总和。

（2）时间成本，即宾客在购买饭店产品时所付出的时间代价。

（3）体力成本，即宾客在购买饭店的产品时所耗费的体力价值。

（4）精力成本，即宾客在购买饭店产品时所承受的心理代价，也就是宾客的精神成本。

（5）信息成本，即宾客在搜集饭店有关信息时所耗费的成本。

饭店应尽量减少宾客的总成本，让宾客意识到自己购买的产品是最经济实惠的产品，从而获得最大的满意。

3．便捷

饭店在营销过程中，特别是在营销渠道的设计和选择上，应充分考虑营销渠道能否使宾客便捷地购买到其感兴趣的产品，应考虑"如何在最接近宾客的地方出售产品和服务"。目前，互联网的兴起和发展使得饭店在客源市场全球化这一大背景下能为宾客创造一个好的营销通路。饭店在营销渠道的设计上，除了保持传统的营销网络外，还要研究网站的设计、推广和运用。

4．沟通

营销过程是饭店与宾客的相互沟通过程。饭店应树立"营销即沟通"这一理念，加强内部相互沟通和与宾客的沟通。

（二）4Rs 营销组合策略

针对饭店企业存在的"被动适应宾客需求""忽视市场竞争"等问题，美国学者提出了4Rs 营销组合策略。该策略认为，现代企业营销的关键在于能否与消费者建立关联（Relative）、能否提高市场反应速度（Reaction）、能否开展关系营销（Relation）、能否得到回报（Reward）。根据这一理论，面对竞争性市场中动态性的宾客（宾客的忠诚度是变化的，他们会转移到别的企业），饭店企业要赢得长期稳定的市场，就要做到以下几点：

（1）通过某些有效的方式与宾客建立一种互助、互求、互需的关系，减少宾客流失。

（2）建立快速的市场反应机制，提高反应速度和回应力。

（3）注重关系营销，把服务、质量和营销有机结合起来，通过与宾客建立长期稳定的关系实现长期拥有宾客的目的。

（4）注重营销活动的回报，一切营销必须以为宾客及企业创造价值为目的。回报是维持和发展市场关系的必要条件。

饭店企业应根据外部环境和自身条件，选择合适的营销组合策略，并将其综合运用，以期改善营销效果。

二、饭店新型营销理念

饭店市场日益成熟，竞争日趋国际化、全球化。在这种新形势下，出现了一些新型的营销理念。这些营销理念丰富了饭店营销管理的内容，改善了饭店营销效果。

（一）主题营销

1. 主题营销的内涵

主题营销就是饭店企业在组织开展各种营销活动时，根据消费时尚、饭店特色、时令季节、客源需求、社会热点等因素，选定一个或多个主题，向宾客宣传饭店形象，吸引公众的关注并令其产生购买行为。其最大特点是赋予一般的营销活动以某种主题，围绕既定主题来营造饭店的经营气氛。主题营销的内涵特质主要表现在以下两方面：

（1）主题的差异性。与以往的营销活动相比，主题营销的特色在于强调差异，通过塑造一种与众不同的主题形象，使自己的产品与服务区别于竞争对手，优于竞争对手。差异的优势越明显，企业在竞争中的优势就越多，成功的机会也就越大。

饭店在确立差异化主题时，必须从宾客的立场出发，调查分析宾客的所有需求，包括细微的需求，从而确定主题。饭店所选定的主题切忌重复和随大流。饭店还要善于正确分析自身的优势和劣势，发挥企业各种资源的综合优势，扬长避短，形成其他企业一时难以模仿的主题，使本企业的主题具有较长时期的稳定性，从而逐步形成垄断优势。

（2）主题的文化性。文化是主题营销的源泉和根本，是饭店的竞争力所在。主题应当是富有文化内涵的商业卖点，蕴涵丰富的文化特色。一个好的主题，不仅是饭店本身所具有的企业文化的高度凝结，也是传统文化、现代文化的凝聚。它能使传统文化、现代文化和饭店的精神气质相得益彰，同时又进一步形成不断的文化创新。

寻找文化、挖掘文化、设计文化、制作文化产品和服务，应是饭店经营者最重要的事。饭店应在营销过程中体现一种健康的、积极的、民族的文化，并确保文化的独特性、唯一性等。

2. 主题营销的基本思路

饭店企业在组织策划各项主题活动时，应根据自身的特色、消费时尚、对手的表现，因地、因时、因人，选择不同的主题。这些主题包括民族地理类主题、历史故事类主题、影视歌舞类主题、运动休闲类主题、文学艺术类主题等。饭店可采用不同的方式实践主题营销这一理念。

（1）完全主题化。完全主题化是指饭店赋予自身特定的主题文化内涵，以主题饭店的面貌立足于市场。主题饭店的概念起源于美国，著名的迪士尼度假俱乐部、太阳国际度假公司等都是经营主题饭店的专业机构。近年来，主题饭店在地域上呈全球化分布趋势，并且可供选择的主题也趋向多样化，从原来单纯的与地理环境特征相一致的主题发展到音乐、博彩、高尔夫球、历史传说、体育活动等各种主题，在经营管理、营销策划、装修构思等方面均带入了新思路。

【小案例】

巴厘岛硬石饭店

巴厘岛硬石饭店是以摇滚为主题的饭店，其客源对象集中于对摇滚有特殊偏好的人，有散客、家庭或团队。硬石饭店在店内所有活动场所打出"休闲、放松和摇滚"的宣传促销口号，饭店的核心是硬石咖啡馆，馆内从乐队、装潢、饮品、服务员到纪念品都是摇滚的化身，宾客可在店内欣赏各种音乐，饭店还有专门的录音工作室，宾客可观看现场制作各自需要的 CD 唱片。

硬石饭店一改全球饭店庄重的成规和惯例，体现一种随意轻松的休闲氛围，并注重在店内全方位贯彻"摇滚理论"，在饭店内展示摇滚乐的各种物件多达 1 100 多种，就连咖啡厅的大门拉手也做成了小小的"电吉他"，床罩和枕头也印上了硬摇滚（Hard Rock）的字样。每天通宵达旦的摇滚乐表演是全店的亮点。而员工则用音乐行话来代替规范化、程序化的礼貌用语，如平常的"欢迎光临"（You are welcome），在这儿被"太酷了"（That's cool）所代替。饭店内每一项服务细节都能激起宾客对摇滚乐的热情，酒吧里的鸡尾酒都用著名的摇滚乐歌曲命名，即便是一张不起眼的行李标签上，也印了自 20 世纪 70 年代以来风靡至今的摇滚歌曲"Hotel California"的歌词——You can always check out, but you can never leave!（你可以不断进进出出，但你永远不会离去！）它信奉：作为一家摇滚主题的饭店，要拿的是美国优秀唱片最高奖——格莱美奖（Grammy Award），这比评上五星级重要得多。因为一家摇滚主题饭店得到世界唱片界的最高荣誉将在摇滚客源市场里产生巨大的感召力，从而与其他饭店明显区别开来。

（2）部分主题化。部分主题化是指饭店通过开发各类主题客房、主题餐饮或主题娱乐的方式实践主题营销理念。以客房为例，可摆脱原先的"大一统"模式，开发各类具有个性主题的客房，以满足不同宾客的偏好。

（3）主题活动。主题活动的本质是饭店在组织策划各类促销活动时，以某一文化作为主题，推介产品，推介这一主题文化。

饭店企业在策划经营型的主题活动时，应不断研究消费需求以挖掘"对路"的新卖点。这种主题活动成败的关键在于能否恰到好处地选择主题并做好相应文章。鉴于此，饭店企业可根据一些时尚消费趋势，每月（或每季度）推出一个主题来引导消费，同时将饭店的环境、服务、品牌和文化带入主题进行全方位展示，以形象促消费。也可根据饭店的主题定位，策划各类主题活动强化饭店的主题特色。

3. 主题营销的实施

饭店在组织实施各类经营型主题活动时，方式有二：一是依靠自身的力量，独自组织并推出各项主题活动；二是联合有关单位（如竞争对手、政府部门等）共同策划、组织主题活动。

（二）分时营销

分时营销（Time Share Marketing）自 20 世纪 60 年代问世以来，已在世界范围内得到迅速发展，成为风靡世界的一种饭店营销模式。

1．分时营销的概念

分时营销是指将饭店客房的使用权分时段卖给宾客，即不同的消费者购买客房不同时段的使用权（简称时权），共同维护、分时使用客房，并且可以通过网络与其他消费者交换不同饭店的客房使用权。

分时营销把饭店客房的使用权按时段分割开来，运用"时序性"这一特点，成功地引入了分时共享和分时交换这两大消费理念，从而实现了客房价值的最大化。消费者可以每年在特定时段来享用该饭店的客房，也可以用自己的时段去"交换"同属于一个交换服务网络中的任何一家饭店的另一个时段，还可以享有时段权益的转让、馈赠等系列权益以及对公共配套设施的优惠使用权。按照国际通用的惯例，一般将饭店客房（也包括各种别墅、公寓）每年的使用期分为 52 周，将 52 周中的 51 周分时销售给宾客，其中 1 周用于维修保养。

2．分时营销内部运作关系

典型的分时营销过程包含了饭店、销售代理商、交换公司、购买者 4 方之间的 6 种关系，这内在的 6 种关系基本体现了分时营销的运作原理。

（1）饭店与购买者。在直接销售的情况下，饭店与购买者之间是买卖关系，即饭店将客房未来一定期限的时段使用权销售给购买者。双方以销售合同明确各自的权利义务。

（2）饭店与销售代理商。饭店与销售代理商之间是委托代理关系，即饭店企业委托销售代理商销售其分时产品，销售代理商按照双方委托代理合同的授权对外销售饭店的分时产品。

（3）饭店与交换公司。饭店与交换公司之间是一种加盟关系，即通过双方的自由选择，交换系统批准符合条件的饭店将自己的分时产品加入交换系统的储备库中，与其他饭店企业进行交换。饭店则向交换系统公司支付相关费用。

（4）销售代理商与购买者。销售代理商与购买者之间属于商业买卖关系，代理商按饭店的委托授权向购买者销售饭店的分时产品。作为饭店企业，在销售代理商向购买者销售时权时，要对自己在委托合同中的承诺负责。销售代理商在委托代理权限之外发生的其他问题，则需由销售代理商承担法律责任。

（5）交换公司与购买者。购买者与交换公司之间属于服务产品的消费者与提供者之间的关系。购买者在使用网络交换系统实现分时交换时，需向交换公司支付费用。交换公司主要通过提供网络交换服务来获得收益。

（6）开展交换的购买者与其他购买者。购买者如果通过交换系统与其他购买者进行交换，两者之间就产生通过合约维系的商业交换关系。购买者在将自己的房产使用权投入交换系统储备库的同时，明确表达了自己希望得到饭店分时产品的有关要求。这实际上就是发出要约。若双方条件彼此符合，交换系统将作为中介机构按统一制度规定的顺序将彼此符合条件的购买者联络到一起，实现分时交换。

3. 分时营销的运作模式

根据操作主体的不同，饭店分时营销的运作模式可以分为双边式、三边式、多边式三大类。

（1）双边式。双边式是分时营销初始的一种模式，因此其运作过程也较为简单。大部分饭店组建自己的一个客户网络，然后将客房每年一定时间的使用权以极其优惠的价格提供给客户。购买者可以是个人，也可以是企业，购买的客房一般用作度假或商务活动。这可以提高饭店的开房率，拓展客源，提高综合效益。其过程如图 9 - 1 所示。

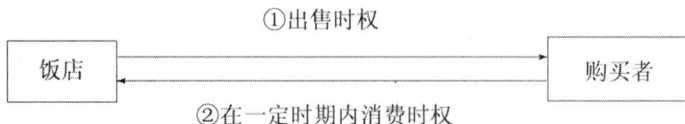

图 9 - 1　双边式分时营销

（2）三边式。分时产品有其特殊性，因此必须采取有别于其他饭店产品的销售方式。但饭店的分时产品对于大部分消费者来说是新名词，其"先付费、后消费"的操作模式也很容易引起误解。所以，专业的销售公司便应运而生。无论在行政上这些销售公司是否隶属于饭店企业或其上级集团公司，在运营过程中，它们始终与饭店企业保持着委托代理的关系。其运作过程如图 9 - 2 所示。

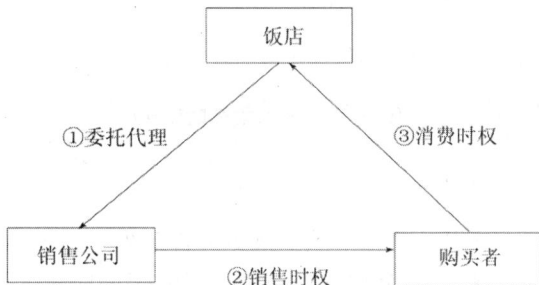

图 9 - 2　三边式分时营销

（3）多边式。当分时交换系统出现以后，整个运作过程又有了根本性的变化。因为分时交换系统起到了一个中介的作用，帮助购买者按照其意愿实现饭店时权的相互转换，这就在相当程度上扩大了市场范围，并进一步体现了专业化分工。专业的分时交换系统公司通常会把所有的时权信息进行整理归类，按照提交申请的先后次序及相应的匹配条件来进行严谨的交换，并从中收取手续费。这样，即使是不同饭店、不同销售公司提供的时权产品，购买者也可以通过交换程序来实现置换。显然，多边式的交换程序比前两种要复杂得多，但却能更好地满足消费者的需求。其运作过程如图 9 - 3 所示。

从消费者的角度来考虑，购买饭店分时产品的主要目的就是通过交换系统来享受不同度假饭店的住宿服务。交换系统所拥有的度假饭店越多，网络分布越广，就越能吸引购买者。因而饭店应注意形成规模，为消费者提供充分的选择余地。而选择适当的进入时机，也是饭店分时营销成功的关键因素。开发分时产品首先要充分考虑人们的度假需求以及他们的现实购买力。一般认为，当目标市场的度假需求逐步成熟时，最有利于开展分时营销。

如果从供给方来分析，经济调整时期是进行分时营销的有利时机。在这一时期，经济调整发展时所留下的大量房产出现积压，便于饭店经营者以较低的价格收购，降低经营成本。饭店还应设计各种灵活的消费制度来满足宾客的需求，并提供附属服务，提高饭店分时产品的附加价值，同时为饭店增加相关收入。

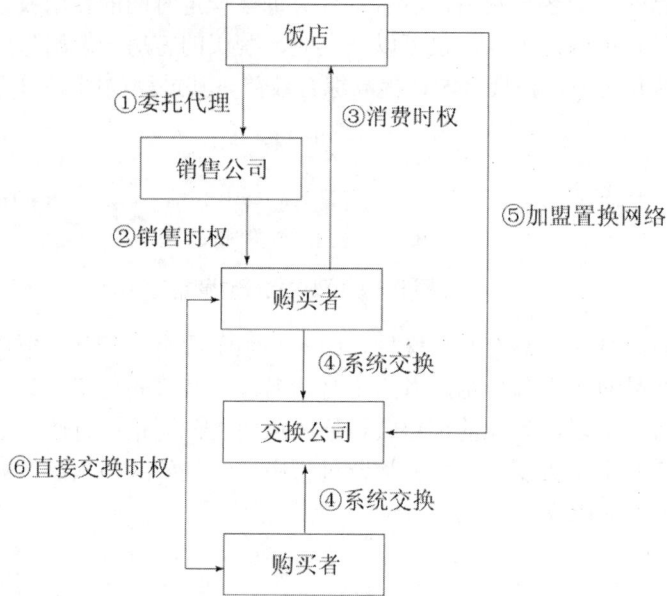

图 9-3　多边式分时营销

（三）绿色营销

20 世纪 80 年代后期，环境、能源、人口等世界性问题日益严重，人们的环保呼声、可持续发展呼声日益高涨，营销理论界出现了一种全新的营销理念，即绿色营销理念。

1．绿色营销的内涵

绿色营销理念认为，饭店的服务对象不仅仅是单一的宾客，还包括整个社会。它要求饭店在营销活动中，不应以短期的、狭隘的利润作为行为导向，而应具备强烈的社会意识和环保意识。较之于传统的营销理念，绿色营销的特点在于：

（1）从战略高度确定营销目标。绿色营销理念站在社会高度、长远高度看待企业的营销活动，它认为企业营销活动的基本出发点和归宿应是社会整体效益、社会的长期发展，因此，饭店在开展营销活动时，不应狭隘地以经济利润最大化作为其唯一目标，而应寻求企业、社会的可持续发展。

（2）从社会范围确定营销对象。传统的营销理念仅仅把人看作具有消费欲望的消费者，营销的基本对象是具有消费需求的人。而绿色营销则从社会范围来确定企业营销的对象，认为企业应把整个社会看作营销对象，应在特定的社会背景、环境背景下研究人的消费行为，并通过开展绿色营销活动促成消费者从毫无约束地消费物质资源转向保护自然资源和节约自然资源，在此基础上，全方位提高人类的生活品质。

（3）从发展角度研究营销活动。传统的营销活动围绕宾客需求（尤其是宾客的个人需要、当前需要）是否得到满足展开，而绿色营销认为，既然宾客的需要是多种多样的，企业应适时引导宾客产生合理的需要，不仅要让宾客在消费产品或服务时需要得到满足，还要考虑宾客个人消费行为发生后，其他人和社会的需要是否能得到满足。

2. 绿色营销管理

绿色营销管理是一项系统工程，首先要求饭店树立正确的绿色消费理念，在这一基本理念的指导下，进行绿色营销管理活动。

（1）培养绿色消费理念。绿色消费是一种通过选择不危害环境，又不损害未来各代人利益的产品与服务来满足人们的生活需要的理性消费方式。它既充分尊重了地球生态系统，又保证了未来各代人和当代人拥有同样的选择机会，是一种科学的消费方式，是一种直接服从于全球可持续发展目标的消费形式。饭店在经营过程中要以"社会整体利益至上"的观念代替原先"经济效益至上"的观念，积极倡导绿色消费理念，加强企业的社会责任感和历史使命感。

（2）成立相应的组织体系。饭店开展创建绿色饭店活动，要求有相应的组织体系加以保障。为切实推进绿色营销活动，饭店应在管理机构上进行相应的调整。饭店可视实际情况，增设环境部或任命生态专职经理，负责环保、资源利用、形象策划、设备改造、绿色教育等诸多方面的工作，从而切实推进绿色工程。

【小案例】

香格里拉饭店的"绿色委员会"

中国香港的香格里拉饭店专门成立"绿色委员会"，系统化推进可持续发展理念。"绿色委员会"的任务是制订饭店在创建绿色饭店方面的目标和计划，培训饭店内部专职的督察员，并监督各项制度的落实情况。香格里拉的"绿色委员会"每月召开一次会议。饭店还专门设立3位"EMS经理"，担任饭店内部专职的环境监督员。

（3）推行绿色教育

饭店应做好"绿色培训"工作，培训的对象分为内部公众和外部公众两大类。对于内部公众，应本着自上而下的原则，从高层管理者到基层普通员工都进行培训，在员工中反复强调绿色饭店的意义。对于外部公众，主要侧重于让公众理解饭店开展绿色饭店活动的意义以及谋求公众的合作。很多饭店都会以在客房或公共区域张贴醒目的告示等方式来提醒顾客减少对环境的污染、减少浪费行为等。

（4）坚持6Rs绿色行动

① 减量（Reducing）。饭店应重视设备、设施的保养与维修，延长其使用寿命，减少更换频率；应制订科学的采购计划，分批适量购买各类物资，防止因过度采购、储藏不当等原因而造成各种浪费；减少一次性消耗品的利用，减少废物和垃圾的产生，购买和使用体积小、重量轻、包装简朴的物资原料；安装各种节能装置，在走道、公共区域和商场等地装上节能灯、节水器等。

② 再使用（Reusing）。饭店应切实贯彻"物尽其用"的原则，做好可重复使用物品的

循环利用。例如：有的饭店将用剩的肥皂头集中起来，用作洗涤、清洁拖把；客房部的大床单破损后可改制成小孩床单、枕套或吸尘器袋等。

③ 替代（Replacing）。饭店可以可回收利用的物品来代替一次性物品。例如，饭店可用布袋或藤篮代替原先塑料的洗衣袋，用消毒筷代替一次性筷子，等等。

④ 循环使用（Recycling）。饭店应加强不能重复使用物品和能源的循环再生利用，做好各项回收工作，使其重新变成可使用的资源。有的饭店发动员工收集废弃的易拉罐，将其制作成特殊的圣诞树装点饭店；有的饭店设立废旧电池回收箱。

⑤ 研究（Research）。饭店应重视绿色营销理念的研究和落实，成立专业的研究小组，负责研究绿色营销的基本内容，编制各种活动计划，督促绿色营销理念的基本落实。

⑥ 保护（Reserve）。饭店应树立积极的环境保护意识，推广绿色消费理念。

（四）内部营销

1. 内部营销的内涵

内部营销理念出现于 20 世纪 80 年代。美国的克里斯蒂安·格朗路斯（Gronroos）是最早对内部营销作出定义的人。他在 1981 年的著作《内部营销》中称，内部营销即"把公司推销给被看作'内部消费者'的员工"。后来他将这一概念进一步推展，主张以一种积极的、通过营销方式进行的、互相协调的方法，来推动公司职员为顾客创造更好的服务。

这一理念给企业的营销带来了革命性的突破。内部营销理念认为，任何企业都面临两个最主要的核心市场，即外部市场和内部市场。传统的营销理念仅仅把外部市场作为营销的主要活动领域。而内部营销理念认为：建立一个良好的内部市场是企业有效拓展外部市场的先决条件。饭店应把员工作为企业的内部市场，对其进行透彻的研究和开发，着力做好饭店内部促销工作，将员工放在管理的中心地位，通过对员工物质利益、精神追求等合理需要的满足，培育满意的员工及其自发的主动服务意识，为饭店企业拓展外部市场提供可靠的后盾支持。

2. 饭店内部营销的要求

内部营销把员工作为企业的内部市场，通过营造适宜的环境以及应用科学的营销手段，影响员工的态度和行为，培养员工忠诚，从而达到满足企业外部顾客服务需求的目标，这是内部营销的精髓。培育员工忠诚是内部营销的核心要求。要让顾客满意，饭店就必须先让员工满意，因为没有满意的员工就不会有满意的顾客，满意的员工是满意的顾客的保证，成功的饭店都离不开满意的员工。为培养满意的员工，饭店首先应充分了解影响员工满意的因素，在此基础上，充分贯彻"以人为本"的理念，尊重员工、关心员工、激励员工，切实提高员工满意度，提高员工忠诚度，最终实现饭店外部营销的目标。

（五）体验营销

经济发展的形态是从产品经济走向服务经济继而上升到体验经济。越来越多的价值不是来自产品本身而是来自所提供的经历和体验。消费者不仅重视产品和服务，更渴望获得依附于产品的无形物质和文化效应所能带来的体验。饭店应把握机遇，迎合消费者的需要，延伸拉长服务链条，提高服务附加值的比例，加强产品的主观性，制造和出售视觉、味觉、听觉、嗅觉、触觉等全方位的感觉，在令人愉悦的环境氛围中使饭店产品成为一种经历和体验，并为之制定相应的体验营销策略，切实付诸实践，为饭店在激烈的市场竞争中赢得主动。

1. 体验营销的内涵

体验是一个人达到心理或精神的某一特定水平时，意识中所产生的感觉和感受。体验是无形的，它的价值在于，它是消费者的一种即时感受，一个好的体验会作为美好记忆长存于消费者的心中，成为消费者宝贵的心灵财富的一部分。

所谓体验营销就是以体验作为营销内容的市场营销，是从消费者的感官、情感、思考、行动和联想 5 个方面来重新定义、设计营销行为的一种思考方式，是企业以产品为载体，以服务为舞台，以满足消费者的体验需求为目标而开展的一系列活动的总称。

体验营销就是以向客人提供有价值的体验为主旨，力图通过满足消费者的体验需要而达到吸引和保留客人，获取利润的目的。饭店业在本质上就是提供体验的行业，饭店体验营销将使饭店从传统的卖产品和卖服务转变为卖体验。

2. 体验营销的方式

（1）文化体验。饭店文化对客人有潜移默化的感染力。饭店的产品和服务如果能凝聚丰富的文化内涵，就能在某一特定的消费区域和消费层次增值、走俏，文化内涵实质上构成了饭店产品流通的内在依据。饭店要充分考虑客人深层次文化消费心理，以文化观念为前提，从"德、智、美、情"4 个方面来展示饭店的文明水平、文化特色、文化素养和审美情趣，使客人对饭店难以忘怀。

（2）氛围体验。饭店要有意识地营造一种和谐、温馨、浪漫和富有特色的氛围，使客人受到触动心灵的感染，流连忘返。通过氛围的营造吸引新客人、留住老客人是氛围体验的核心。氛围的营造需要长时间的努力，将硬件和软件两方面结合，投入较大的精力，充分发挥饭店全体员工的积极性和创造性，以期氛围营销成功。

（3）娱乐体验。娱乐体验就是饭店巧妙地为客人营造一种使客人身心得到愉悦的气氛。饭店要将饭店的经营管理融于娱乐之中，通过为客人创造无所不在的娱乐体验来吸引客人，达到促使客人购买和消费的目的。

（4）生活体验。生活体验就是以消费者所追求的生活方式为诉求，通过将饭店的产品或品牌演化成某一生活方式的象征，甚至是一种身份、地位识别的标志，从而达到吸引消费者，建立起稳固的消费群体的目的。进行生活体验营销要求营销人员有较高的生活审美情趣和文化品位，能开社会风气之先，有敏锐的观察力，能成为新生活方式的创造者和推动者。

（5）情感体验。情感是人的主观体验，即人对自己心理状态的自我感觉，是消费者心理活动的一种特殊反映形式。消费者根据饭店的产品和服务能否满足他们的需要会产生不同的态度体验，会有高兴或不高兴、满意或不满意等情感体验。消费者对饭店积极的情感体验决定了其在购买活动中的坚决程度。开展情感体验营销，要求营销人员认真研究消费者的情感反映模式，努力为客人创造正面的情感体验，避免和去除负面的情感体验，从而在消费者心目中树立饭店的良好形象。情感体验是更人性化的营销方式，它真正从消费者的感受出发，细心体察与呵护消费者的情感。

（6）品牌体验。品牌是饭店产品和服务的个性体现，是品牌拥有者信誉的象征，是饭店文化、营销理念的反映，市场上响亮的品牌具有强大的促销功能。开展品牌体验营销要求营销人员认真研究消费者对品牌的认知过程。品牌在消费者心目中形象的建立，包括品牌认知、品牌联想、品牌忠诚 3 个过程。品牌认知是消费者认出或想起某类产品中某一品牌的能力。这是指消费者心目中对某品牌有了一个确定的感觉，这种感觉经过提示或暗示可以出现。品牌联想是消费者心目中将某品牌与自己的希望或精神追求联系起来的一种品牌印象。品牌忠诚指由于消费者对某品牌的信任而产生的偏好和信赖，从而形成长期的重复购买。建立品牌忠诚是饭店品牌体验营销的高级阶段。

牛刀小试

1. 简述饭店市场营销的地位与作用。

2. 饭店市场细分的作用是什么，与目标市场选择有何关系？

3. 简述饭店市场营销中的 4Ps、4Cs 与 4Rs 营销组合策略。

4. 选择一家饭店，通过市场调研，利用 SWOT 方法分析其优势、劣势、机会、威胁，并为该饭店找出相应对策。

项目十　饭店服务质量与投诉管理

任务清单

- ✧　了解饭店服务质量的含义、内容和衡量标准。
- ✧　掌握饭店服务质量管理的含义和饭店服务规程的制定。
- ✧　掌握"金钥匙"的服务理念、岗位职责和素质要求。
- ✧　了解客人投诉的类型，掌握处理客人投诉的原则。

情景在线

服务到家

本田先生是一名成功的日本商人，因公务入住泰国曼谷东方饭店。

早餐前，本田看到餐厅门口的一盆花非常好，正是他所喜爱的花，于是就在这盆花前多看了一会儿，然后就进餐厅用餐了。

餐后，他离开饭店开始了一天的商务活动。傍晚，当回到房间时，他惊呆了：早上他多看了几眼的那盆花，此刻竟然摆放在他的房间里！

本田先生大为感动，成为这家饭店的忠实顾客。

在曼谷东方饭店中，这样"到家的服务"无处不在。正是凭借这样无微不至的"到家的服务"，曼谷东方饭店成为公认的世界最佳饭店，曾连续 10 年被纽约《机构投资者》杂志评为"世界最佳饭店""最佳商务饭店""最佳个人旅馆"。客人也以能入住曼谷东方饭店为荣。

目前，国内的饭店业已经认识到"到家的服务"的重要性，但能够真正实现"到家的服务"的饭店屈指可数。更多的饭店甚至连"到位的服务"都还没有做到。这样的水准，如何与国际著名饭店竞争？

细节决定成败。现代饭店的竞争，就是细节服务的竞争。追求细节竞争的过程，就是提供"到家的服务"的过程。

问题：饭店服务的内容是什么？饭店服务具有何种性质和特点？

提示：饭店服务是饭店员工以饭店的设施设备为基础，以宾客为消费对象，以一定的操作活动和相应的情感投入为内容，为宾客提供所需的物质享受和精神享受的行为的总和。饭店的服务可以分为常规服务和个性化服务等基本类型，而饭店内部服务则是相对于饭店对宾客服务而言的针对饭店员工的行为。基本的饭店服务意识和饭店服务技巧是饭店员工必需的素质，两者都有其特有的表现形态和种类。从发展趋势看，饭店服务将向定制化、高技术化、超值化和绿色化等方向发展。饭店服务本身有一个动态的发展过程，它的行为形态、内容体系与社会生活的需求发展不断交融，并出现日益扩大的趋势。饭店服务的动态性和发展性使饭店的服务管理也处在不断创新和变革之中，饭店服务与管理的内容、方法体系既受饭店服务实际发展的影响，也受技术变革的推动和促进。

任务一　饭店服务质量概述

一、饭店服务

饭店服务是指通过员工的行为最大限度地满足顾客需求以及由此带来的饭店与顾客双方互动的结果。这里的行为具体包括饭店员工与客人的直接接触、饭店员工借助有形的媒介与客人的间接接触以及为实现上述两种接触必需的饭店内部的协调、管理和激励等活动。也有人认为，饭店服务是指饭店以饭店设备设施等有形产品为基础或依托，通过饭店员工劳动而形成的无形产品所实现的，使客人的物质需要和精神需要在饭店得到满足。

相关链接

服务（Service）在英语里的基本含义是"为别人做些什么"。有趣的是，Service 这个词语的 7 个字母能够涵盖服务的本质。

s 表示微笑对待每一位顾客（smile for every customer）。

e 表示员工精通自己的业务工作，提供最优质的服务产品和最优秀的服务态度（excellence in everything you do）。

r 表示对待每一位顾客要亲切友善（reaching out to every customer with hospitality）。

v 表示要把每一位顾客当作最重要的人来看待（viewing every customer as VIP）。

i 表示要邀请你的每一位顾客再次光临（inviting your customer to return）。

c 表示要为顾客们营造一个舒适的服务环境（creating a comfortable atmosphere）。

e 表示要善于运用眼神表示对你的顾客的关心（eye contact shows we care for them）。

作为服务组织的饭店，其中的每一个人都要按照以上 7 个字母的要求去为每一位顾客服务。

二、饭店服务质量

（一）服务质量

从服务企业角度而言，服务质量指的是服务特征相对组织的规定与要求的符合程度。从顾客角度而言，服务质量一般是指顾客享用服务时的感受达到期望的程度。

（二）饭店服务质量的含义

饭店服务质量指饭店产品的服务满足规定或潜在要求（或需要）的特征和特性的总和，简单地说是指饭店能够满足客人需求的特性的综合，是饭店服务活动所能达到的规定要求和满足客人需求的能力与程度，即饭店以拥有的设施、设备为依托，为宾客所提供的服务在使用价值上适合和满足宾客物质和精神需要的程度。

根据饭店服务质量的定义，饭店所提供的服务既要能满足宾客生活的基本需要，即物质上的需求，还要满足宾客的心理需要，即精神上的需求。饭店所提供服务的使用价值适合和满足宾客需要的程度高低即体现了饭店服务质量的优劣。适合和满足宾客的程度越高，服务质量就越好；反之，服务质量就差。

（三）饭店服务质量的内容

饭店向宾客提供的服务通常是由饭店的设施设备、实物产品、劳务服务的使用价值共同组成的。从整体来说，饭店所提供的服务带有无形性的特点，但局部上具体服务的使用价值又带有物质性和有形性的特点。因此，饭店服务质量实际上包括有形产品质量和无形产品质量两个方面。有形产品质量是无形服务质量的凭借和依托，无形服务质量是有形产品质量的完善和延伸，两者相辅相成，构成完整的饭店服务质量的内容。

1. 有形产品质量

有形产品质量主要满足宾客物质上的需求，是指饭店提供的设施设备和实物产品的质量。有形产品质量也可称为服务的技术质量，其高低具有客观的衡量标准，因而是可衡量和容易衡量的。例如，饭店的面积、照明度、温度、湿度、噪声度，餐厅菜品的色、香、味、型、鲜嫩程度等，都有十分具体、详细的技术质量规格和等级标准来检验及测量。

（1）饭店设施设备的质量。饭店的设施设备是饭店赖以存在的基础，是饭店劳务服务的依托，也是服务质量的基础和重要组成部分，是饭店服务质量高低的决定性因素之一。饭店设施设备包括客用设施设备和供应用设施设备。

客用设施设备也称前台设施设备，是指直接供宾客使用的那些设施设备，如客房设备、康乐设施等。客用设施设备应设置科学、结构合理，配套齐全、舒适美观，操作简单、使用安全、完好无损、性能良好。客用设施设备的舒适程度的高低一方面取决于设施设备的配置，另一方面取决于对设施设备的维修保养。保持设施设备完好，保证各种设施设备正常运转，充分发挥设施设备效能，是提高饭店服务质量的重要组成部分。

供应用设施设备是指饭店经营管理所需的不直接和宾客见面的生产性设施设备，如锅炉设备、制冷供暖设备、厨房设备等。供应用设施设备也称后台设施设备，应安全运行，保证供应，否则也会影响服务质量。

饭店只有保证设施设备的质量，才能为客人提供多方面的感觉舒适的服务，进而提高饭店的声誉和服务质量。

（2）饭店实物产品质量。实物产品可直接满足饭店宾客的物质消费需要，其质量高低也是影响宾客满意程度的一个重要因素。饭店的实物产品质量通常包括菜点酒水质量、客用品质量、商品质量、服务用品质量等。

2．无形产品质量

无形产品质量即服务质量。服务的价值使用以后，其服务形态便消失了，仅给宾客留下不同的感受和满足程度。

饭店无形产品质量的高低虽然也有一定的客观衡量标准，但很大程度依赖于顾客的主观感受。它一方面可以衡量，诸如服务的方法、操作规范和技巧、效率，服务人员的体态、仪表、穿着可以按照饭店制定的服务标准、服务程序检查和衡量。另一方面却常常难以衡量。因为，按照相同的服务标准、服务程序提供的服务，会因顾客的兴趣、爱好、国籍、职业、地位、年龄、家庭、收入水平、受教育程度、文化背景等多种因素不同，而产生不同的无形质量。另外，无形质量也会因为每个员工提供服务时的心理状况、情绪、观念、所处环境不同而随时变化，因此无形质量的测量颇带主观色彩，常常因人、因地、因时而异，具有很大的差异性。

提高无形质量的前提是按照饭店的目标客源市场的不同需求来设计饭店服务的标准和程序，提供个性化、定制化的服务，使顾客达到精神上的满足，进而达到最终满足。应关注以下两个方面的内容：

（1）劳务质量。这与饭店员工对顾客提供服务时表现出的行为方式有关，它可以符合也可以超越饭店的等级规格，是饭店服务质量的本质体现。其包括服务人员的气质、穿着打扮、仪容仪表、服务态度、服务技巧、服务效率、语调语速、职业道德、团队精神等许多方面。

（2）环境质量。这是饭店所处的自然环境和人文环境的水准。自然环境涉及饭店的内外部自然风景、绿化布局是否舒适幽雅，是否具有艺术魅力。人文环境涉及饭店的服务人员、管理人员和顾客三者之间的关系是否友好、和谐，是否能相互理解与互助。

（四）饭店服务质量的衡量

1．饭店服务质量的评价要素

根据美国学者白瑞、巴拉苏罗门、西斯姆等人的研究成果，从顾客满意的角度看，评价饭店服务质量的 5 个要素分别为：可靠性、响应性、保证性、移情性和有形性。

（1）可靠性。可靠性是可靠地、准确地履行服务承诺的能力。可靠的服务行为是顾客所期望的，它意味着服务的一致性与无差别性。出现差错给饭店带来的不仅是直接意义上的经济损失，而且可能意味着失去很多的潜在顾客。因此，饭店要加强对员工的培训，保证员工每一次都能给顾客提供满意的服务，并切实履行饭店的服务承诺。

（2）响应性。响应性是帮助顾客并迅速有效地提供服务的能力。让顾客等待，特别是无原因地等待，会对质量感知造成不必要的消极影响。出现服务失误时，迅速解决问题会给服务质量感知带来积极的影响。对于顾客的各种要求，饭店能否给予及时的满足，能说明饭店是否把顾客的利益放在第一位。同时，服务传递的效率还从一个侧面反映了饭店的服务质量。在服务传递过程中，顾客等候服务的时间是个关系顾客感觉、顾客印象、饭店形象以及顾客满意度的重要因素，应尽量缩短顾客等候的时间，提高服务传递效率，从而大大提高饭店的服务质量。

（3）保证性。保证性是指员工所具有的知识、礼节以及表达出自信和可信的能力。它能增强顾客对饭店服务质量的信心和安全感。友好的态度和胜任能力两者是缺一不可的。服务人员缺乏友善的态度会使顾客感到不快，他们对专业知识懂得太少也会令顾客失望。保证性涉及完成服务的能力、对顾客的礼貌和尊敬、与顾客有效的沟通、将顾客最关心的事放在心上的态度。

（4）移情性。移情性是指设身处地地为顾客着想和对顾客给予特别的关注，了解顾客的实际需要，使整个服务过程具有人情味。移情性涉及的内容有：接近顾客的能力、敏感性和有效地理解顾客需求。

【小案例】

客房服务员小王正在走廊上吸尘，904房的门打开了，张先生从房间里走了出来，来到小王的面前，小王微笑着向张先生问好，张先生对小王说："你给我拿一瓶热水来。"小王颇觉奇怪：饭店客房内已经配备了电热水壶，客人可以随时烧开水，只需要几分钟就可以烧开，客人为什么要一瓶热水呢？难道是电热水壶坏了？但小王还是立刻微笑着对客人说："先生，请您稍等，我马上给您拿来。"小王正准备去工作间拿热水瓶，904房的另一位客人出现在门口，对小王和张先生说："不用拿热水瓶了，我知道这电热水壶怎么用了，我们没开插座的开关。"张先生顿时显得有些尴尬，不知道说什么好，小王却仍然很自然地对张先生微笑着说："电热水壶是复杂了些，连我们为客人烧开水，有时也会忘记打开插座开关。"张先生听了小王的话后，感到释然，对小王说："那么热水瓶不要了，谢谢你。"

（5）有形性。有形性涉及有形的设施设备、人员和沟通材料。有形的环境是服务人员对顾客细致的照顾和关心的有形表现。

2. 让渡服务质量

饭店服务质量影响宾客满意程度。宾客满意程度就是宾客享受饭店服务后得到的感受、印象和评价。从广义上讲，饭店的最终服务质量并不简单地取决于饭店的有形产品质量和无形服务质量，还取决于顾客对饭店服务的期望质量和感知服务质量。期望质量和感知服务质量相比较得出的结果被称为让渡服务质量。顾客对饭店服务质量高低的评价最终要取决于让渡服务质量。

期望质量是顾客头脑中对饭店服务质量形成的一种期望值或期待的质量水平。顾客对饭店服务的期望值通常是受以下因素影响而形成的：

（1）顾客需求。顾客的需求不同，对服务的期望值不同。顾客对饭店某项服务的需求越强烈，他们所期望的服务质量水平就越低。

（2）饭店的声誉和形象。声誉、形象越好，顾客对饭店的期望值就越高。反之越低。

（3）市场营销沟通。饭店进行的对外宣传促销活动和服务承诺最容易使顾客在未购买饭店服务之前就产生不同的期望值。

（4）人们的口头传颂，即口碑。这一般是由饭店过去的业绩、新闻报道和顾客过去的经验以及社会舆论而形成的。饭店的形象以及顾客的口碑只能间接地被饭店控制。顾客的需求千变万化，完全属于不可控因素。市场营销沟通包括广告宣传、直接邮寄、公共关系、服务承诺以及各种促销活动等，它们能够直接为饭店所控制。

感知服务质量是顾客购买饭店的服务之后，对饭店服务的有形产品质量和无形服务质量进行实际感知所获得的感受和印象。

顾客对饭店服务质量的判断取决于感知服务质量与期望质量的对比，饭店服务的最终质量与顾客将期望值与实际感受相比较后而获得满足的程度有关。

实践证明，当饭店向顾客提供某项服务时，即使有较高的有形产品质量和无形服务质量，顾客的感知质量仍可能很低。其主要原因是各种因素造成了顾客过高的期望值，从而加大了期望质量与感知服务质量之间的差距。所以，如果在饭店服务质量管理中忽视顾客对饭店服务的满意程度所起的重要作用，不以顾客的需求为中心，不以顾客为导向，将大大降低饭店的整体服务质量。服务质量的评价模型如图 10-1 所示。

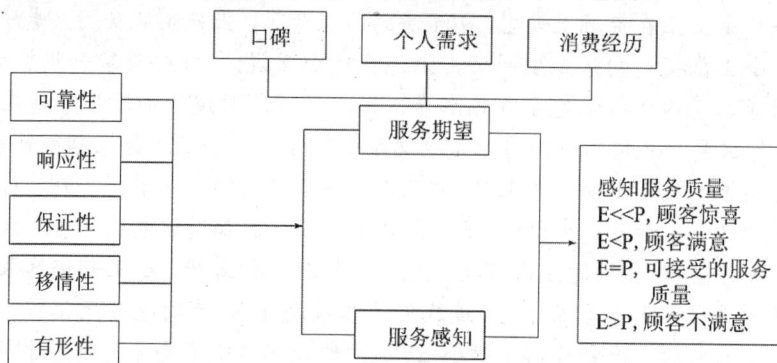

说明：E 为服务期望，P 为服务感知。

图 10-1　服务质量的评价模型

任务二　饭店服务质量管理

一、饭店服务质量管理的含义

饭店服务质量管理的基本含义是：饭店全体员工和各个部门齐心协力，综合运用现代管理手段和方法，建立完整的质量体系，通过全过程的优质服务，全面地满足宾客需求的管理活动。

饭店服务质量管理实际上是对饭店的服务的使用价值的管理。其基本点是：宾客满意便是服务质量标准，以全员参加为保证，以服务技能和科学方法为手段，以达到取得最佳经济效益和社会效益的目的。

二、饭店服务规程的制定

在饭店服务质量管理过程中，通常是通过对服务标准和规程的制定及实施，以及各种管理原则和方法的运用，达到服务质量标准化、服务形式规范化、服务过程程序化，最终以优质服务赢得客人。

（一）饭店服务规程的含义

饭店服务规程是饭店进行质量管理的依据和基础，是饭店根据各自的等级而制定出的适合本饭店实际情况的管理制度和作业标准，是以描述性评议对饭店某一特定的服务过程所包含的作业内容和顺序及该服务过程应达到的某种标准所做的详细而具体的规定。简单地说，它是指某一特定服务过程的规范化程序和标准。

饭店服务规程通常包括4个要点：

（1）服务规程的对象和范围。服务规程是以饭店某一特定的服务过程、服务内容为对象的，只要饭店有一个服务过程，那么必定有一套与之相适应的服务规程。通常，把某一特定的服务内容从开始到结束算作一个服务过程。服务规程既然是以服务过程为依据，这样就对服务规程的范围产生了限定。

（2）服务规程的内容和程序。服务规程要规定每个服务过程所应包括的内容和作业程序。服务内容应包括其业务内容本身，如总台入住登记的基本内容就有接受订房、登记、排房、收取押金等。服务规程还要具体规定内容细节，如动作、语言、姿态、手续、信息传递、用品、权限、时限、例外处理等。服务程序是指前后的顺序。服务程序的规定要符合服务过程的规律，同时要考虑减轻员工的劳动强度，减少物资消耗。

（3）服务的规格和标准。不同档次的饭店有不同的规格，不管哪一规格的服务都有标准。服务规程要规定服务的规格和标准。要按照服务质量的具体构成内容确定具体标准。

（4）服务规程的衔接和系统性。每套服务规程的首尾都要有与其他规程互相衔接、互相连续的内容，如前台部门报维修的规程与工程部的维修规程的衔接，客人离店客房查房的规程和总台收银结账规程的衔接等。规程间的相互衔接和连贯，就形成了服务的系统性。

饭店的服务经常涉及多个部门，部门之间的沟通与协调非常重要，在服务规程中应有明确规定，否则难以提供令客人满意的服务。

（二）饭店服务规程的制定

（1）饭店服务规程的制定依据。饭店服务规程必须建立在科学合理的基础上，能够真正符合宾客的需要。其依据包括《旅游饭店星级的划分及评定》、客源市场需求状况、饭店的特点、国内外饭店管理的最新信息等。

（2）饭店服务规程的制定方法。饭店服务规程的制定有两种方法：一种是集体讨论，一人执笔编制成文。一种是一人或数人编出规程草案交相关人员讨论定稿。不管采用哪种形式，其原则和编制过程基本相同。

第一步：提出目标和要求。饭店决策层管理人员根据饭店等级经深入的分析研究后，提出本饭店服务规程应达到的目标和具体要求，并将其布置落实到饭店每一相关部门。

第二步：编制服务规程草案。各部门管理者召集下属主管、领班和资深服务人员讨论确定本部门的所有服务内容和服务过程，并制定出每一服务过程的规程草案。具体内容包括：确定该服务过程的主要环节；提出每一环节的具体要求和具体细节；规定环节之间的衔接内容，以免脱节而造成质量问题等。

第三步：修改服务规程草案。草案出台后，首先应交该服务过程所在班组的全体员工进行讨论，修改其中不合理、不可行、不必要或不符合标准和要求的部分，补充应做的内容，使其更具可行性。

然后将规程草案交饭店决策层审定。饭店决策层应对照目标和要求，由店务会议或由聘请的饭店管理专家、学者对每一服务规程进行评审。经审定通过的服务规程，作为规章制度予以颁布实施。

第四步：完善服务规程。随着饭店本身、宾客需求的变化及饭店业的发展，饭店要随时调整服务规程，定期修订，使之更趋于适用和完美。

（三）饭店服务规程的实施

只有切实地实施服务规程，才能保持并不断提高饭店服务质量，否则，服务规程不过是一纸空文。

（1）服务质量意识教育。通过质量教育，树立员工的服务质量意识，使员工认识到服务质量对饭店及员工个人的重要性，从而增强饭店员工执行服务规程的主动性和自觉性。

（2）服务规程作业培训。让员工自觉执行服务规程，首先要让员工掌握规程。通过服务规程的培训，可以使员工了解服务规程，提高饭店服务质量。

服务规程作业培训可以分期分批地进行，但必须保证饭店所有员工都经过培训，而且培训后必须进行考核，考核合格者才能上岗。对不合格者可采取限期提高、待岗或调离岗位等做法，以维护服务规程的严肃性和服务质量的稳定性。

（3）服务规程执行过程的督导。饭店各级管理者应对所管辖范围员工的服务规程执行情况进行认真、严格的监督、检查和指导。主要可以通过服务质量信息系统和原始记录了解规程执行情况，也可以通过现场巡视检查及时发现存在的问题并及时纠正，使员工养成实施服务规程的良好意识和习惯；同时，饭店管理者还应经常进行服务质量的对比评价，并根据实际情况制定出有效的奖惩措施，从而调动员工执行服务规程的积极性。

另外，饭店还应制定内容明确的设施设备质量标准、服务环境质量标准、菜点酒水标准、客用品质量标准、人员素质标准、语言动作标准等，并要求饭店员工不折不扣地执行，使之成为饭店服务质量控制的依据。

三、饭店服务质量管理体系的构架

饭店服务质量管理体系是为了保证服务质量，并向政府、社会、顾客和同行企业证实其具备质量保证能力而建立的管理系统。

在饭店服务质量管理体系构架中，从顾客到饭店接受服务开始一直到顾客离开饭店，其间的所有服务活动都由饭店职能部门进行管理。饭店正是通过构建管理基础体系、评价体系、监控体系和支持体系，对服务质量进行管理。其中，基础体系是其他各子体系的依托和支撑，各子体系之间相互依存、相互配合，共同构成一个动态系统作用于饭店服务质量，同时，饭店的服务质量管理还受到政府的宏观调控和社会评估反馈的影响。社会评估机构独立于饭店和政府，对饭店服务质量进行评估，其评估结果会对政府的决策及饭店的管理、社会投入产生影响。政府根据社会经济文化环境和评估结果调整政策和法规，政府并不直接干预饭店的管理。

饭店服务质量管理体系运作的特点主要体现在：

1. 制度性

饭店服务质量管理体系从制度上保证饭店服务和管理活动的效率。

在制度上建立质量指标体系、培训制度和奖励制度，强调以质量为中心，以全员参与为基础，从而使饭店质量管理的所有活动规范化，为全体员工建立行为准则和导向。

2. 预防性

饭店服务质量管理体系着眼于预防而不是出了问题再去改正，以达到既治标又治本的目的。

3. 激励性

饭店服务质量管理体系在精神上不断给予员工鼓励和激励，使员工保持积极的服务态度，努力营造一种饭店关心员工、员工热爱饭店、实现双赢的环境氛围。

4. 诊断性

建立基于内部员工的服务质量监控体系，通过各种分析方法发现服务质量问题的根本所在，达到预防作用。

5. 保障性

饭店服务质量管理体系的主体是政府、社会和饭店，三者在质量管理体系中的地位和作用不同，政府起宏观调控作用，社会承担评估反馈功能，饭店实施具体的内部质量控制管理。但是，三者又相互影响和制约，共同承担质量管理的功能。

6. 传导性

一般来说，饭店服务质量管理体系是一个有计划、有系统的体系。饭店质量管理体系是饭店各职能部门相互作用的表现形式，从确定顾客的需要开始一直到评定为止，是一个复杂的体系。

在体系中各个因子相互配合、互相影响，从而形成动态系统。

综上所述，饭店服务质量管理体系是一个系统工程，涉及不同的制度、规章、方法和饭店内部不同的职能部门等，要建立一个完善的饭店服务质量管理体系，还需对饭店服务质量形成的过程进行重点分析。

四、饭店全面质量管理模式

全面质量管理（Total Quality Control，TQC）起源于20世纪60年代的美国，首先在工业企业中应用，后又推广到服务性行业。日本在推行全面质量管理中取得了卓越的成果，并使之有了很大发展。中国在1978年引入目标管理等的同时引入了全面质量管理的方法。

饭店全面质量管理是指饭店为保证和提高服务质量，组织饭店全体员工共同参与，综合运用现代管理科学，控制影响服务质量的全过程和各因素，全面满足宾客需求的系统管理活动。它要求以系统观念为出发点，通过提供全过程的优质服务，达到提高饭店服务质量的目的。

饭店全面质量管理的特点可归纳为以下 4 个方面：

（1）全方位的管理。全面质量管理就是针对饭店服务质量全面性的特点，对服务质量的所有内容进行管理，即全方位的管理，而不是只关注局部的质量。

（2）全过程的管理。饭店全面质量管理的全过程的管理，形成了全面质量管理有别于传统质量管理的两个观念：其一是预防为主，防患于未然，服务质量管理的重点从"事后把关"转变为事先预防。事实上，饭店服务出现问题，其事后的弥补是非常困难的。其二是要求饭店内部树立"如果你不直接为客人服务，那么，你就应为为客人服务的人服务"的观念，即强调工作的下一个环节就是你的客人，就是你服务的对象，你必须负责让其满意，最终使得饭店服务过程中的每一个环节都符合饭店质量管理的要求。

（3）全员参与的管理。饭店所提供的优质服务不仅仅是前台人员努力的结果，同时也需要后台员工的配合保障。所以，全面质量管理要求全体员工都参加质量管理工作，并把每位员工的工作有机地结合起来，从而保证饭店的服务质量。

（4）方法多样的管理。饭店服务质量的构成丰富，且影响质量的因素复杂：既有人的因素，又有物的因素；既有客观因素，又有社会、心理因素；既有内部因素，又有外部因素。要全面系统地控制这些因素，就必须针对具体情况采取灵活的管理方法，使宾客全面满意。因此，全面质量管理要求饭店管理者能够灵活运用各种现代管理方法，从而提高服务质量。

综上所述，全面质量管理是饭店以宾客需求为依据，以宾客满意为标准，以全过程管理为核心，以全员参与为保证，以科学方法为手段，运用全面质量管理的思想和观念推行的服务质量管理，它是达到饭店预期的服务质量效果的一种有效的管理方法。

五、零缺陷质量管理的新理念

20 世纪 60 年代美国人克劳斯比（Philip B. Crosby）提出了零缺陷（Zero Defects，ZD）管理观念，主要用于控制企业的产品质量。他认为，低质量产品需要花费大量的人力、财力、物力，增加企业的经营费用，并导致消费者不满，其成本远远大于保证一次性完成的优质产品的投入。饭店必须以零缺陷质量管理作为饭店服务质量管理的一种重要的管理方法。

零缺陷管理思想体系可以总结为一个中心、两个基本点和 3 个需要。

一个中心指的是零缺陷管理。零缺陷管理要求第一次就把事情做正确。每个人都坚持第一次做对，不让缺陷发生或流至下道工序或其他岗位，那么工作中就可以减少很多处理缺陷和失误造成的成本，工作质量和工作效率也可以大幅度提高，经济效益也会显著增长。

两个基本点指的是有用的和可信赖的。我们做任何事情首先要想到它是否有用，必须站在客户的角度来审视最终的结果是否有用。但是，如果做的每件事情都有用，也未必可靠。因此，零缺陷管理追求既有用又可靠的结果。

3 个需要分别是指：客户的需要、员工的需要和供应商的需要。任何一个组织没有客户，就没有存在的意义。这 3 个需要形成了一个价值链。因此，必须统一看待客户、员工和供应商的需要。

零缺陷管理的核心是第一次把正确的事情做正确，包含了 3 个层次：正确的事、正确地做事和第一次做正确。因此，第一次就把事情做对十分重要。饭店服务具有不可弥补性的特点，所以，每位员工都应把每项服务做到符合质量标准，这是改善饭店服务质量的基础。为此，要求饭店管理者做到：制定科学合理的服务质量管理标准，并且标准是"零缺陷"的，而非"优良""良好"之类；执行标准也必须是"零缺陷"的，不折不扣，而非"差不多"之类。激励并帮助员工把每项工作都做得合乎标准，即"零缺陷"。

通常，缺乏知识和态度不佳是造成饭店服务质量问题的两类主要因素。通过培训可以帮助员工掌握饭店服务所需知识，但态度只有通过个人觉悟才能改进。因此，为帮助员工端正服务态度，有些饭店开展了"零缺陷工作日"竞赛，效果较好。它促使员工养成第一次就做对的工作习惯，并以服务的零缺陷为目标。在"零缺陷工作日"的基础上，饭店还可推行零缺陷工作周、工作月乃至工作年，以使每位员工的服务逐渐达到完美无缺的程度，最终提高整个饭店的服务质量。

任务三　饭店"金钥匙"服务

饭店业发展至今天，其功能已经从单一地提供住宿转化为提供住宿、餐饮、娱乐、商务等多元化服务。随着时代的发展，市场竞争越发激烈，饭店硬件再也不是决定一家饭店档次的唯一标准了，相反，软件建设已逐渐成为高档次饭店所追求的目标。

21 世纪是以人为本的时代，众多企业都希望通过了解顾客的心理达到赢利的目的，饭店业更不例外，饭店直接面对顾客，只有用心感动了客人，才能真正达到赢利的目的。饭店的"金钥匙"服务就是针对顾客的多方面需求，为其提供个性化、完善的服务，使顾客满意。

一、"金钥匙"简介

"金钥匙"（concierge）一词起源于法语，原意为钥匙保管者、门房、守门人，古代指饭店的守门人，负责迎来送往和保管饭店的钥匙。在现代饭店业中，"金钥匙"已成为向客人提供的全方位、一条龙服务的代称，是一种专业化的饭店服务。"金钥匙"服务人员是从事饭店大堂工作，并且具有一定经验的高级礼宾人员，是利用个人所掌握的娴熟的服务技能和丰富的外界信息为客人提供个性化服务的特殊群体。只要不违反道德和法律，任何事情"金钥匙"都会尽力办到，而且要办好，以满足客人的需要。

相关链接

"国际金钥匙协会"的标志是两把金光闪闪的交叉金钥匙。它代表着饭店"金钥匙"的两种职能，一把金钥匙用于开启饭店综合服务的大门，另一把金钥匙用于开启该城市综合服务的大门。万能的"金钥匙"可以帮助客人解决一切难题。

在国际上，"金钥匙"已成为高档饭店个性服务的重要标志。有人称之为"现代饭店之魂"，它在很大程度上决定了一家饭店是否可以冠以"豪华"头衔。"金钥匙"服务人员的职责几乎无所不包，为客人服务几乎无所不能，是饭店的精英，是个性服务的全能大师，其所承担的使命和为饭店带来的声誉是饭店内其他任何人都无法比拟的。

二、"金钥匙"服务理念

饭店"金钥匙"的服务是在不违反国家法律的前提下，使客人获得满意惊喜的服务。这些服务主要包括：接待客人订房，安排车到机场、车站、码头接客人，根据客人的要求介绍各特色餐厅并为其预订座位，联系旅行社为客人安排好导游，当客人需要购买礼品时帮助客人在地图上标明各购物点，当客人要离开时在酒店里帮助客人买好车票、船票、机票，并帮客人托运行李物品，如果客人需要的话，还可以订好下一站的酒店并与下一站酒店的"金钥匙"落实好客人所需的相应服务。

"金钥匙"做好上述工作是以其服务理念为引导的，其理念的精髓包括：

1. 先利人，后利己

这是价值观，有了全新的服务意识和先人后己的价值观才能做好饭店服务工作特别是"金钥匙"服务工作。

2. 用心细致，满意加惊喜

这是方法。它要求宾馆饭店的所有服务人员和其他工作人员，都要全力以赴、竭尽所能地为住店宾客提供高质量、全方位、个性化的服务，不能有丝毫的懈怠，在竭尽所能为住店宾客提供高质量、全方位服务的同时，尽可能地让客人有超值享受或者说有额外的惊喜。

3. 在客人的惊喜中实现人生价值

在客人的惊喜和满足中，在客人满意的眼神和赞许声中实现自己的人生价值，这是目标。

三、"金钥匙"的岗位职责和素质要求

一名优秀的"金钥匙"人员具有非凡的才能和素质，具有强健的体魄和充沛的精力，具有心甘情愿、竭尽全力的献身精神。他可能刚送走一位意大利客人，现在又与德国客人用德语交谈，手里握着一封待处理的用葡萄牙文写的信件……

（一）"金钥匙"的岗位职责

"金钥匙"通常是饭店礼宾司（行李部）主管，其岗位职责主要有：

（1）全方位满足住店客人提出的特殊要求，并提供多种服务，如行李服务、托婴服务、沙龙约会、推荐特色餐馆、导游、导购等，客人有求必应。

（2）协助大堂副理处理饭店各类投诉。

（3）保持个人的职业形象，以大方得体的仪表、亲切自然的言谈举止迎送抵、离饭店的每一位宾客。

（4）检查大厅及其他公共活动区域。

（5）协同保安部对行为不轨的客人进行调查。

（6）对行李员工作活动进行管理和控制，并做好有关记录。

（7）对进、离店客人给予及时关心。

（8）将上级命令、所有重要事情记在行李员、门童交接班本上，每日早晨呈交前厅经理，以便查询。

（9）控制饭店门前车辆活动。

（10）对受前厅部经理委派进行培训的行李员进行指导和训练。

（11）在客人登记注册时，指导行李员帮助客人。

（12）与团队协调关系，使团队行李顺利运送。

（13）确保行李房和饭店前厅的卫生清洁。

（14）保证大门外、大门内、大厅 3 个岗位有人值班。

（15）保证行李部服务设备运转正常，随时检查行李车、秤，行李存放架，轮椅。

（二）"金钥匙"的素质要求

"金钥匙"要以其先进的服务理念、真诚的服务思想，通过其广泛的社会联系和高超的服务技巧，为客人解决各种各样的问题，创造饭店服务的奇迹。因此，"金钥匙"必须具备很高的素质。

（1）有较强的交际能力。彬彬有礼，善解人意，乐于和善于与人沟通，语言表达清晰、准确。

（2）身体健康，精力充沛。能适应长时间站立工作和户外工作，有耐性，有较强的应变能力和协调能力。

（3）能熟练掌握本职工作的操作流程。通晓多种语言，掌握中英文打字、电脑文字处理等技能。

"金钥匙"服务理念对原有的服务思想和服务观念产生了强烈的影响和冲击，可以说，"金钥匙"服务理念是星级饭店服务的最高境界，是所有饭店人孜孜追求的最高目标，"金钥匙"服务是高星级饭店服务的新形式和新发展。

【小案例】

Matta 是参加交易会的一位美籍富商，其对每件事都要求很高，在 2011 年春季交易会期间首次入住广州××酒店，此客人在住店期间多次向大堂副理请求协助。

2011 年 4 月 26 日下午，Matta 亟须将一重要资料寄给北京××酒店的住客，并且要求必须在次日早 8 点前抵达收件人手中，由于当时已是下午 4 时，故客人在没有任何办法的情况下请求当值帮忙。客人表示只要能顺利送件，不介意为此支付昂贵费用。当值了解后，尝试联系多家快递公司均无法达到客人要求，最终通过"金钥匙"服务平台与机场管理办公室取得联系，其建议将所寄资料放在当晚飞往北京的最后航班上，顺道送往北京。当值立即安排行李员将所寄资料送至机场，另一方面协助客人与北京的收件人取得联系，并转告其有关收件事项。当天晚上飞机抵达北京，收件人顺利接收资料。客人对酒店的个性化服务高度赞扬。

2011年4月29日，Matta希望当值能为其外租高档车，在次日送其及儿子车游广州，并直抵香港机场乘坐飞机飞返洛杉矶。由于Matta在当日参加交易会时不慎受伤，长时间站立容易引起不适，故希望当值能为其安排免过境检查的特快通过服务，并愿意为此支付昂贵费用。了解客人需求后，当值利用"金钥匙"服务知识与能提供相关特别服务的租车公司取得联系并落实相关事项，更按客人要求为其设计了车游广州的路线，客人对酒店服务再次高度赞扬。第二天，客人顺利抵达香港机场，还在返国后发送了传真表示对××酒店服务的满意及感谢。

任务四　客人投诉的处理

一、客人投诉的类型

投诉是饭店中最常见的客人对服务不满意的反映。饭店提供的是面对面的服务，出于利益和认识差异等方面的原因，饭店与宾客之间产生矛盾在所难免。从饭店的角度来说，应努力提高服务水平来减少客人投诉，但要做到绝对没有投诉是不现实的。

从客人角度分析，投诉有几种不同类型。

1．理智型

理智型客人在饭店中面对较粗鲁的言行、不礼貌的态度或不规范的服务时，自然会产生不满，但一般不会明显流露情绪，更不会发火，他们能冷静、客观地指出服务的不足，并较有耐心地期待服务的改善。这类客人一般受过良好教育，既通情达理又能冷静而理智地对待问题。此类客人的投诉比较容易处理，只要讲清道理，及时处理，他们都能表示谅解，甚至表示谢意。

2．挑剔型

此类客人比较挑剔，喜欢吹毛求疵。对一般客人认为过得去的服务，他们也会百般不满意。对这类客人不仅要事先仔细观察，而且要始终小心翼翼，以谨慎、耐心加诚意来"战胜"他们的挑剔。

3．唠叨型

此类客人的行为大都与性格有关，他们往往对服务员的改进工作视而不见，持续不断地表示不满，例如，在餐厅用餐高峰，上菜速度较慢，尽管服务员已道歉并催促厨房尽快把菜上齐，但客人还会唠叨不止。对此，服务员必须有极强的耐心，否则会招致投诉。

4．易怒型

此类客人一有不满，马上就会怒气冲冲，暴跳如雷，以较高的音量、不停的手势动作与服务人员讲道理，并要求饭店承认过错。饭店在处理此类投诉时应"对事不对人"，不计较其个人态度，首先使他们消气，然后再认真听取他们的批评意见，并采取相应的解决措施。

二、客人投诉的实质、原因及心理分析

不管客人出于何种原因向饭店投诉，有一点可以肯定，即客人对饭店产品不满意，怀有失望情绪。分析客人投诉的实质和原因，了解客人投诉的心理是预防和减少客人投诉的前提。

1. 客人投诉的实质

客人投诉的实质是客人在饭店内下榻付出的花费没有换回他预期的享受价值。也就是说，客人在饭店内的花费与饭店提供服务产品的质量不成正比，造成客人投诉。一般而言，造成客人投诉的原因是饭店本身的经营沟通渠道受阻，部门之间的服务协调网络脱节，加之服务程序混乱，职责范围不清，出现服务不周、怠慢客人、冷遇客人的状况。

2. 客人投诉的原因

客人投诉的具体原因多种多样，归纳起来有 3 种情况：

（1）饭店服务质量问题造成的投诉。易引发投诉的问题有：服务项目设置不全；员工服务态度恶劣，语言使用不当；服务效率低下；服务技能不足；等等。出现这类问题的责任明显是在饭店一方，因此饭店应从内部管理着手，避免此类事件的再度发生。

（2）饭店与宾客之间的误会造成的投诉。来自世界各地的海外宾客，其生活习俗、文化渊源与国内有较大不同；来自五湖四海的国内宾客，东西南北的生活习俗和方言土语也差异极大，这些差异都可能导致客人的投诉。对于这类投诉，饭店应耐心、妥善地予以解决。更重要的是，饭店应尽快找出造成误会的原因，采取相应措施，努力改进服务程序，提高服务技巧，尽量减少由于误会造成的投诉。

（3）客人原因造成的投诉。客人由于在饭店外其他场合遇到不顺心的事而心情不佳，有时会迁怒于服务员，或对饭店员工的服务百般挑剔。这种情况责任不在饭店，也不反映饭店员工的服务质量有问题。对于这类投诉，饭店要坚持"客人永远是对的"这一服务原则，以真挚诚恳的态度道歉，并根据情况适当补偿，这么做一般情况下可以缓解客人的不满。处理好这类投诉，也是表现饭店服务质量的机会，可以为饭店赢得良好口碑。但是切忌试图"摆事实、讲道理"，这样往往会把事情搞复杂。

3. 客人投诉的心理

（1）求尊重的心理。引起客人投诉的原因之一是客人受到怠慢和不被尊重。投诉的目的就是为了找回尊严，因为受尊重是一种很重要的需要。客人在采取了投诉行动之后，都希望别人认为他的投诉是对的，是有道理的。他们希望得到同情、尊重，希望有关人员、有关部门重视他们的意见，向他们表示歉意，并立即采取相应的处理措施。

（2）求平衡的心理。客人在受到不公平待遇后，往往会感到心理不平衡，会找到有关部门，采用投诉的方式把心里的怨气发泄出来，以求得心理上的平衡。俗话说："水不平则流，人不平则语。"这是正常人寻求心理平衡、保持心理健康的正常方式。而客人之所以投诉，还源于客人对人的主体性和社会角色的认知。例如，花钱是为了寻求愉快美好的经历，如果他得到的是不公平、烦恼，这种强烈的反差会促使他选择投诉来找回他作为客人的权利。

（3）求补偿的心理。在服务过程中，如果由于员工的职务性行为或饭店未能履行合同，给客人造成物质上的损失或精神上的伤害，客人就可能利用投诉的方式来要求有关部门给予物质上的补偿。这也是一种正常的、普遍的心理现象。比如，损坏的东西就应立刻修理好，弄丢的物品就要进行赔偿。针对由于职务性行为所带来的某些精神伤害，在法律上客人也有权利要求物质赔偿。

三、客人投诉的利与弊

从饭店经营管理的角度分析，客人投诉是一把双刃刀，会产生双重作用，既有利，又有弊。

1. 客人投诉的利

客人投诉主要缘于饭店服务质量的问题，投诉有助于饭店及时发现管理与服务方面存在的问题。即使投诉是由误会引起的，饭店也负有一定责任，因为这从一定程度上反映了饭店培训不力、员工素质不高等问题，客人对饭店的失望情绪在所难免。若是客人采取非公开的态度，则表明他们对该饭店已经失去信心，今后会采取非但自己不再光顾而且还劝亲朋好友不光顾的对策，这无疑将不利于饭店的发展，为出现更大的质量问题埋下隐患。

【小案例】

刘某入住某五星级饭店，他把前一天换下来的衣服放入洗衣袋让饭店洗衣房清洗。晚上，刘某回客房的时候，服务员已把洗好的衣服平整地放在房内。可是当刘某拿起衣服的时候，发现衣服多处未洗干净，衬衣的领口袖口上多处有污渍。于是刘某很生气，第二天上午，他给客房部经理打了电话，就前一天不愉快的经历进行投诉。饭店领导获悉此事后，非常重视，对洗衣房进行了检查，发现无论在设备设施还是服务技能上洗衣房都存在不少漏洞，于是立即采取措施，对洗衣设备进行了全面检修，并决定购买几台新设备，同时加强对员工的培训。饭店经理还亲自向刘某道歉，免掉其一天房费，向刘某赠送了贵宾卡，感谢他对饭店提出宝贵意见。刘某很感动，表示以后还要入住该饭店。

可以设想，在上述案例中，假如刘某不向客房部经理反映洗衣的质量问题，那么洗衣房的问题仍然会存在，更会失去一大批回头客。由此可见，客人的投诉意见能使饭店更有针对性地开展工作，有助于饭店服务质量的提高。

据统计，对饭店服务质量感到不满的客人中有 92% 会选择不公开行动，即不投诉，而这 92% 的客人平均每人通过口头宣传可影响 25 人的消费行为，这是饭店最不愿意看到的。

2. 客人投诉的弊

客人如果向饭店投诉，对外界影响尚不大，饭店一般只需适当补偿，便能风平浪静；但客人若直接向新闻单位或其他有关部门投诉，饭店的形象和声誉都将受到极大影响。

由此可见，客人投诉对饭店而言既有利又有弊。虽然投诉会带来负面影响，但这也不失为饭店全面审视自己的一个良机，饭店可以借此机会认真总结经验教训，查缺补漏，强化质量和培训，最终变弊为利。所以，从总体上讲，客人投诉对饭店利多弊少。

四、处理客人投诉的原则

饭店在处理投诉的过程中，应遵循"客人永远是对的"原则。即使客人属"无理取闹"，向饭店投诉，饭店在处理过程中仍必须遵循这一原则，站在客人的角度来处理投诉问题，尽最大努力满足客人要求，以提高饭店自身的服务质量，增强其在同行业中的竞争力。为此，在进行投诉处理时，要注意以下几个方面：遵循"宾客至上"原则，在客人面前不说"不"字；出现投诉领导须到场；当事服务人员不能据理力争，应忍耐、谦让，由领导出面解释并妥善解决；不得与客人争输赢，就是服务人员有理，也要适可而止，得理让人；保证客人的权益；在处理投诉时，首先要站在客人的立场上，设身处地为客人着想；尽量维护饭店利益，把损失减到最低。

相关链接

客人永远是对的

"世界旅馆之父"斯塔特勒年轻时在一家饭店当领班，他遇到过这样一件事：一天，有位客人怒气冲冲地直奔服务台投诉，叫值班经理评说服务员和他吵架谁是谁非。值班经理根本不知道发生了什么事，感到很为难。而那位客人却认定这件事是那位服务员的错。值班经理怀疑客人喝多了酒，于是回答客人说："我认识那位服务员要比你早，也了解他，平时他很少与人争执，今天大吵，肯定是你惹恼了他。"客人听完，二话没说，立刻结账，打道回府。斯塔特勒把这件事记了下来，并加上自己的分析与思考，提出了流传至今的名言："客人永远是对的。"

五、处理客人投诉的一般程序

不管客人投诉的内容与接待投诉的饭店工作人员的工作有无关系，接待者都要认真对待，首先向客人道歉，表示同情和理解，给客人安排休息，递上毛巾，送上茶水，设法使客人的情绪平静下来，然后再把有关管理者请过来，并按以下程序处理：

（1）态度鲜明地告诉投诉者，他的投诉是完全正确的，这对稳定客人的情绪极为重要。绝对不要打任何折扣，不要使用"不过""但是"之类的否定转折词，这样可能会使客人更加恼火。

（2）耐心地听完客人叙述事情的原委。这期间要表现出极其有耐心和认真的态度，应不时地点头表示赞同，并说些安慰的话，对客人的批评要虚心接受。同时，最好把要点写下来，以表示对客人的尊重。也可以请客人提些问题，以便更好地了解客人的态度，也显示自己是在认真听取客人的意见。

（3）向客人说明处理措施，并表示会尽最大努力，以最快速度来处理。但切忌用"马上""立刻"之类模糊的时间概念，因为这样会使客人觉得答复很草率，处理的效率一定不会高。在时间概念上要尽量定量化，即用具体数字表示处理所需的时间，如 5 分钟、半小时等。当然，也不能为了取悦客人，随便说一个时间，到头来未在该时间内处理好，反而会加大客人的火气。在许诺处理问题的时间上应留有余地。

（4）即刻进行处理。客人暂时离开后，接待者应立即找当事人详细了解情况，并听取在场者的意见，然后提出相应的处理方案。如果涉及范围较广，或需要饭店让步的，则须向上级汇报，请求上级批准。客人投诉，饭店一般都要作出或多或少的赔偿，其中包括物质赔偿和精神赔偿。在赔偿方面要注意把握尺度，既要考虑"宾客至上"的原则，又要顾及饭店的利益。不同的客人，赔偿的数额与方式也不同，不一定赔偿越多客人越满意，关键是要让客人感觉到饭店确实是站在宾客立场上，诚心诚意地为其解决问题的。一般来说，只要接待者态度诚恳，办事效率高，即使获得的赔偿未达到期望值，客人也会欣然接受处理意见。

（5）向客人道歉和致谢。投诉处理完毕后，饭店应再次向客人致歉，并向客人表示感谢。这样，客人会因感到自己的确很受尊重而十分高兴。另外，当客人离店时，饭店方面派人亲临送别，必能使事件处理显得更加圆满。

（6）总结经验教训。投诉处理完毕，还要及时进行总结，从加强防范和提高员工应变能力两方面入手，以改进工作方法，提高服务质量，避免同类投诉再次发生。

牛刀小试

1. 饭店服务质量的内容包括哪些方面？

2. 饭店服务质量管理体系运作的特点包括哪些内容？

3. 什么是饭店"金钥匙"？饭店"金钥匙"服务理念的精髓是什么？

4. 客人投诉原因有哪些？如何处理客人投诉？

项目十一　饭店安全管理

任务清单

◇ 了解饭店安全管理的概念及内容。

◇ 掌握饭店安全管理的要点。

◇ 熟悉饭店常见安全问题的处理。

◇ 掌握饭店意外事故的预防措施。

情景在线

天有不测风云

北方某城市的一个小有名气的餐饮企业，在某年6月最后一天的晚上临近餐厅收档时，迎来了4位男客人。

那天很热，餐厅的客人很多，餐厅经理和服务员一起忙碌。引位员将4位客人安排在大厅中靠边的位置。开始谁也没注意到这4位客人，可他们不一会儿便开始一边划拳一边喝酒，说话声音很大，引起了大家的注意，在其他餐桌用餐的客人不时往这边看。服务员小陈看到后，一边主动为客人撤换餐碟、递送香烟、斟酒上菜，一边善意提醒客人声音小些，不要影响其他客人就餐，并提出如果客人愿意可以为其换到包房用餐。没想到，客人却破口大骂："滚开，别扫我的兴，饭店就是喝酒的地方，我花钱我愿意，谁嫌吵谁走人。"很明显客人已经喝多了。小陈见此情景，向客人说"对不起"，转身取来茶壶、茶杯。"先生您请喝……"没等小陈说完，一位客人上前一把抓住小陈的衣服，顺手抢下茶壶，向地上一摔，又一拳向小陈打去。可能是用力过猛，第一拳没打着，客人却摔了一跤，趴在地上，小陈去扶客人，没想到却激怒了客人，他们一起又向小陈打去，小陈并没有还手。

这时餐厅经理闻声赶到，一边拉架，一边向客人道歉。谁知客人又将拳头打向经理，餐厅一片大乱。几位在一旁就餐的客人看不过去，上前帮忙拉开客人。随即餐厅报警，事态平息。餐厅经理对此做了如实记录。

可两个月后，派出所接到报案，说该餐厅雇用黑社会打手，声称曾经受到非法攻击并举出那天受伤的人的医院诊断及一些证人证言，要求赔偿。餐厅有关人员被传唤，大家都很气愤。餐厅经理找出那天的餐厅预订单及管理日记，提供给派出所，请求给那天就餐的客人打电话了解实情。派出所调查及当天客人的证言，最终还餐厅以公道，那些想讹诈的客人没有得逞。

问题：如果你遇到类似情况会怎样应对呢？

提示：餐饮服务行业，客人较多，客人成分也较为复杂，易引发多种突发事件，因而加强对此类场所的安全管理尤为重要。作为一名管理者，对此类问题应做好预防工作，及时制订应急计划，适时发现隐患苗头，控制事态的进一步发展。

当服务人员遭受蛮不讲理的客人的侵扰时，其他服务人员和管理者应齐心协力，及时上前协助受侵袭的服务人员撤离现场，免遭进一步攻击，并尽快通知保安人员迅速赶到现场，视情况处理。同时，应对突发事件时应考虑全面，制订详细的处理方案。日常要加强对员工的培训，力争让每个人做到心中有数，处乱不惊，而不是当事件发生了，再忙着去解决。

任务一　饭店安全管理概述

一、饭店安全管理的概念

饭店开展各项经营活动都要以安全为基础。这是因为只有在安全的环境里，各种服务活动才能开展，并确保其质量；也只有在安全的环境里，饭店的经营管理活动才能取得理想的社会效益及经济效益。

饭店安全管理是饭店为了保障客人、员工的人身和财产安全以及饭店自身的财产安全而进行的计划、组织、协调、控制与管理等系列活动的总称。饭店安全管理的目的是防止火灾、犯罪活动和其他不安全事故的发生，保障客人、员工的人身和财产安全以及饭店自身的财产安全，保证饭店的正常营运。

二、饭店安全管理的内容

饭店安全管理的内容主要有以下几个方面：

1. 设施设备的安全管理

（1）锅炉。要根据国家有关部门规定的要求，对锅炉的管理人员进行定期培训，对锅炉进行定期检查和保养，要选择名牌产品和知名的供应商。

（2）电器设备设施。要按计划对正在使用的电器、电线设备设施进行检查，尤其是电器的安装、电线的布线一定要按照规范来操作。

（3）电梯。对电梯设备的购买货比三家，要选择真正能使饭店客人满意的电梯设备。

（4）厨房设备。厨房是安全生产的重要部门，要确保饭店的安全，就要加强厨房的安全教育和完善厨房的防火设备和设施，并要对这些设备和设施进行经常的检查，以确保这些设备和设施的完好和正常使用。

除此以外，还有安全防范设备、消防控制报警装置、消防泵的使用与保养，监控设备的使用和保养，以及红外线防盗设备的使用和保养。

2. 人员管理

（1）在内部对员工进行教育培训。要让员工清楚地知道发生问题的处理方法和程序；

要让员工时刻有安全防范的意识，并知道安全是饭店第一位的工作，安全重于利润，安全重于一切；要让员工人人成为安全员。

（2）对可能引起不安全的外来因素加强管理。企业要建立监控网，防止不法分子进行犯罪活动。

三、饭店安全管理的要点

饭店安全管理一般本着宾客至上、服务第一、预防为主、谁主管谁负责、群防群治和内松外紧的基本原则，要做好以下几个方面工作：

1. 加强教育，提高认识

饭店是一个综合性服务场所，有的管理者对安全保卫工作的认识不够，基于此，要摆正以下3类关系：

（1）摆正日常工作和安全工作的关系，防止"说起来重要，做起来次要，忙起来不要"，不因埋头日常工作而忽视安全工作。

（2）摆正经济效益与社会效益的关系，坚持两个效益并重的原则。

（3）摆正专职和兼职的关系，遵循"事事有专人"的原则，确立人人既是服务员又是安全员和消防员的思想，发挥"专兼结合，群防群治"的作用。

2. 着手计划，居安思危

饭店安全计划的内容应该包括：

（1）客人安全计划，主要有入口控制、电梯控制、客房走道安全、客房安全、客房锁和钥匙控制、客人失物处理、行李保管、客人伤病处理等内容。

（2）员工安全计划，主要有劳动保护措施、个人财产安全、保护员工免遭外来袭击等内容。

（3）财产安全计划，主要有防止员工偷盗行为、防止客人偷盗行为、防止外来人员偷盗行为等内容。

（4）消防计划，主要有消防安全告示、火灾报警、火灾后各部门应采取的行动、火灾疏散程序等内容。

（5）紧急事故处理计划，主要有客人伤病、客人死亡、客人违法、客人报失、遇到自然灾害等处理办法。

3. 具体工作，深入细致

具体工作如消防工作、治安管理、卫生防疫工作、劳动保护工作、紧急事件的处理应深入细致。

4. 健全机构，落实责任

饭店安全保卫工作内容一般包括饭店警卫、饭店治安秩序管理，饭店内部违法犯罪案件、意外事故的查处及饭店消防管理等方面。国内的饭店安全管理主要是在管理部主管下设安全警卫，组织结构如图11-1所示。

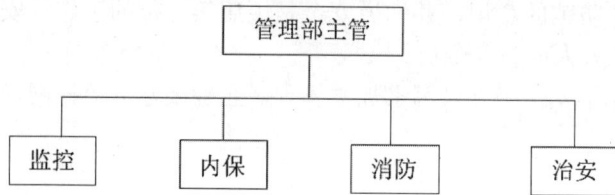

图 11 - 1　安全部门组织结构

健全机构后还要订立制度，这些制度涉及：加强员工招聘工作，做好相关知识的培训，打牢队伍基础；坚持岗位培训，提高业务素质；强化制度，树立饭店形象等。

任务二　饭店安全管理常见问题的处理

一、饭店意外事故预防

饭店意外事故是指在饭店内发生的造成人身伤亡或物质损失的意外变故。饭店意外事故是不安全行为和不安全状态的直接后果，可以通过有效的管理来控制和预防。

1. 组织安全业务培训，提高员工的安全意识

饭店要根据公安、卫生防疫、消防等单位的规定，结合本饭店的特点，制定具体的安全措施。安全保卫部应经常开展安全和法制教育，对全体员工进行安全业务培训，包括未发生事故时的预防，发生事故时的处理等。其培训可分为 3 个级别：一级安全培训，主要是针对饭店部门经理以上的人员进行的专项培训；二级安全培训，主要是针对饭店各部门的全体员工、各特殊工种和岗位的全体员工进行的培训；三级安全培训，主要是针对饭店全部治安保卫积极分子、义务消防队员进行的培训。

2. 加强检查

饭店主要负责人应当组织经常性的安全检查，对检查中发现的安全问题或者事故隐患指定专人负责解决；无法及时解决时，应当组织有关职能部门进行研究，采取有效的防范措施，以免对人身、财产造成损害。

饭店还要建立安全生产巡查制度。饭店至少应每两小时对营业区域进行一次安全检查，巡查时应做好记录。巡视检查记录内容包括巡视时间、地点、部位、状况，是否发现问题以及处理情况等。此外，还应进行饭店安全管理委员会主任、副主任或委员不定期巡查，保安主管、经理例行巡查，总值班夜间巡查，各部门经理日间巡查，工程部专项巡查，大堂副理夜间巡查。

3. 发现隐患积极整改

饭店的各类安全事故的发生，主要是因为与事故相关的某个或某些环节在连续的一段时间内出现了缺陷，以致整个安全体系失效，酿成大祸。因此，对出现的安全隐患应积极进行整改并复查。

二、饭店常见安全问题的处理

（一）客房门户安全问题的处理

提起饭店客房门户安全问题，人们总是先想到客房的门锁及钥匙的管理。此中一个常见而令客房管理人员烦恼的问题是钥匙的遗失或被窃。这是客房门户安全上的一个漏洞。

钥匙的控制也是安全保管职责之一。在很多饭店里，往往有大量的钥匙被离去的客人带走或遗失，直接造成饭店的损失，并且间接制造出饭店的安全问题。饭店的安全人员应该时常提醒客房部人员钥匙控制工作的重要性，要求他们按照遗失数字，把每个月必须重配钥匙的情况记录下来。这个程序如果能够经常去做，就可减少钥匙的遗失。此外，必须保证每个房间有两把多余的钥匙，以防万一。

现在大多数饭店都已采用计算机化的管制系统，以保障客房的门户安全。

在选用适当的计算机化客房门锁管制系统时，首先应考虑的条件是：

（1）钥匙卡的可靠性强，具有最佳的作用，无法仿制。

（2）钥匙卡使用简单而迅速，以免给住店客人造成麻烦。

（3）系统易于安装与管理，使其发挥最大可能的成本效益。

（二）客房安全问题的处理

客房是客人暂居的主要场所，是客人财物的存放处，所以客房安全尤为重要，它是饭店安全计划的主要内容。饭店应从客房设备的配套及有关部门工作程序的设计来保证客人在客房里的人身及财物的安全。

为防止外来的侵扰，客房门的安全装置是很重要的，其包括能双锁的门锁装置、安全链及广角窥视警眼。除正门之外，其他能进入客房的入口处都要上闩或上锁。这些入口处包括阳台门、与临房相通的门等。

要保证客房内电器设备的安全。卫生间的地面及浴缸都应有防止客人滑倒的设置。客房内的茶具及卫生间内提供的漱口杯及水杯、水桶等应及时、彻底消毒。如卫生间内的自来水未达到直接饮用的标准，应在水龙头上标示"非饮用水"标记。平时还应定期检查家具的牢固程度，尤其是床与椅子，使客人免遭伤害。

在客房桌上应专门展示有关安全的告示或须知，告诉客人如何安全使用客房内的设备与装置、专门用于保安的装置及作用、出现紧急情况时所用的联络电话及应采取的行动。还应提醒客人注意不要无所顾忌地将房号告诉其他客人。要留意不良分子假冒饭店职工进入客房。

饭店内有关部门的职工应遵循有关的程序，协助保证客房的安全。客房清扫员在清扫客房时房门必须是开着的，并注意不能将客房钥匙随意丢在清洁车上。在清扫过程中，要对客房内各种安全装置进行检查，如门锁、门链、警眼等，如有损坏，及时报告保安部。引领客人进房的行李员向客人介绍安全装置的使用，并提请客人阅读在桌上展示的有关安全的告示或须知。饭店员工不应将登记入住客人的情况向外人泄露，如有不明身份的人来电话询问某位客人的房号时，电话员可将电话接至客人的房间，绝不可将房号告诉对方。

在处理访客时，总台服务员应遵循为住店客人保密的原则，绝对不能主动将客人的情况告诉不明身份的访客。

（三）停电事故的处理

虽然大多数饭店配备有紧急供电装置，可以保证在停电后立即自行启动供电，但如果事先准备不足，有可能会给客人，尤其是住店客人带来不便甚至安全问题。因此，要采取相应措施进行处理。

（1）没有紧急供电装置的饭店，应配备足够的应急灯。

（2）预先知道停电时，饭店应以书面形式通知住店客人停电的时间，以方便客人事先安排活动或避免正常活动受到影响。

（3）在停电期间，所有员工平静地留守在各自的工作岗位上，并给客人适当的安慰，减少客人的恐慌情绪。

（4）向客人及职工说明停电原因，告之其正在采取紧急措施排除故障，恢复电力供应，让客人有心理准备。

（5）如系无预知的停电事故，应派遣维修人员，找出停电原因，尽快排除故障。

（6）在停电期间，保安人员应注意安全检查，加强巡逻，尤其是有现金及贵重物品的部门，应防止有人趁机行窃；注意检查，防止客人点燃蜡烛或生明火，以免引起火灾。

（四）打架斗殴、耍流氓、滋扰事件的预防和处理

1. 打架斗殴、耍流氓、滋扰事件的预防

打架斗殴、耍流氓、滋扰事件多发生在餐厅、酒吧、大堂、停车场，肇事者一般为结伙的本地青年、饮酒过量的客人以及其他形迹可疑的人。饭店服务员发现上述人员后，不管其是否已在闹事，均应报告保安部值班人员，保安人员应到现场观察情况，直至确定无事后方能撤离。

2. 打架斗殴、耍流氓、滋扰事件的处理

一旦发生打架斗殴、耍流氓、滋扰事件，保安人员应立即赶到现场，同时通知大堂值班经理。到现场后，斗殴、闹事仍在继续的，应立即将发生冲突的双方分开，驱散围观人员，将肇事者带离服务区域。有死亡和伤害事故发生时，现场人员应该报警，并保护现场，抢救受伤人员。保安部应负责检查现场情况，查清饭店设施是否损坏，并进行拍摄，为事后索赔提供证据。损失轻微的，由保安部负责向肇事者直接索赔。

（五）暴力事件的处理

暴力事件是指抢劫、凶杀、枪击、绑架等突发性刑事案件。

（1）饭店一旦发生突发性暴力事件，要立即通知保安部，并说明报警人身份，发生案件的时间、地点等。

（2）保安部接到报警后，要立即调集保安人员迅速赶赴现场，并将现场情况报告相关领导及公安机关；同时，视情况立即着手处理。

（3）如罪犯正在行凶或准备逃跑，应立即制止并抓获，派专人严加看守，以待转交公

安机关处理；如遇伤员，应立即通知医院进行救护；如有人被绑架或扣押，应立即报告公安机关，并采取必要措施，设法控制事态的发展。

（4）保护好现场，对现场进行拍摄，了解案情并做记录；待公安人员到达后，应将现场情况向公安机关报告，并协同做好有关善后工作。

（六）食物中毒事故的处理

1. 食物中毒的原因

一是有人故意投毒，这是刑事案件，处理时遵循刑事案件法律程序。在此类事件未调查清楚前，饭店一方面应对中毒宾客实施必要的抢救措施，另一方面要保护好现场，等待、配合公安机关调查取证。二是因饭店过失而造成客人或员工食物中毒，如出售了被污染或变质的食品等。三是由于饭店外部食源性污染等引起食物中毒，如某些食物在加工过程中受污染、混入有毒物质、过量使用添加剂等。四是由于客人或员工本身体质等原因产生食物中毒，如过敏等。

2. 食物中毒的症状

饭店客人或员工中毒后会出现恶心、呕吐、腹痛、腹泻、昏迷甚至死亡等症状。

3. 食物中毒事故的处理

发现、发生上述症状，应立即报告部门经理，部门经理应立即通知饭店医务室人员前往诊断；初步确定为食物中毒后，应对中毒人员紧急救护，并通知保安部经理、大堂经理和总经理。中毒严重者，应立即送往医院救治。餐饮部应对中毒人员所用的所有食品取样备检，以确定中毒原因；对可疑食品及有关餐具进行控制，以备查证和防止其他客人中毒，并通知当地卫生防疫部门，对中毒事件进行调查。饭店应通知家属等相关人员，并向他们说明情况，做好善后工作。如果是饭店自身原因造成食物中毒，饭店可能面临相应的法律后果，应按照相关法律程序处理。

（七）对诈骗案件的防范和处理

1. 诈骗案件的类型

诈骗案件多发地往往是饭店前台收款处、前台外币兑换处、各餐厅收款处、饭店辖区各商店收款处以及贵重物品寄存处。其案件类型多为逃账、使用空头支票、使用假信用卡、使用黑信用卡、使用假币以及使用假名洗钱等。

2. 诈骗案件的防范

诈骗案件的主要防范措施是严格执行财务、会计制度，严格按照安全岗位责任制办事，对现金、支票等实行严格管理，从制度上堵塞漏洞。另外，对住店客人必须严格执行入店登记制度，预交住店押金。前台服务员应认真检查和登记客人的有效身份证件，证件照片必须与本人相符，如有异常应报告上级处理。住店客人超额消费或大量超出押金借贷的，前厅服务员应随时注意，并上报领导查明原因。如有必要，可报保安部进行调查。对持支票消费的客人，前厅应及时与支票发出单位核实支票真伪，发现问题时应上报保安部。如果客人用信用卡付账，饭店各部门收款员应坚持检查复核制度，确定信用卡真伪，熟悉黑名单。贵重物品寄存时，必须严格遵循操作规范，填写好单据，正确发放保管钥匙。

3．诈骗案件的处理

发现客人有逃账、诈骗嫌疑或不能确认支付凭证真伪的，应避开客人，立即报告保安部，并将嫌疑人留住，等待保安部人员赶到。如发现有问题的信用卡和假币，一经确认，应立即扣留信用卡、假币及持有人身份证（或护照），并报保安部。

保安部在接到报案后，应立即赶到现场，避开客人，向工作人员了解情况，并将作案人带到保安部询问。询问之后，视情况决定是否报告公安机关。对逃账人员可视情节轻重给予处罚（如罚款等）；对使用假币的人员，应上报公安机关；使用有问题的信用卡，经核实为黑信用卡的，报发卡银行。

（八）火灾事故的处理

1．报警

如火情紧急，应立即打碎墙上的报警装置或拨打店内报警电话及时报警。电话报警时，应讲清起火具体地点，何物起火，火势大小，报警人的姓名、身份及所在部门和部位。在保证自身安全的前提下，应利用就近的灭火设备将火扑灭，切勿用水及泡沫灭火器扑救电气火灾。同时，要报消防中心，并保护现场。发现火情时，绝对不能高喊"着火了"，如果火势较大，必须迅速报告饭店总经理，并立即拨打 119 报警电话。

2．现场控制与施救

接到火警通知，保安值班员应迅速携带对讲机赶到现场，确认火情势态，立即采取行动控制火情与现场。饭店应启动应急预案，成立临时救火领导指挥机构，指挥救火。当专业消防队到场后，现场指挥应将指挥权交出，并主动介绍火灾情况，根据其要求协助做好疏散和扑救工作。

3．疏散

临时救火领导指挥机构成立后，在指挥救火的同时，应根据火情迅速决定是否需要全面疏散客人。疏散命令由总指挥下达，消防控制中心用紧急广播逐层通知，通知时千万不能将紧急广播同时全部打开；消防部门人员与保安经理携万能钥匙、紧急钥匙逐层逐房巡查，有步骤地组织客人和员工疏散，疏导其走消防通道。在疏散时，首先，应听明白紧急广播中火灾的确切地点，确定安全的疏散方向；其次，根据饭店指定的疏散引导人员的位置，在所有的紧急出口、逃生通道等地点安排员工站立，引导客人到达安全地点，避免客人仓皇中不明方向而造成混乱；最后，确认无客人滞留后，通知楼层服务人员撤至广场空地。

应要求客人保持镇定，防止火未烧身已跳楼身亡，或由于恐慌、拥挤而发生其他意外伤亡事故；告知客人最好能将一件针织衫用水浸湿后蒙在头上，当作"防毒面具"使用；如整个通道浓烟弥漫，可提醒客人匍匐前进；提醒客人不要乘坐电梯（一般将事先准备好的"请勿乘电梯"的牌子放在电梯前），以免因突然停电、电梯失控而被堵在电梯内。

4．善后

接到返回饭店的命令后，通知客人返房，由低到高逐层进行，指示客人走楼梯并由客房部人员校对证件；要电告总机，负责处理客人提出的各种问题；有关当日房租、酒水等问题请示上级做灵活处理；随后与保安部经理返回现场拍摄照片；如有人员受伤，应马上联系医院，做好送医院的准备。火灾事故处理完后，必须记录火警详情，包括地点、时间、参加扑救人员、报警人员、伤亡人数、被救人数等；记录救援进展情况、起火原因、消防队到达时间及结果。同时，应根据实际情况对宾客进行善后安抚赔偿等。最后，所有的调查记录、处理意见与结果，均应形成书面报告并呈交相关部门存档。

牛刀小试

1. 饭店安全管理包括哪些内容？
2. 饭店安全管理的要点有哪些？
3. 简要说明饭店常见安全问题的处理。
4. 火灾会给饭店带来严重的损失，但是很多饭店依然疏于防范，谈谈你对此的看法。

项目十二 饭店战略管理

任务清单

✧ 了解饭店战略的内涵、特征、内容、层次。

✧ 熟悉饭店战略制定方法。

✧ 掌握饭店集团的组织结构、隶属形式。

✧ 掌握饭店集团财务管理的方式、饭店集团品牌策划的原则和品牌延伸的意义。

情景在线

雅高所带来的启示

当如家快捷连锁酒店的创始人季琦手捧《雅高——一个银河系的诞生》一书，开始创立国内经济型饭店品牌如家快捷时，谁也没有想到，几年之后这家年轻的公司会以中国传统饭店业在国外上市第一股的名义登陆美国纳斯达克（National Association of Securities Dealers Automated Quotations, NASDAQ）。

榜样的力量是无穷的。可以说，正是由于当年季琦对标杆性公司的研究和对企业发展历史的研读，如家才有今天这么一个良好的发展态势。国内经济型连锁饭店和其他模式商务饭店的投资热自从 2005 年开始一直未消减。然而，又有几个连锁企业拥有伟大的愿景——成为中国的雅高？

事实上，从雅高的发展可以看出，如果真正想做一个世界饭店集团，首先自身必须是具备高、中、低端饭店品牌的公司。雅高从饭店行业里中端的诺富特出发，然后开发出了低端经济型饭店宜必思，通过收购索菲特、希尔顿等进入高端豪华饭店领域，通过收购 6 号旅馆、一级方程式等又进入更低端的领域。从国内情况来看，各大饭店集团基本处于中端，高端饭店基本被国外品牌所管理，低端饭店目前还没有形成良好的品牌化。从这个角度来看，海航、世贸、开元、金陵等饭店集团要发展成具有一定品牌影响力、竞争力的饭店，必须使自身的品牌丰富，在高、中、低端都具备优势。拿如家来说，目前基本上还集中于做经济型饭店的中端产品，高一点的商务型连锁饭店和更低端的百元左右房价的连锁饭店应是发展方向。我们欣喜地看到，如家的和美饭店品牌可能将是未来走向中、高端的一个伏笔，同时莫泰在原有的 MOTEL 168 基础上推出的 MOTEL 268 也表现了相似的一个趋势。

饭店行业是传统的服务业，规模化的服务越来越要求其有一套良好的规范。对于连锁型企业来说，全面的质量控制和质量管理是一道难题，因此战略管理也就有特别重要的意义。

问题：通过上述案例你得到了什么启示？

提示：对于经济型饭店来说，管理是规模的基础，品牌高于有形资产。只有在若干个知名品牌的旗下聚集了一定规模的企业群，才可以说经济型饭店已经发展到了相对成熟的状态。在未来的连锁化经营中，布局连锁化及客源系统的连锁化、标准化是起支撑作用的最重要的 3 个因素。

任务一　饭店战略管理概述

现代饭店的市场环境变得越来越复杂，周期性的饭店计划已不能满足当代饭店经营管理的需要，越来越多的饭店开始研究中长期发展这一战略性课题，开始关注饭店与内外环境的关系和饭店全局的综合性问题。

一、饭店战略的内涵及特征

（一）饭店战略的内涵

饭店战略是指饭店为有效组织和利用自己的各种资源，求得长期生存与发展，在充分研究外部环境和内部条件的基础上所做的长远、总体的谋划。饭店战略所关注的是饭店的发展与外部环境之间的关系，它既包括饭店的发展方向、中长期发展规划，也规定了战略实施的基本途径，以实现饭店经营目标、饭店自身资源和饭店经营环境三者之间的协调和统一，为饭店赢得持久的竞争优势。

（二）饭店战略的特征

饭店战略是饭店经营思想的集中体现，是饭店发展的根本要求，是饭店制订计划和进行经营决策的基础。其特征主要有以下几个方面：

1．全局性

饭店战略是以饭店全局为对象，根据饭店总体发展需要而制定的，其着眼点不是局部利益的得失，而是全局的发展。当局部利益与全局利益发生冲突时，往往要保证全局利益。饭店战略是饭店在市场竞争中与竞争对手抗衡的行动方案，它与那些单纯以改善饭店现状，增加饭店效益，提高管理水平为目的的近期方案不同。它所谋求的是改变饭店在竞争中的力量对比，在全面分析竞争对手的基础上，扬长避短，发挥优势，不断扩大饭店在市场上的占有率，从而使饭店在竞争中占据有利地位，不断发展和成长。

2．长远性

饭店战略是对饭店未来较长时期的发展整体筹划的结果，它不是饭店对外部环境短期变化所作出的反应，更不是对日常经营活动所作出的反应，而是着眼于未来，关注的是饭店的长远利益，它要解决的是饭店未来经营方向和目标的问题。

3．相对稳定性

饭店战略在饭店的经营实践中起指导作用，如果朝令夕改，就会使饭店经营发生混乱，从而难以达到饭店长期目标。制定饭店战略时，要做深入细致的调查研究，客观估量饭店在发展过程中可能出现的各种条件，科学预测，使饭店战略建立在既先进又稳妥可靠的基础上。饭店的外部环境在不断地发生变化，饭店发展要能适应环境的变化，特别是在经营环境发生重大变化之后，要作出必要的调整和推移。因此，饭店战略既要稳定，又要适应环境的变化，不能一成不变。

4. 风险性

饭店战略的决策者面临的是复杂多变的、不可控制的外部因素，所要作出的是有关整个饭店未来发展的决策。无论是什么样的战略，在具体的实施过程中总不免会遇到完全没有料到的情况，因而会产生风险性后果。饭店战略的风险性与整个经济环境的不确定性和饭店行业的特性，以及饭店搜集、分析信息的能力相关。如果饭店不能对环境变化迅速作出反应，再好的饭店战略都具有很大的风险。

5. 社会性

制定饭店战略不能仅仅考虑饭店自身的利益，还要兼顾国家、民族的利益，兼顾组织成员、社区的利益，兼顾社会文化、环境保护等方面的利益，要特别注意饭店应承担的社会责任，树立良好的社会形象，维护饭店的品牌。

二、饭店战略管理的内容

饭店的战略管理主要包括以下 5 个方面的基本内容：

（一）确定饭店未来的发展方向

饭店应该在市场调查和预测的基础上，确定自己的目标客源市场和经营范围，指明饭店的未来业务和前进的目标，根据市场需求的变化来确定饭店未来长期发展的方向，清晰地描绘饭店将全力进入的经营领域，使整个饭店组织的一切行动有一种目标感。

选准为经营领域服务的差别优势对饭店发展方向的确定很有帮助。差别优势就是饭店所提供的服务产品，在某一个或多个方面优于竞争对手，从而形成市场竞争中的相对优势。差别优势的内容是饭店产品的某种独特性。饭店可以在外部联系或内部资源转换方面寻求差别优势，比如选择有潜力的目标市场，准确地找出饭店产品对目标市场的独特效用。饭店还可以通过较低的成本、有特色的产品、高品质的服务等获得差别优势。

（二）建立饭店的目标体系

将饭店的战略展望转换成饭店要达到的具体业绩标准。饭店的战略目标是经营战略的具体化，它是以一个或两个目标为主导的一组相互联系和相互制约的目标体系，其核心是以销售额和利润额为主导的战略目标体系。战略目标要求饭店在高效率、低成本、不断扩大市场的基础上，以销售额保证利润额，使两者同步增长。因此可以说，饭店的战略目标是实现饭店战略方向的一系列经济指标的总和。饭店战略目标的确立必须考虑自身资源和外界环境的变化，既要有实现的可能性，又要富有激励性和挑战性。

（三）制订饭店的战略方针和计划

饭店的战略方针是饭店为实现战略目标而制定的行为规范和政策性的决策，它涉及饭店经营的目的和方法，界定饭店和顾客、员工合作的关系等。战略方针将随着饭店内外部环境的变化而变化，在不同的时期会采取不同的战略方针。饭店的顾客、员工、合作者和供应者是经常要和饭店发生关系的 4 个部分。饭店的战略方针可以相对于各部分而形成销售方针、服务方针、劳资方针、经营合作方针、采购方针等几个基本的方针。

（四）高效实施和执行战略

为了有效执行饭店制订的战略计划，一方面，要依靠各个层次的组织机构及工作人员的共同配合和积极工作；另一方面，要通过饭店的经营综合计划、各种专业计划、预算、具体作业计划等，去具体实施战略目标。

（五）及时有效地进行战略控制

战略控制是将饭店在战略执行过程中实际达成目标所取得的成果与预期的战略目标进行比较，评价达标程度，分析其原因，及时采取有力措施纠正偏差，以保证战略目标的实现。实践表明，推行目标管理是实施战略控制的有效方法。要根据市场变化，适时进行战略调整，建立跟踪监视市场变化的预警系统，对饭店发展领域和方向、专业化和多元化选择、产品结构、资本结构和资金筹措方式、规模和效益的优先次序等进行不断的调研和战略重组，使饭店的发展始终能够适应市场要求，达到驾驭市场的目的。

三、饭店战略管理的层次

按照管理层次、性质、效果、范围、时间等不同标准，饭店战略可以分成不同的类型，我们着重分析按照管理层次对饭店战略所做的划分。按照饭店战略管理的层次，可以把饭店战略分为饭店总体战略、经营战略、职能战略和业务运营战略。

（一）饭店总体战略

饭店总体战略是涉及饭店经营发展全局的战略，它考虑的是饭店经营何种类型的业务，或者如何对客房、餐饮、康乐等业务进行组合，一般有以下 3 种类型：

1．单一经营战略

单一经营战略是饭店把自己的经营范围限定在某一种产品上的战略。这种战略使饭店的经营方向明确，力量集中，具有较强的竞争能力和优势。

2．纵向一体化战略

纵向一体化战略是指饭店在本行业内扩大饭店经营范围，前向扩大到供给资源，后向扩大到最终产品的直接使用者的战略。饭店实行纵向一体化战略的目的是提高饭店的市场地位和保障饭店的竞争优势。

3．多元化战略

多元化战略是指饭店通过开发新产品与开拓新市场相配合，扩大经营范围的战略。

（二）经营战略

经营战略考虑的是饭店依据自己的核心能力选定某种业务或业务组合，并就如何在这一领域内有效运行或如何取得竞争优势提供对策，它涉及饭店在该领域内扮演的角色和相关资源的分配问题。按照不同的划分方式，饭店经营战略可以分为不同的类型：

1．按照战略的目的分类

按照战略的目的，可以把饭店经营战略划分为成长战略和竞争战略。成长战略是指饭店为了适应饭店外部环境的变化，有效地利用饭店的资源，研究饭店如何选择经营领域，实现成长目标。竞争战略是饭店在特定的产品与市场范围为取得差别优势，维持和扩大市场占有率所采取的战略，它有 3 种可供选择的战略：低成本战略、产品差异战略和集中重点战略。

2．按照战略的领域分类

按照战略的领域，可以把饭店经营战略划分为产品战略、市场战略和投资战略。产品战略主要包括产品的扩展战略、维持战略、收缩战略、更新换代战略、多样化战略、产品组合战略等；市场战略主要有市场渗透战略、市场开拓战略、新产品市场战略、混合市场战略、产品寿命周期战略、市场细分战略和市场营销组合战略等；投资战略是一种资源分配战略，主要包括产品投资战略、市场投资战略、技术发展投资战略、规模化投资战略和饭店联合与兼并投资战略等。

3．按照战略对市场环境变化的适应程度分类

按照战略对市场环境变化的适应程度，可以把饭店经营战略划分为进攻战略、防守战略和撤退战略。进攻战略的特点是饭店不断开发新产品和新市场，力图把握市场竞争的主动权，不断提高市场占有率。进攻战略的着眼点是技术、产品、质量、市场和规模。防守战略也称维持战略，其特点是以守为攻，后发制人。它所采取的战略措施是避实就虚，不与对手正面竞争，在技术上实行拿来主义，以购买专利或模仿为主，在产品开发上实行紧跟主义，在生产方面着眼于提高效率，降低成本。撤退战略是一种收缩战略，目的是积蓄优势力量，以保证重点进攻方向取得优势。

（三）职能战略

职能战略是为了贯彻、支持饭店整体战略和经营战略而在饭店各职能领域内制定的战略。饭店职能战略考虑的是更具体、更具操作性的事情，包括财务、运营、营销、人力资源、产品的研究与开发等问题。

（四）业务运营战略

饭店业务运营战略涉及各业务单位的主管及辅助人员。这些经理人员的主要任务是将饭店战略所包括的饭店目标、发展方向和措施具体化，形成本业务单位具体的竞争与经营战略，如推出新服务、配备新设施等。

四、饭店战略管理过程

根据现代战略管理理论，战略管理并不是只关注主要问题的决策过程，还要保证战略的实施并发生作用。因此，它管理的是各个连续的决策过程，以确保实现饭店的使命和目标。战略管理过程包括战略分析、战略制定与战略实施 3 个环节。战略管理过程的 3 个环节是相互联系、循环反复、不断完善的。一般而言，战略分析之后是战略制定，战略制定之后是战略实施。但有时各环节是相互重叠的，如战略分析可能是一个持续的过程，这样战略分析就与战略实施重叠。

（一）战略分析

战略分析是指对影响饭店现在和未来生存和发展的一些关键因素进行分析，这是战略管理的第一步。战略分析主要包括环境分析和战略目标的设定两个方面。

1. 饭店环境分析

饭店经营环境的分析包括对饭店内部优势和劣势、外部环境机会和威胁的分析，即 SWOT 分析。SWOT 分析可以提供饭店决策和行动的必要信息，发现饭店未来的机会，避免威胁，从而确定饭店的使命，明确饭店的经济任务，进行战略选择并实现预期目标。

饭店内部环境条件主要有经营目标、经营观念、饭店生产服务过程、财务状况、产品市场占有情况、管理系统、员工素质、有形设施、无形资产等。

饭店的外部环境包括政治、经济、社会、技术等方面的因素。饭店应对这些环境因素进行分析，以便了解和掌握饭店所处的宏观环境状况。

饭店的经营环境指对饭店经营有直接影响和作用的环境变量。饭店的管理行为通常会影响这些变量，这些变量涉及市场和消费者行为、行业竞争结构、竞争者、政府、供应商等。

2. 确定饭店战略目标

首先要确定饭店未来的发展方向，使其经营有别于其他类似的饭店，并以此确定资源的分配。要明确饭店的营业内容、目标市场，饭店对顾客的价值，饭店的经营方向、发展模式等。

然后要将饭店未来的发展方向转换为具体、详细的目标和指标。目标通常要细化为更精确的指标。基本的指标有利润、销售收入的增长、市场份额的扩大和风险的分散等。无论制定怎样的目标，它必须是可衡量、可达到的，必须与饭店整体目标相一致。确定长期目标也受饭店对外部、内部环境分析结果的影响。

（二）战略制定

战略分析为战略制定提供了坚实的基础。战略的选择是饭店战略管理的核心。饭店可供选择的战略方案有扩张、维持、收缩等总体经营战略和基本竞争战略等。饭店战略制定主要包括 4 部分内容：饭店战略、竞争战略、职能战略以及战略方案的选择。

（三）战略实施

战略实施是贯彻执行既定战略规划所必需的各项活动的总称，是战略管理过程的一个重要部分。战略实施主要包括战略实施以及战略控制两部分内容。

1. 战略实施

战略实施的重点在于：饭店机构的设计、有效领导方式的建立、饭店文化建设、管理信息系统的运用、资源分配、绩效评估和经营控制等。要保证战略的有效实施和饭店目标的实现，首先要将饭店总体战略分解成饭店各层次和各方面的具体战略，如饭店营销战略、财务战略、人才战略、跨国经营战略、协作战略等，然后发挥管理的各项职能，运用科学的方法和手段，利用合理的资源组合。

2. 战略控制

战略实施过程的最后一个步骤是跟踪战略的实施情况，即随时监督、指导和评估饭店实施战略的情况。如果战略实施过程中出现外部环境或内部条件的重大变化，管理者必须对战略目标或方案作出必要的修正和调整。

战略控制的目的是纠正战略实施过程中偏离预定目标的问题，控制又是下一个计划期战略规划的一部分。因此，战略管理是一个循环往复、持续不断的过程。当一项战略实施过程完成后，一个新的战略管理过程又继而开始，从而推动饭店的发展。饭店战略管理过程如图 12-1 所示。

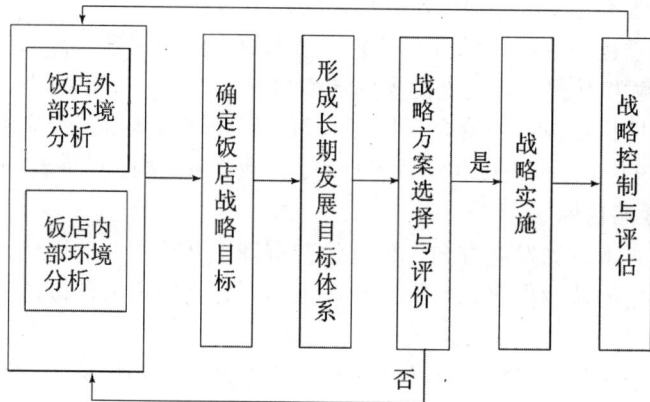

图 12-1 饭店战略管理过程

任务二 饭店竞争战略

竞争战略就是对竞争中整体性、长期性、基本性问题的战略。饭店竞争战略要解决的核心问题是，如何通过确定顾客需求、竞争者产品及本饭店产品这三者之间的关系，来奠定本饭店产品在市场上的特定地位并维持这一地位。

一、饭店行业竞争环境分析

饭店竞争战略是从整体和长远的角度，寻求饭店与国内、国际竞争对手抗衡及制胜的途径，以求得持久的竞争优势。因此，动态环境下的饭店竞争战略，必须密切关注外界环境的变化，根据环境的变化和竞争对手的动向来确定饭店的差别优势。

行业竞争形势分析的主要方法是美国管理学者波特提出的波特模型。按照波特的观点，一个行业的激烈竞争不是事物的巧合，而是其内在的经济结构决定的。行业中的竞争，远不是只在原有竞争对手中进行，而是存在 5 种基本的竞争力量，即潜在的加入者、代用品的威胁、现有竞争者间的抗衡、客户的讨价还价能力、供应者的讨价还价能力。这 5 种基本竞争力量的状况及其综合强度，决定行业竞争的激烈程度，决定行业中获得利润的最终潜力。对饭店行业而言，也存在这样 5 种竞争力量。

二、饭店基本竞争战略

竞争优势的两种基本特性（独特性和低成本）与战略目标相结合，就可以引出饭店的 3 种基本竞争战略：差异化战略、成本领先战略和集中化战略（如图 12 - 2 所示）。

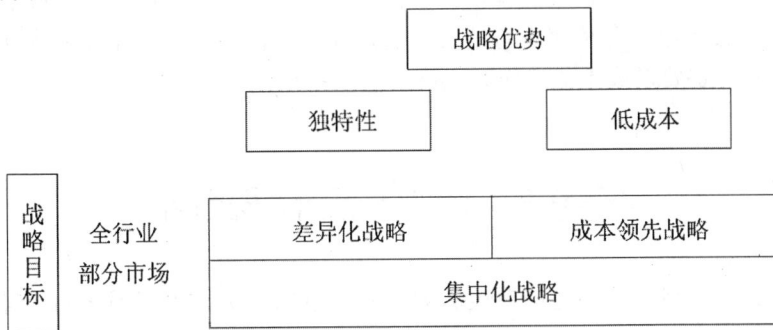

图 12 - 2 饭店 3 种基本竞争战略

（一）差异化战略

差异化战略是指饭店提供顾客满意的独特性产品或服务。如果形成一些在行业范围内具有独特性的东西，就能在行业中赢得超常收益。客户的忠诚以及某一竞争对手要战胜这种"独特性"需付出的努力就构成了进入壁垒。产品的差异化能带来较高的收益，可以用来对付供方压力，同时可以缓解买方压力，当客户缺乏选择余地时，其价格敏感性也就不高，能使饭店在一定程度上避开竞争，并使饭店利润增加而不必追求低成本。采取差异化战略而赢得顾客忠诚的饭店，在面对代用品的威胁时，其所处的地位也比其他竞争对手更为有利。

实现差异化战略有许多方式，可以利用品牌形象、服务项目、环境、设施、建筑外观特点、营销网络及其他方面的独特性。最理想的情况是饭店使自己在几个方面都标新立异。当然，差异化战略并不意味着饭店可以忽略成本，但此时低成本不是饭店的首要战略目标。

饭店实行差异化战略的条件是：饭店有较强的产品创新能力，对环境有较强的适应能力和应变能力，有明确的目标细分市场和较强的市场营销能力。

（二）成本领先战略

成本领先战略就是通过低成本降低产品价格，维持竞争优势。要做到成本领先，就必须在管理方面对成本严格控制，尽可能将降低费用的指标落实在人头上，处于低成本地位的饭店可以获得高于饭店业平均水平的利润。

饭店采取成本领先战略的条件是：具备规模经济，能降低单位产品成本；有较高的市场占有率和销售增长率；具有较高的管理水平和成本控制能力。

（三）集中化战略

饭店集中化战略是指主攻某个特定的客户群的一个细分区段或某一个地区市场。其前提是：饭店能够以更高的效率、更好的效果为特定的战略对象服务，从而超过在广阔范围内的竞争对手。该战略具有赢得超过行业平均水平收益的潜力。饭店或者通过较好地满足特定对象的需要实现了差异化，或者在为这一对象服务时实现了低成本，或者两者兼得。

尽管从整个市场的角度看，集中化战略未能取得低成本或差异化优势，但它的确在其狭窄的市场目标中获得了一种或一种以上的优势地位。集中化战略常常意味着对整体市场份额的限制，它必然地包含利润率与销售量之间互为代价的关系。正如差异化战略那样，集中化战略也不一定要以成本优势作为代价。

任务三　饭店产品市场战略

饭店的产品市场战略主要考虑对饭店的产品与市场这两种关键因素如何进行组合，进而形成如下几种战略方向：

一、市场渗透战略

市场渗透战略是由饭店的现有产品和现有市场组合而产生的战略。饭店一般都致力于在现有细分市场上扩大产品的销量。实施市场渗透战略的饭店，一方面要开发现有市场潜在的顾客，或者争取竞争对手的顾客；另一方面要提高服务质量，争取回头客。实行这种战略的饭店，可以通过提高饭店产品的质量，或者完善售后服务、增加饭店产品的附加值来提高产品的吸引力，也可以通过改进组合来增加销售量。

一般来说，饭店在下列情况下宜采用市场渗透战略：在某种特色饭店产品生命周期的初期，消费者没有明显的偏好；本饭店比其他饭店拥有更高的公关、广告、营销技巧；如果在近期扩大市场占有率，可以使饭店保持长期的竞争优势。

市场渗透战略的优点和缺点都很明显。它的优点是：既不用改变现有设施，又不需花大量的精力去进行市场开发，只需较少的投资，实施的成本低。其缺点是：现有市场拓展的程度有限，而且市场的渗透容易引起竞争对手的报复，导致恶性竞争而限制饭店的赢利。

二、市场发展战略

市场发展战略是由现有产品和相关市场组合而产生的战略。采取这种战略的饭店，主要以现有产品的新顾客群或新的地域市场来扩大产品的销售量。实行这种战略有 3 种办法：一是市场开发，将本饭店原有产品打入别的饭店市场上去，争夺其他饭店的区域性市场、国内市场或国际市场；二是在相关市场寻找潜在的顾客；三是考虑增加新的销售渠道。市场发展战略比市场渗透战略风险性大，它迫使饭店管理人员放开眼界，拓宽视野，重新确定营销组合。在饭店战略中，此战略属于相对短期的战略，也不能降低因客户减少或技术、设备落后而产生的风险。

三、市场转移战略

这种战略是指饭店选择刚刚形成的、别的饭店尚未进入的处女市场作为自己的目标市场。饭店运用这种战略能否取得成功，完全取决于它的市场营销组合是否适合该新兴市场。对许多饭店而言，选择何种时机转移市场是一个很复杂的问题，它需要考虑新市场的竞争状况、需求状况以及饭店目标等多重因素。战略转移不当，很可能使饭店蒙受巨大的损失，其风险很大。

四、产品发展战略

产品发展战略是对饭店现有市场投放新产品或利用新技术增加产品的种类，以扩大市场占有率和增加销售额的发展战略。从某种意义上来说，这一战略是饭店发展战略的核心。因为对饭店企业来说，市场毕竟是饭店不可控的因素，而产品开发则是饭店的可控因素。

"现有的产品，可以改变吗？可以增加吗？可以减少吗？可以替代吗？可以颠倒吗？可以重新组合吗？"这是世界创造学之父、美国人奥本斯提出的著名的创造思维法则。按照这一法则，饭店可以通过对原有产品的改变、增加、减少、替代、颠倒、组合来进行产品革新。

五、多角化经营战略

多角化经营战略又称多角化产品发展战略，是指饭店超越自身经营范围，利用市场机会，跨行业经营多品种、多样化的产品和服务项目，拓宽经营渠道，扩大经营范围，借以保证饭店发展的一种战略。这种战略多见于大型的饭店集团，它们除了向市场提供住宿、餐饮、娱乐等产品外，还经营食品、酒水、旅游代理、交通运输等相关业务。该战略具体又分为纵向多角化发展战略、横向多角化发展战略和复合型多角化发展战略。

纵向多角化发展战略，是指饭店从事与原业务范围有关的经营活动，用其产品作为生产要素生产其他产品，以提高产品附加值的发展战略。比如饭店涉足旅游代理业务。

横向多角化发展战略，是指饭店在已经占领市场的条件下，针对原有顾客的其他需要，发展新产品，拓宽饭店经营范围的产品发展战略。

复合型多角化发展战略也称集团多角化发展战略，它是大饭店通过收购、兼并其他行业的企业，或通过投资把业务范围扩展到其他行业，开展与现有技术、产品、市场没有联系的经营活动，以此求得饭店发展的一种发展战略。饭店采用这种战略，既可以以一业为主，兼营他业，也可以采取多业并重的经营方式。复合多角化发展战略的优点是经营范围广，风险分散，安全系数大，可以充分利用自己的资源优势去最大限度地开拓市场，因而能够大幅度增强饭店的活力，求得饭店的长远发展。但其技术和管理要求高，运行有相当的难度，其要求资本实力雄厚，一般中小饭店难以问津。

六、市场创造战略

这种战略指饭店将产品投放到新兴市场上经营，而这种新兴市场对饭店来说已经成熟。比如，随着互联网的发展，许多互联网会议将取代面对面的会议，因此大力开发互联网会议产品就可以为饭店带来可观的市场。

饭店还有 3 种产品市场战略，它们是：产品革新战略、产品发明战略和全方位创新战略。产品革新战略是指饭店在原有目标市场上推出新一代产品。产品发明战略要求饭店在别的饭店已经成熟的市场上，推出全新的产品。这种战略要求饭店具有较强的开拓、创新精神，并具有高收益、高风险的特征。全方位创新战略是指饭店开发全新产品投放到一个新兴的市场。当市场环境变化非常迅速时，宜采用这种战略。

任务四　饭店集团化战略

随着社会经济的发展，人们的物质文化生活水平不断提高，国际性的旅游、公务、商务、政务等活动的人员越来越多，行程越来越远，他们都希望在旅途中得到安全、方便、舒适及愉快的休息和享受，往往对一些优秀的饭店产生一种认同感，希望在下一个旅站中找到同样规模、标准的饭店，而饭店集团化正好满足了人们的这一需求。

饭店集团或称为连锁饭店、饭店联号，它是指拥有或管理两家以上的饭店，这些饭店使用统一的店名、店标，统一的管理模式和服务标准，进行联合经营的企业。简单地说，饭店集团是指以经营饭店为主的联合的经济实体，它在管理等方面具有各样的优势。

一、饭店集团的隶属形式

世界各地饭店集团的隶属形式或结构关系多种多样，通常有以下 5 类：

（一）拥有

饭店集团同时拥有和经营数家饭店，各饭店所有权属于同一个饭店集团，同属于一个企业法人，这是最简单的隶属形式。这种结构有利于节省费用，如注册费用以及经营中的人工费用，因为同一集团中的饭店可以合用一部分采购人员、财务人员、维修人员等。这一形式的缺点是风险较大，若一家饭店经营失败而资产不足以偿清债务，则集团中其他饭店的资产就得不到保护，有可能会被动用来偿付债务；由于各家饭店属于同一个公司，在计算所得税时需将所有的饭店的利润加在一起计算，若按递进法计算的话，往往税率较高。

（二）控股

控股即母公司、子公司的结构关系。母公司为控股公司，在子公司饭店中必须拥有超过半数（51%以上）的股份。子公司饭店为母公司饭店集团的成员，但是本身是一个独立的企业，具有独立的法人地位。母公司在子公司中的全部资产以股份计算，母公司按股份比例分享子公司的赢利。这种形式的优越性是风险小，一旦某子公司饭店经营失败，母公司最大的损失只是投入子公司的股份。另外，每家饭店各自都为独立的企业，所得税也根据每一个饭店的利润计算。

（三）租赁

租赁经营的具体形式主要有以下 3 种：

1. 直接租赁

直接租赁是由承租公司使用饭店的建筑物、土地、设备等，负责经营管理，每月交纳定额租金的形式。在租赁时，如果只是租赁大楼和土地，不包括饭店的设备、家具，那么在租金合同中必须规定家具和设备的更新改造、大修理费用应由谁承担。这些费用可以由业主公司也可以由承租公司承担，或共同承担，但是必须明确规定。由于饭店主要的固定资产属于业主公司，因此在租赁合同中还要规定财产税、火灾保险等固定费用应由哪方承担。一家饭店要经营成功需要一段较长的时间，所以租赁合同要规定较长的租赁年限，以避免在经营公司经营成功之时业主将财产收回。

2. 利润分享租赁

在饭店行业中，有许多公司采用分享经营成果的租赁方法，租赁饭店愿意将收入或利润分成作为租金。因为各国都存在通货膨胀现象，土地和建筑物的价值也会增长，以收入或利润分成作为租金可以消除通货膨胀的影响，不需要在合同中规定与通货膨胀率相关的条款。一般来讲，租金具体的计算方法有以下几种：① 按营业总收入的百分比计算，如有的承租公司向业主交纳 15%的营业总收入作为租金；② 按经营利润的百分比计算；③ 按营业总收入的百分比和经营利润百分比混合计算，如有的承租公司向业主交纳 60%的经营利润和5%的营业总收入作为租金。

业主一般不愿意承担经营风险，更愿意选择以营业总收入百分比来计算租金。采用利润来计算，对于业主来说会增加不必要的风险，比如有些饭店地理环境优越、设施完善，由于经营公司管理不得力，利润达不到应有的水平而使业主企业遭受损失。因而在协商租金时，业主公司往往要求加上最低租金限额的保障条款。

3. 出售—回租形式

出售—回租是指企业将饭店产权转让给他方后，再将饭店租回继续经营。企业将饭店出售往往出于各种不同的动机，有些企业拥有饭店产权但急需现金周转，便将饭店资产转变成现金；有些企业想减少风险而不愿在经营某饭店的同时拥有这家饭店的产权。这些企业将产权出售给另一家公司时，如果要求继续经营该饭店，双方则签订出售—回租协议，承租经营的公司必须定期向买方交纳租金。对产权的卖方来说，这也是一种筹措资金的方法。这种租赁形式在国际上比较流行。

（四）管理合同

管理合同形式主要是针对那些建造或购买了饭店的公司，由于缺乏管理经验或者不打算自己经营，于是其聘用饭店集团或管理公司与之签订管理合同，由之进行经营管理。这一形式在某些方面与租赁形式有相同之处。比如，饭店的所有权和经营权分离，收取管理费和收取租金的方法相似。但两者又有性质上的不同，在租赁形式中，承租的经营公司在立法上完全独立于业主企业，饭店员工属于经营公司，它必须对员工负责。经营公司还必须承担经营饭店的风险，如果经营亏损，则亏损由经营公司承担。在管理合同关系中，管理公司是饭店业主的代理人，他代替业主经营饭店，不承担经营风险。饭店的员工是业主公司的员工，业主应该向员工负责。管理公司代表业主公司管理企业和员工。

签订管理合同是一种投资规模小、扩展速度快的方法，可使饭店集团不直接投资建设饭店或购买股份就能向世界各地发展饭店网点。

（五）特许经营

特许经营权是让渡者企业向其他企业转让的营销某项成功产品的权利。饭店业特许经营权让渡在世界各地的发展很快。让渡者企业要有强大实力及良好的知名度和声誉，才有可能向其他饭店出售特许经营权。受让渡的企业是获得特许经营权的饭店，它可以使用该饭店集团或公司的名称、标志、经营程序、操作规程、服务标准，并加入该集团预订系统、市场营销，成为该集团的一员。让渡者企业有责任对受让者在经营管理中给予技术上的指导和监督。受让者企业有责任交纳特许经营权转让费以及使用费。

二、饭店集团的经营与管理

（一）组织形式

饭店的组织形式是指饭店内部所建立的组织管理体系的结构，是饭店各个部门几个层次之间相互关系的模式。组织形式涉及组织图、职位系列、岗位说明书、规章制度、权力关系体系、沟通网络、工作流程等。组织结构决定所有各级管理人员的职责关系，是组织的重要组成部分，也是实现企业目标的前提。对于不同的生产力发展水平和企业规模、经营特点，应采取不同的管理组织形式，对饭店集团来说主要采取事业部组织结构。

（二）品牌策划

市场竞争使创立品牌、策划品牌成为企业组织生存和发展的必然选择。打造品牌已经成为世界饭店的一项重要经营战略，一些著名的饭店集团通过连锁、关系营销和个性化服务，推出"品牌忠诚"策略来稳定地占有市场。品牌的形成及客人对品牌的认可，实际上就是竞争力优势的确立，市场定位的确立。创造"品牌忠诚"已经是世界上各个大饭店集团市场竞争的重要策略。在对饭店集团的品牌进行策划时，应该把握住以下5点：

1．注重饭店文化内涵建设

现代社会，与其说客人到饭店是去住宿、吃饭，还不如说是去寻求一种精神上的享受，而能给客人带来精神享受的主要是文化。因此，现代饭店要创建著名的品牌，必须研究文化性的产品，开展文化性的管理，并将这种文化体现于饭店经营的全过程。注重饭店品牌建设中的文化内涵，一是要注重建筑设计上的文化性；二是要注重营销活动的文化性，寻求不同的文化卖点；三是要注重服务中的文化内涵，提高饭店从业人员的文化涵养，逐步从"佣人式"的服务转向"绅士式"的服务。

2．保证饭店服务质量

服务质量是饭店品牌的基础。饭店无论高、中、低档，都不可能满足所有客人的需求，因而饭店需要认真分析研究本店的主要客源群的需求，并以此为导向，进行服务质量设计和服务的提供，主要涉及：基础的标准化服务、定制化服务等。

3．要显现出饭店自身特色

品牌的特色就是品牌的亮点和卖点。一要注意服务细节，二要追求服务项目的特色化，三要关注客人的情感需求。

4．强化品牌意识

品牌是一种感觉，一种情感，一种联想；而品牌的名称、标志、标签则是引发这些情感和感觉的工具。品牌的意识，源于产品的市场占有率的竞争。树立强烈的品牌开发战略意识，才能推进饭店品牌战略。饭店集团应通过积极有效的品牌策划，提升饭店集团品牌竞争力。

5．注重饭店集团的品牌延伸

所谓品牌延伸就是指一个品牌从原有的业务或产品延伸到新业务或新产品上，多项业务或产品共享同一个品牌。品牌延伸主要方式是通过现有的已经成功的产品品牌，推出修正过的或是全新的产品。品牌延伸是饭店集团面临的最重要的战略问题之一。市场经济品牌成了产品质量、企业实力和信誉的代名词。随着连锁加盟、特许经营的蓬勃发展，品牌输出和品牌扩张进入一个崭新的阶段，这在饭店业表现得尤为明显。饭店集团的品牌延伸可以加快消费者对产品的认知，为现在的品牌或产品增加新鲜感，可以提升核心品牌的形象。

品牌延伸要维系饭店集团品牌的核心价值，品牌在延伸过程中要保持服务系统的一致性，保持销售渠道的一致性。这是进行品牌延伸的最根本的原则。

【小案例】

假日旅馆的品牌延伸

假日旅馆的品牌延伸策略有比较典型的代表性。自第一家路边汽车旅馆开业以来，假日旅馆的品牌已走过了半个世纪的历程。20世纪80年代，假日公司面临新的挑战，它在人们心中的形象已被锁定为"大众化"，为适应市场的变化，改变人们心中假日旅馆公司的固有形象，公司将"假日旅馆"这一公司的中坚品牌进行了较大幅度的延伸。

假日旅馆旅馆型——这是假日公司的核心品牌，为消遣旅游者提供良好的设施与可以信赖的服务。

假日旅馆皇冠型——这是假日旅馆系统的旗舰，服务于上层社会。

假日旅馆快捷型——这是简化了的全服务型旅馆，所谓快捷是指简单、使用方便、价格合理。

假日旅馆庭院型——设施一律，具有欧洲乡村风味的小旅馆。

除了在饭店业所进行的品牌延伸外，假日旅馆的品牌，还延伸至其他领域，如假日旅馆大学、佛罗里达假日旅馆儿童村等。

（三）饭店管理系统

"饭店管理系统"包括三大系统：全球中心预订系统、饭店前台管理系统和后台管理系统。从饭店向集团化发展的角度来看，标准的饭店管理系统的采用，能帮助一个集团做到管理的系统化、标准化和有效化。饭店管理系统是一项长期的投资，整个系统将随着满足顾客的需求而不断更新。实行集团化管理的饭店，在系统的使用上，需要遵循集权管理的原则。这既是一个标准化的问题，又是一个集体采购成本节约的问题。

（四）财务管理

1. 采用标准化的工具

饭店业统一的会计制度，是行业管理的基础，全球的饭店业，大多以这个制度为标准。该制度向饭店管理者提供了有关会计的详细信息、分类、表格、报表的统一标准，如资金平衡表、经营情况表、投资者权益、合作者权益、业主情况表、财务状况变更表、现金流量表等主要的财务项目，同时都配有如何操作的具体规定和统一编制报表的标准。除此之外，该制度还有各个部门核算的详细信息以及统一的核算方法。例如，一些费用的分摊方法，预算和展望如何制作，免费服务的内容都在制度中有明确的规定。

2. **集团统一的财务管理**

对饭店集团来讲，它的财务管理工作将站在更高的层次上，为整个集团各个部门和下属的各个饭店提供服务和支持。具体来讲，服务可以体现在为各部门及时地提供有效的、畅通的信息流，对各个部门的经营活动实行第一时间的监控，以保证饭店的利益最大化。支持主要体现在为各个部门的经营提供必要的和足够的资金，为各部门在第一时间提供服务和帮助，并给出明确的观点。

这些服务和支持的具体做法，到了集团管理的层次，更具有了资源共享的优势。资金流、信息流、物品流在一个集团、多个饭店的分享中其价值可以得到更大体现。

3. **财务人员参与管理决策**

财务管理人员的管理职能在新的管理要求下将有新的改变，同时，财务管理人员在管理决策层中的地位应该及时调整。

传统的组织架构中，财务管理的事先决策参与及财务管理对日常经营的监控，从形式到实质，都难以实行。财务高级管理人员在日常经营和决策的监控上，往往是无力的。

国际饭店管理集团的财务高级管理人员与财务管理人员是在同一层次同一组之中的。而财务高级管理人员的直线领导，则是上一级的财务高级管理人员。具体表述为，在饭店这个层次，在总监一级的管理人员中，财务总监是唯一不受总经理领导的一名总监。这样的组织结构设置，有利于财务管理工作对日常经营的监控作用有效地实现，财务管理对组织中最高管理者的监控，有了上一级的支持。

高级财务管理人员在组织结构中的作用和地位，决定了其参与企业最高决策的必然性。财务管理监控职能的确立，将对集团向现代企业制度发展和与国际接轨发挥实质性的作用。

4. **饭店集团财务管理要务**

（1）对所属饭店进行资产增值、保值的监控。集团的财务管理部门，有一个十分重要的任务，即研究确定如何使集团各饭店的财产增值、保值。集团各饭店的财产的增值、保值，最关键的控制点在时间上必须是在投资决策发生之前。对于饭店集团来说，投资决策可以是新建一个饭店、收购一个饭店，或是对现有饭店进行装修和改造，或是投资增加新的营业项目，其投资回报率以及投资行为对集团资产结构的影响都要在事先经过严密的分析。在这里，财务管理发挥着举足轻重的作用，如投资使用的资金是自有资金还是银行贷款以及风险评估等问题都需要财务管理部门事先发挥作用。

（2）信息在各个集团所属饭店中的分享。对饭店管理集团来说，财务管理职能中的重要内容就是运用科学的、合理的管理系统，使各个饭店以及集团内的各个职能部门，能够在分享信息流的同时，使集团的营运有效和优化。信息流的分享主要表现在对经营业绩资源的利用。各个饭店的预算、实际业绩都必须通过网络系统，按规定时间发送到集团财务部，经过整理和分析，确保这些数据成为集团可以共享的一种资源，为饭店和集团的持续发展提供依据。各饭店和集团的有关职能部门，能利用这些整理过的、有效的信息，判断目前目标市场和分类市场是否合宜，推出的促销方式是否有效，以及发现饭店服务水平和顾客满意指数的趋势等。

（3）战略成本管理是饭店集团经营战略的一个核心组成部分。成本是资源的耗费，控制成本、降低资源的耗费，是饭店集团经营战略的内容及目标。战略成本管理是指财务部门人员提供饭店集团本身及竞争对手的分析资料，帮助管理者形成和评价饭店战略，从而创造竞争优势，以达到饭店有效地适应外部环境持续变化的目的。战略成本管理的分析方法主要有价值链分析、战略定位分析、成本动因分析等。战略成本管理所需要的信息不同于现行的财务会计信息和现有的管理会计信息。战略成本管理涉及面广，所需信息数量较大，而且需要随时随地进行分析处理，这就要求饭店集团必须依靠先进的信息科学技术，建立超越饭店集团范围的会计信息系统。

牛刀小试

1. 饭店战略管理的内容有哪些？
2. 简述饭店差异化战略和集中化战略。
3. 简述饭店集团的主要隶属形式。
4. 调研一家饭店的实际情况，为其制订现阶段的发展战略计划。

项目十三　饭店信息技术与电子商务

任务清单

◇　了解饭店信息技术的发展历程及优势。
◇　掌握信息技术在饭店中的应用。
◇　掌握电子商务的类别与功能。
◇　掌握饭店电子商务运作的具体知识。
◇　能够熟练正确地处理客户的网络订单。

情景在线

数字化与智能化

对于饭店来说，客房里的电视机应该成为饭店用来向客人展示自己、提供服务的重要窗口，进而成为树立饭店品牌和形象的有效工具。因而，传统的电视机应被智能化网络电视所取代，成为现代饭店数字化的重要手段。

智能化网络电视实际上是通过智能网络技术，将数字电视、计算机和多媒体娱乐等功能集成到电视上，通过遥控器、无线键盘和鼠标来操控。它不仅是一台电视机，可以播放电视节目；而且是一台计算机，可以处理公务；同时还是一台游戏机，供客人娱乐休闲；更重要的是，它可以成为饭店和客人间信息沟通交流的平台，客人通过屏幕菜单可以选择自己喜欢的酒水饮料和点心等。

问题： 数字化和智能化怎样改变了你的生活？

提示： 目前，对于以前只能提供传统服务的饭店而言，如何借助 IT（Information Technology，信息技术），提供更为有效的精细化管理，优化自身服务，提高投入产出比，打造新一代的智能饭店模式，已成为关系饭店生存发展的首要问题之一，数字化饭店的建设深度也已成为饭店评定星级的一项重要依据。

任务一　饭店信息技术

信息技术是指有关信息的搜集、识别、提取、变换、存储、传递、检索、检测、分析和利用等的技术。传感技术、通信技术、计算机技术和控制技术是信息技术的四大基本技术，其中现代计算机技术和通信技术是信息技术的两大支柱。

一、饭店信息技术的发展

当今的饭店业正处在一个科技飞速发展的时代。饭店信息智能化技术取得的丰硕成果令人感到惊叹，不仅为饭店实施科学化、数字化、效率化和精细化的管理打造了坚实的平台，同时又为饭店服务领域的拓展与功能多样化开启了新的大门。

1. 世界饭店业的信息化发展演变

现代饭店信息技术主要是从西方旅游发达的国家开始产生和发展起来的，是随着世界旅游业的发展而发展的，信息技术应用大概经历了 3 次比较重要的发展阶段。

（1）计算机预订系统（Computer Reservation System，CRS）阶段。CRS 始于 20 世纪 70 年代初，其由于创造了一种全新的旅游营销和分销系统，被看作旅游业电子化时代的起点。该系统首先由航空公司出面组建，之后又有饭店连锁集团、旅游批发商等纷纷加入。CRS 是一个充满活力的数据库，不但使部分旅游供应商得以在全球范围内销售其产品，还实现了行业范围内可用资源的整合。

（2）全球分销系统（Global Distribution System，GDS）阶段。GDS 始于 20 世纪 80 年代初，是在 CRS 扩大了其覆盖的地理范围，并实现了横向联合（与其他航空公司）和纵向联合（与饭店、租车公司、景点公司等）的基础上发展而来的。它从航空公司和饭店住宿业的销售工具变为"电子旅游超市"，不仅促进了旅游业的标准化进程，更进一步加强了旅游供应商在全球范围内的联合。

（3）互联网（internet）阶段。internet 的应用在 20 世纪 90 年代早期发展起来，其与媒体技术、远程通信和信息技术的综合运用，使得多媒体信息的发布成为可能，进一步加强了消费者和供应商之间的互动，很快成为了 IT 革命的旗帜。网上营销使传统的广告宣传变为互动式的营销，使原来的单向信息流转化为以计算机为媒介实现的电子商务中各个参与者之间的多向信息流。互联网不但使迎合个体消费者需要的定制化服务成为可能，更为地理位置偏远、规模小的旅游企业提供了发展空间。网络服务提供商可以利用 GDS 作为搜索引擎，进行旅行活动的日程设计、业务预订以及与跟踪票务有关的财务体系的运作和管理。

2. 中国饭店业的信息化发展演变

中国饭店业的信息化进程大致经历了以下 3 个阶段：

（1）"前台系统"建设发展阶段（20 世纪 80 年代）。为了提高服务效率、避免人工失误、加强运营管理，饭店开始了引入饭店管理系统和构建运营局域网等前台系统的信息化建设阶段，主要表现在对饭店前台运营系统（前台登记与客房预订系统、餐饮消费和挂账系统、前台收银和结账系统等）的有效整合。此阶段的饭店计算机房或信息部也被形象地称为"电子数据处理部"。但由于技术发展不成熟，此时计算机页面是用磁盘操作系统（Disk Operating System，DOS）版本的命令语言来操作的，饭店工作人员需要背熟大量的计算机命令，方能熟练操作饭店的局域网络系统。即使如此，饭店信息网络的构建还是将工作人员从房态统计、财务报表、收银结账、预订客房、登记住房、消费记录等冗繁的事务性工作和枯燥的手工劳动中解脱了出来。截至 80 年代末，全国共有 30 多家涉外饭店安装了此类饭店管理系统。

相关链接

20 世纪 80 年代，浙江省开始研发国内的第一套饭店管理系统，该系统于 1984 年在杭州香格里拉饭店试用。与此同时，北京丽都假日饭店在全国率先引进了假日集团的饭店管理系统和基于电话网络的全球预订系统。同年，上海锦江饭店引入美国 Conic 公司的计算机管理系统，用于饭店的预订排房、查询和客账处理。

（2）"后台系统"建设发展阶段（20 世纪 90 年代）。为了实现后台部门（人事、行政、财务、采购、保安、工程等部门）的办公自动化和实时监控，提高饭店整体的管理效率，降低行政成本与费用，饭店开始引入财务管理系统（用友或金蝶等的产品）、人事培训管理系统、采购库存管理系统、保安消防监控系统、工程弱电网络系统等饭店后台信息系统。此阶段的饭店信息化主要表现在对饭店后台管理系统的开发建设，以及对前、后台系统的有效整合方面。此间，视窗版本的前台管理系统和后台管理系统逐渐代替了 DOS 版本，视窗图标逐渐代替了文字命令，个人计算机或服务器逐渐代替了小型机或大型机，传统的劳动密集型饭店开始向现代的信息密集型或资本密集型饭店转变，数字饭店和智能饭店应运而生。截至 90 年代末，几乎所有的中国饭店都实现了不同程度的饭店信息化。

（3）"平台系统"发展阶段（21 世纪开始）。为了更多地整合饭店内外部的各种资源，更好地实现资源共享、优势互补和产业互动，更快地满足饭店不同客户的个性化需求，许多饭店或饭店集团开始进入创建基于互联网平台的公共在线旅游服务、运营与管理系统的阶段。此阶段的饭店信息化主要表现在饭店或饭店集团网站的建设，实时预订系统、网上采购库管系统、饭店收益管理系统、客户关系管理系统、异地虚拟办公系统以及远程教育培训系统的建设等。

二、饭店信息技术的优势

传统型的饭店服务单一，无差异性，无创造性，造成饭店经营多年仍然不能树立品牌形象，导致饭店的收入波动性非常强。随着人们生活水平的提高，客户在素质提高的同时对饭店也越来越挑剔，饭店需要借助信息化系统提高整体的服务质量，以提高客户满意度。饭店信息技术主要有以下几方面的优势：

（1）通过饭店信息化建设，依靠 IT 行业高科技带来的强大信息优势，可以做到信息协同化，增加信息的搜集途径和加快信息发布速度，通过让顾客获取饭店信息和饭店获取更多大顾客信息来扩大经营范围。

（2）通过饭店信息化建设，凭借 WIFI 移动局域网技术、多媒体应用技术可以提供更加多元化的个性化服务，以增加饭店经营手段，树立品牌形象，稳定并增加饭店的整体收入。

（3）通过饭店信息化建设，依赖其集中管理的优势，如智能房间终端电话、掌上电脑（Personal Digital Assistant，PDA）下单，一键式服务等，可以加快客户要求服务的响应时间，提高服务质量和客户对饭店的服务满意度。

（4）通过饭店信息化建设，凭借强大的数字安防技术（电子门禁、数字监控、海量存储等），可以为饭店及客户提供有力的安全保障，增加客户的安全感。

（5）通过饭店信息化建设，凭借快速的数据库基础平台、先进的管理软件，可以发挥自助式服务功能，提高工作效率，增强竞争能力。

（6）通过饭店信息化建设，凭借优秀的管理软件系统，集中开放管理平台，建立数字客房系统、中央电子采购系统、在线远程培训系统等，可为饭店节省经营成本，优化投资。

中国现代饭店业对信息高科技的应用，不仅提高了中国饭店业服务和管理的信息化水平，强化了饭店工作效率，促进了饭店企业的国际化程度的提高，同时也对人们经济生活、社会交往中的数字科技化起到了强有力的推动作用。饭店信息化系统建设与应用，让现代化饭店具有了传统饭店不可比拟的发展优势。

三、饭店信息技术的应用

信息技术在饭店业的应用问题也就是饭店信息化问题。现代饭店利用互联网、局域网平台，围绕饭店的智能化、网络营销、信息服务、内部业务管理等，形成一体化数据中心，通过数据挖掘，为饭店经营分析决策提供全面的信息。

1．饭店管理信息系统

饭店管理信息系统（Management Information System，MIS）是针对饭店企业各种事务的集成管理而建立的，除具备电子数据处理的功能外，还提供有用信息支持饭店组织运行、管理和决策。现代饭店管理信息系统如图 13 - 1 所示。

2．饭店信息化设施

（1）IC（Integrated Circuit，集成电路）卡系统。饭店利用计算机系统开发了多种 IC 卡系统，比如 IC 卡电子门锁系统、IC 卡考勤系统、IC 卡员工管理系统等。IC 卡携带使用方便，安全保密性强，提升了管理的精准度。

（2）客房辅助服务系统。客房配置的信息化设备，简化了对客房服务的过程。这些系统与饭店管理系统的客房管理模块接口，既可以提供相关服务，全面协调和跟踪服务，同时还可以保留这些服务的历史记录。

（3）电子菜单与电子点菜系统。在餐厅设置电子菜单和电子点菜系统，可以通过计算机终端的用户界面，由顾客采用自助服务的形式来进行点菜和传送菜单。顾客可以通过电子菜单查询详细的菜品资料，并在计算机上直接完成点餐服务。

（4）饭店办公自动化系统。饭店办公自动化系统（Office Automation System，OAS）是利用计算机和相关自动化技术设备提高办公效率的系统。

饭店信息化程度越来越高，信息化设施也在不断改进。以电子门锁系统为例，目前有 IC 卡、TM（Tencent Messenger）卡、Mifare 卡、磁卡等多种类型，以适应不同饭店的需求。很多饭店还利用信息技术设置了虚拟员工之家、客房 VOD（Video On Demand）视频服务系统等。

图 13 - 1　现代饭店管理信息系统

任务二　饭店电子商务

电子商务（Electronic Commerce）是指利用计算机技术、网络技术和远程通信技术，实现整个商务（买卖）过程的电子化、数字化和网络化。人们不再是面对面地、看着实实在在的货物、靠纸介质单据（包括现金）进行买卖交易，而是通过网络上琳琅满目的商品信息、完善的物流配送系统和方便安全的资金结算系统进行交易（买卖）。

电子商务在 1995 年由美国率先提出，并迅速成为美国经济的新亮点。中国电子商务已经开始起步，并以非常惊人的速度发展起来，但与发达国家相比还有较大差距。

一、电子商务的分类及功能

（一）电子商务的分类

1. 按商业活动运作方式分类

（1）完全电子商务，即可以完全通过电子商务方式实现和完成整个交易过程的交易。

（2）不完全电子商务，即指无法完全依靠电子商务方式实现和完成完整交易过程的交易，它需要依靠一些外部要素，如运输系统等来完成交易。

2. 按参与交易的对象分类

（1）企业与消费者之间的电子商务（Business to Customer，B to C）。企业与消费者之间的电子商务活动是人们最熟悉的一种电子商务类型。这类电子商务主要是借助于互联网所开展的在线式销售活动。目前在互联网上已出现了许多大型超级市场，所出售的产品一应俱全，从食品、饮料到计算机、汽车等，几乎包括了所有的消费品。由于这种模式节省了客户和企业双方的时间和空间，大大提高了交易效率，节省了各类不必要的开支，因而这类模式得到了人们的认同，获得了迅速的发展。

（2）企业与企业之间的电子商务（Business to Business，B to B）。有业务联系的公司可用电子商务将关键的商务处理过程连接起来，形成在网上的虚拟企业圈。这一类电子商务，特别是企业通过私营或增值计算机网络（Value Added Network，VAN）采用电子数据交换（Electronic Data Interchange，EDI）方式所进行的商务活动，具有很强的实时商务处理能力，使公司能以一种可靠、安全、简便快捷的方式进行企业间的商务联系活动和达成交易。

（3）企业与政府之间的电子商务（Business to Government，B to G）。政府与企业之间的各项事务都可以涵盖在其中，包括政府采购、税收、商检、管理条例发布等。一方面，政府作为消费者，可以通过互联网发布自己的采购清单，公开、透明、高效、廉洁地完成所需物品的采购；另一方面，政府对企业宏观调控、指导规范、监督管理的职能，通过网络以电子商务方式更能充分、及时地发挥。借助于网络及其他信息技术，政府职能部门能更及时全面地获取所需信息，作出正确决策，做到快速反应，能迅速、直接地将政策法规及调控信息传达给企业，起到管理与服务的作用。

（4）消费者与消费者之间的电子商务（Customer to Customer，C to C）。互联网为个人经商提供了便利，各种个人拍卖网站层出不穷，形式类似于"跳蚤市场"。

（5）消费者与政府之间的电子商务（Customer to Government，C to G）。消费者与政府之间的电子商务指的是政府对个人的电子商务和业务活动。这类的电子商务活动目前还不多，但应用前景广阔。

3. 按开展电子交易的信息网络范围分类

（1）本地电子商务，通常是指利用本城市内或本地区内的信息网络实现的电子商务活动，电子交易的地域范围较小。本地电子商务系统是利用互联网、内联网或专用网将下列系统联结在一起的网络系统：参加交易各方的电子商务信息系统，包括买方、卖方及其他各方的电子商务信息系统，银行机构电子信息系统，保险公司信息系统，商品检验信息系统，税务管理信息系统，货物运输信息系统，本地区 EDI 中心系统。本地电子商务系统是开展远程国内电子商务和全球电子商务的基础系统。

（2）远程国内电子商务，是指在本国范围内进行的网上电子交易活动，其交易的地域范围较大，对软硬件和技术要求较高，要求在全国范围内实现商业电子化、自动化，实现金融电子化，交易各方具备一定的电子商务知识和技术能力，并具有一定管理水平和能力等。

（3）全球电子商务，是指在全世界范围内进行的电子交易活动，参加电子交易各方通过网络系统进行贸易，涉及有关交易各方的相关系统，如买方国家进出口公司系统、海关系统、银行系统、税务系统、运输系统、保险系统等。全球电子商务业务繁杂，数据来往频繁，要求电子商务系统严格、准确、安全、可靠，应制定出世界统一的电子商务标准和电子商务（贸易）协议，使全球电子商务得到顺利开展。

4．按交易的商品内容分类

（1）有形产品（或称间接）电子商务。有形产品的电子商务模式指的是产品在互联网上进行成交，而实际交付仍然要通过传统的方式。

（2）无形产品（或称直接）电子商务。网络本身具有传递的功能，又有信息处理的功能，因此，无形产品，如信息、计算机软件、视听娱乐产品等，往往可以通过网络直接向消费者提供。

（二）电子商务的功能

建立在 internet 上的电子商务不受时间和空间的限制，可以全天 24 小时不分区域地运行，在很大程度上改变了传统商贸的形式。电子商务以在网上快速安全传输的数据信息电子流代替了传统商务的纸面单证和实物流的传送，对企业来讲，提高了工作效率，降低了成本，扩大了市场，必将产生可观的社会效益和经济效益。

1．电子商务的主要功能

电子商务通过 internet 可提供在网上的交易和管理的全过程的服务，具有对企业和商品的广告宣传、交易的咨询洽谈、客户的网上订购和网上支付、电子账户、销售前后的服务传递、客户的意见征询、对交易过程的管理等各项功能。

（1）广告宣传。电子商务使企业可以通过自己的 Web 服务器、网络主页（Home Page）和电子邮件（E-mail）在全球范围内做广告宣传，在 internet 上宣传企业形象和发布各种商品信息，客户用网络浏览器可以迅速找到所需的商品信息。与其他各种广告形式相比，网上的广告成本最为低廉，而给顾客的信息却最为丰富。

（2）咨询洽谈。电子商务使企业可借助非实时的电子邮件（E-mail）、新闻组（News Group）和实时的讨论组（chat）来了解市场和商品信息、洽谈交易事务，如有进一步的需求，还可用网上的白板会议（Whiteboard Conference）、电子公告板（Bulletin Board System，BBS）来交流即时的信息。在网上的咨询和洽谈能超越人们面对面洽谈的限制，提供多种方便的异地交谈形式。

（3）网上订购。企业的网上订购系统通常都是在商品介绍的页面上提供十分友好的订购提示信息和订购交互表格，当客户填完订购单后，系统回复确认信息单表示订购信息已收悉。电子商务的客户订购信息采用加密的方式保存和传输，使客户和商家的商业信息不会泄露。

（4）网上支付。网上支付是电子商务交易过程中的重要环节，客户可采用信用卡、电子钱包、电子支票和电子现金等多种电子支付方式进行网上支付，采用在网上电子支付的方式节省了交易的开销。现在也有了实用的技术来保证信息传输安全性。

（5）电子账户。电子账户是指由银行、信用卡公司及保险公司等金融单位提供的包含电子账户管理在内的金融服务，客户的信用卡号或银行账号是电子账户的标志，它是客户所拥有金融资产的标识代码。电子账户通过客户认证、数字签名、数据加密等技术措施的应用保证操作的安全性。

（6）服务传递。电子商务通过服务传递系统将商品尽快地传递到已订货并付款的客户手中。对于有形的商品，服务传递系统可以通过网络对在本地或异地的仓库或配送中心进行物流的调配，并通过物流服务部门完成商品的传送；而无形的信息产品，如软件、电子读物、信息服务等，则可立即从电子仓库中将商品通过网络直接传递到用户端。

（7）意见征询。企业的电子商务系统可以采用网页上的"选择""填空"等形式及时搜集客户对商品和销售服务的反馈意见，这些反馈意见能提高网上、网下交易的售后服务水平，使企业获得改进产品、发现新市场的商业机会，使企业的市场运作形成良性循环。

（8）交易管理。电子商务的交易管理系统可以借助网络快速、准确地搜集大量数据信息，利用计算机系统强大的处理能力，针对与网上交易活动相关的人、财、物及本企业内部事务等进行及时、科学、合理的协调和管理。

2．电子商务的功能中心构成

电子商务要充分发挥其主要功能和优势，其解决方案应该包括 3 个基本的功能中心，即交易中心、客户中心和渠道中心。

（1）交易中心。交易中心对采购过程进行自动化管理，以降低高昂的管理费用。

（2）客户中心。整个电子商务网站的设计和运作应以客户为中心。客户中心应能够为客户提供有价值的产品信息，直接针对目标客户，能够有效促使浏览者转化为购买者，由购买者转化为忠实购买者，全面提升客户终身价值和满意度。客户中心和交易中心的配合，使企业能够有效地进行一对一销售和客户服务，节约购销双方的时间和人力资源，提高效率。

（3）渠道中心。渠道中心的采用，使渠道的回报方式发生变化。库存成本将由生产商和经销商共同承担，最终用户可以直接面对销售中的每一个环节。生产商可以有效管理销售中的每一中间阶段，更贴近用户，直接获取用户信息。

二、饭店电子商务

（一）饭店电子商务平台建设的一般途径

1．对网站进行定位

在开展电子商务活动之前，首先要根据饭店的发展状况对即将建立的网站（或简单的页面）进行定位，网站（或简单的页面）可以说是饭店开展电子商务活动的平台，在饭店发展的初始阶段，饭店可以把网站作为对外宣传形象的窗口，在线业务可以交给合作单位或者旅行社去做，发展成熟之后可以提供全方位服务。

2．建立饭店网站

首先要说明的是，电子商务不是简单地建立一个属于饭店自己的网站，而是将饭店内部的各种部门整合为一个有机的统一体，最大程度发挥饭店的潜能。饭店开展电子商务，应当依照自身的特点，建立企业内部网、外部网以及互联网的连接，将采购部门、管理部门、服务部门、公关部门、餐饮部门等整合在饭店内部网上，将具体的业务信息化。建立网站的目的是对外宣传饭店形象，提升品牌效应。网站建立的原则是简明、信息全、链接的速度较快，建立的目的主要是为增加销售服务，顾客可以在网站上看到饭店的各种服务信息，并可以享受到在线预订的价格折扣。

3．网站宣传与推广

网站建立之后要有推广网站的意识，可在任何出现公司信息的地方都加上公司的网址，如名片、办公用品、宣传材料、媒体广告等。此外，网络广告和搜索引擎登记是目前网站主要的推广方式，可以通过注册搜索引擎将站点登记到全球知名的服务站中去。通过在一些网站做友情链接等办法，也可以显著地提高饭店网站的知名度和访问量。

4．网站安全工作和日常维护

网站建立之后要保证网站信息不被恶意修改，保证信息的及时发布，还要保证网上交易的真实性和安全性，这些都需要既有管理经验又有技术能力的专业人士进行维护。

（二）饭店电子商务的应用

1．网上预订

饭店的网上预订系统通常都是在饭店产品介绍的页面上提供十分友好的预订提示信息和预订交互表格，当客户填完预订单后，系统回复确认信息单表示预订信息已收悉，网上预订过程完成。程序应该简单，方便快捷。

2．网上营销

网上营销是饭店企业整体营销的一个组成部分，网上营销活动是饭店传统营销在网络环境中的应用和发展。网上营销以其信息量大、覆盖面广而成为众多饭店最早接触电子商务的领域之一，从目前饭店网上营销的运用来看，其功能多还仅限于信息发布和接受客人预订等方面。在今后的发展中，饭店还可以借助网上营销，开发更多的新型营销理念和方式，真正发挥网上营销的优势。

3．网上采购

饭店可以运用电子订货系统（Electronic Ordering System，EOS），解决饭店经营中大量物资采购的问题。电子订货系统将批发、零售商所发生的订货数据输入计算机，通过网络连接的方式将资料传送到总公司、批发商和商品供应商，甚至是商品生产商。可以说 EOS 涵盖了从新商品资料的说明到会计结算等所有商品交易过程的作业。EOS 让饭店实现零库存成为可能。

4．网上结算

饭店利用网络从事金融和贸易方面的活动逐渐成为一种发展潮流，与之相伴的电子化货币也应运而生。饭店运用信息技术进行交易结算，可使资金周转更快捷、更方便。加上电子支付的精确度大大高于传统支付方式，对于饭店相关费用和资金流动方式的控制将会更加精确。

相关链接

电子商务的基本框架结构

电子商务的基本框架结构是指实现电子商务从技术到一般服务层所应具备的完整的运作基础，它在一定程度上改变了市场构成的基本结构。传统的市场交易链是在商品、服务和货币交换过程中形成的。而今，电子商务的应用强化了一个重要因素——信息，于是就产生了信息服务、信息商品和电子货币等。人们进行商品交易的实质并没有变，但在交易过程中的一些环节因为所依附的载体发生了变化，也相应地改变了形式。为了更好地了解电子商务的基本框架结构，我们简要地描述一下电子商务环境中的主要层面。

第一层，网络基础设施。它是实现电子商务的最底层的硬件基础设施，是信息传播系统，包括远程通信网、有线电视网、无线通信网和互联网。这些网络在不同程度上提供电子商务所需的传输线路，但是大部分的电子商务运作还是基于互联网的。

第二层，在网络层提供的信息传输线路上，通过 internet 传输的信息内容，如文本、声音、图像等。

第三层，交易文件和信息传播的基础设施。文件传输一般有以下几种方式：一种是非格式化的数据交流，如我们用传真、电子邮件传递信息，主要是面向人的；另一种是格式化的数据交流，如 EDI，它的传递和处理过程一般是自动化的，无须人工干涉，主要是面向机器的，订单、发票、装运单都比较适合格式化的数据交流。

第四层，贸易服务的基础设施。第四层框架被称为基础设施，是因为所有企业和个人在进行交易时都需要它，主要涉及标准的商品目录服务、建立价目表、电子支付工具的开发、保证商业信息安全传送的方法、认证买卖双方合法性的方法等。

第五层，电子商务的实际应用层。电子商务的具体应用范围较广，包括供应链管理、电子市场及电子广告、网上购物、网上娱乐、有偿信息服务及网上银行。

电子商务的两个支撑点是框架结构得以存在并应用的基础。相关政策及法律法规是电子商务的第一个支撑点。电子商务的第二个支撑点是各种技术标准及相应的网络协议。

牛刀小试

1. 中国饭店业的信息化发展大致经历了哪几个阶段？
2. 电子商务的主要功能有哪些？
3. 饭店电子商务平台建设的一般途径是什么？

项目十四　饭店企业文化

任务清单

◇ 掌握饭店企业文化的概念。
◇ 理解饭店企业文化的构成。
◇ 掌握饭店企业文化建设的方法。
◇ 理解饭店企业文化的冲突与误区。

情景在线

江苏饭店再造企业文化

　　江苏饭店原名"安乐酒店"，建于 1928 年，是民国时期南京城最为高档豪华的酒店之一。1949 年后，安乐酒店成为江苏省省级机关招待所，50 年代改名为江苏饭店。2001 年江苏饭店从经营型的国有事业单位改制成为国有企业。2003 年，江苏饭店与另一家省级机关招待所（和园饭店）合并，成立江苏饭店股份有限公司。早在 20 世纪 90 年代下半期，由于设施老化、体制陈旧、经营不善，江苏饭店及和园饭店都已开始走下坡路，到 2001 年改制的时候，两家老字号饭店均已连年亏损，入不敷出。

　　2001 年年初，新任总经理靖顺英女士接手江苏饭店。她上任以后，首先堵住经营漏洞，调整企业经营方向，开源节流，止住了饭店的亏损，继而推进了企业的劳动、人事、工资制度改革，将单位从人治转为法治。为了顺利推进改革，彻底转变员工的工作态度和精神面貌，打造企业核心竞争力，她又全力以赴地推进了饭店的企业文化再造。这一文化再造的过程从 2001 年延续至今，取得了十分明显的成效。江苏饭店不仅在经营上迅速扭亏为盈，公司的内部氛围也发生了质的改观。昔日的沉闷气息消失殆尽，取而代之的是富于人情味、充满朝气、催人奋进的崭新的企业文化。从前两店的员工都是很让领导头痛的员工，上班时间炒股打牌，不服从管理，经常打架闹事，甚至还有吸毒人员。在新任总经理的带领下，江苏饭店终于顺利实现了这一艰难的变革，在没有新增一名员工的情况下，短短两三年的时间里，公司的内部氛围发生了明显的变化，员工的精神面貌焕然一新。

　　问题：为什么打造一个具有特色的企业文化，能使江苏饭店起死回生？

　　提示：饭店企业文化在饭店发展中具有正向的导向功能、教化功能、激励功能、约束功能、凝聚功能、沟通功能和辐射功能。它能显示、诱导和坚定饭店发展的方向，亦可以通过全面而准确地对外展示和传播，最终在广大消费者心中留下美好的印象。

任务一　饭店企业文化概述

20 世纪 70 年代后期，特别是进入 80 年代以来，国际上出现了一股"企业文化"热潮。"改变企业文化""重视企业的价值观""关心员工，以人为中心"等说法，不断从各大企业的总裁、经理、咨询顾问的口中说出。我国饭店业经营者也在这个时期，意识到企业文化对饭店业的生存和发展的作用，并在不同程度上关注饭店的企业文化及其建设。

一、饭店企业文化的概念

那么，什么是饭店的企业文化呢？对于饭店经营者来说，要想理解什么是饭店的企业文化，首先需要了解什么是企业文化。

企业文化又称公司文化。这个名词的出现始于 20 世纪 80 年代初，关于企业文化的定义，国内外的学者们各有自己的看法，但从根本上来说，他们对企业文化内涵的理解还是一致的。他们认为：企业文化应以人为着眼点，是一种以人为中心的管理方式，强调要把企业建成一种人人都具有共同使命感和责任心的组织；企业文化的核心是一种共有价值观，它是企业员工共同的信仰，是指导企业和企业人行为的哲学。

可见，企业文化是从事经济活动组织内部的一种文化，它所包含的价值观念、行为准则等意识形态和物质形态均为该组织成员所认可。进一步地，可以把企业文化分为广义和狭义两种。广义的企业文化是指企业物质文化、行为文化、精神文化，以及制度文化的总和；狭义的企业文化是指以企业价值观为核心的企业意识形态。

所谓饭店企业文化，就是指饭店在长期的经营管理实践中逐渐培育成的、占据主导地位的、为全体员工所认同和遵守的企业价值观、企业精神、经营理念以及行为规范的总和。

二、饭店企业文化的构成

从文化角度分析，一般认为饭店企业文化分为 4 部分：一是饭店物质文化，二是饭店行为文化，三是饭店制度文化，四是饭店精神文化。

（一）饭店物质文化

饭店物质文化是构成饭店企业文化的重要因素之一，它并不是简单地指饭店本身的物质构成，而是指饭店内外物质环境与产品的文化特色以及顾客对它们的审美体验与文化感受，是指饭店通过可视的一切客观实体所表达和折射出来的文化特点与内涵。一个好的饭店，或者说一个注重自身形象的饭店，总是从建设物质文化开始的。因为，人们对一个饭店的判断首先是从直观认识开始的。饭店的物质文化直接影响顾客的感性认识，进而决定顾客对该饭店的优劣判断。

饭店物质文化涉及饭店在社会上的外表形象,是饭店企业文化结构中最活跃、最生动的层面。它的内容主要包括饭店的建筑风格、设备设施、用品和产品。虽然这部分文化主要是由物质化了的实体形象来反映的,但其实质还是体现了人的文化。例如,有的饭店加入"中国风"的元素,提倡建筑风格的民族性、设备用品的国产化、活动内容的中国特色等,这些无一不是华夏文化的表现,但倘若没有中国几千年的文明史,也就无法形成这样的物质文化。

(二)饭店行为文化

饭店行为文化是企业员工在生产经营、人际关系中产生的活动文化,是以人的行为为形态的企业文化。饭店行为文化是饭店员工在经营管理、学习娱乐中产生的文化活动,涉及教育宣传、人际关系活动、文娱体育活动中所产生的一切文化现象。它一方面是饭店人际关系、精神面貌的动态体现,另一方面也是饭店企业精神、企业价值观的折射。

1. 企业人的行为

企业的行为文化是通过企业人的行为表现出来的。从上层管理者到中基层的管理者,从企业的模范人物到普通员工,他们的行为都是企业行为文化的例证。

(1)管理者的行为。管理者的行为与企业的命运休戚相关,中外许多成功饭店的经历说明:好的管理者是企业成功的一半。饭店的经营决策方式和决策行为来自管理者,就像部队的军事家或指挥官一样,他们在饭店的经营中承担着主要角色。

(2)模范人物的行为。在饭店中,模范人物是另一些举足轻重的人物。他们是饭店的中坚力量,不仅是饭店员工学习的榜样,更是饭店价值观的人格化体现。他们因在自己的岗位上做出了突出的成绩和贡献而被评为饭店的模范,也备受饭店员工的尊重。

(3)普通员工的行为。在饭店中,普通员工并不像管理者或模范人物那么显赫,但是,作为企业的主体,他们的群体行为能决定饭店整体的精神风貌和文明程度。

2. 饭店企业人际关系

企业人际关系就是企业中的人们围绕生产经营而进行的各种相互交往与联系。同其他任何企业一样,饭店也有两种不同的交往沟通关系。

一是纵向关系,它是企业中领导和下属、管理者和被管理者之间的人际关系,又称序列关系,这是企业内不同层次的关系。例如,客房部经理与楼层主管、楼层领班与客房服务员等之间存在这种关系。

二是横向关系,指企业中同层次人员之间的人际关系,也称平行关系,它与上下级的纵向关系构成了企业纵横交错的人际关系网,即企业的人际关系结构。横向关系的双方有相同的活动空间,有相同的权利和义务,因而在地位上也是平等的,不存在主从关系,如餐饮部员工之间的关系、前厅部员工之间的关系等均属这种关系。

【小贴士】

饭店模范人物,在不同的饭店中会有不同的称呼。例如:A级服务员;最佳服务员;××能手;先进工作者;杰出青年;优秀××。

（三）饭店制度文化

饭店制度文化是指在饭店经营活动中，顺应饭店经营要求，以饭店经营哲学为指导，渗透饭店价值观、道德观，为维持经营、工作、生活而制定、颁布执行的一系列规划、规范、制度的总和。饭店制度文化是人与物、人与饭店运行制度的结合部分，它既是人的意识与观念形态的反映，又由一定的物的形式所构成。它是精神与物质的中介。制度文化既是适应物质文化的固定形式，又是塑造精神文化的主要机制和载体。它是饭店广大员工认同并自觉遵从的由饭店领导体制、组织形态和经营管理形态构成的外显文化，是约束饭店和员工行为的一种规范性文化。

饭店的制度文化，主要包括饭店领导体制、饭店组织结构和饭店管理制度 3 个方面。

（1）饭店领导体制，是饭店制度文化的核心内容。饭店领导体制的产生、发展、变化，是饭店生产发展的必然结果，也是文化进步的产物。饭店领导体制是饭店领导方式、领导结构、领导制度的总称，其中主要的是领导制度。饭店的领导制度，受生产力、上级行政领导体制和文化的多重制约，不同时期的饭店领导体制，反映着不同的饭店企业文化。在饭店制度文化中，领导体制影响着饭店组织机构的设置，制约着饭店管理的各个方面。

（2）饭店组织机构，是指饭店为了有效实现饭店目标而筹划建立的饭店内部各组成部分及其关系。组织机构是否适应饭店经营管理的要求，对饭店的生存和发展有很大的影响。不同的饭店企业文化，有着不同的组织机构。影响饭店组织机构的因素不仅有企业制度中的领导机制，饭店企业文化中的饭店环境、饭店目标、饭店生产技术以及饭店员工的思想文化素质也是重要因素。

（3）饭店管理制度，是饭店为求得最大效益，在经营管理实践活动中制定的带有强制性，并能保障一定权利的各项规定或条例，包括饭店的人事制度、民主管理制度等一切规章制度。饭店管理制度是实现饭店目标的有力措施和手段。饭店的各项管理制度是饭店进行正常的生产经营管理所必需的，是一种强有力的保证。优秀饭店企业文化的管理制度必然是科学、完善、实用的管理方式的体现。

（四）饭店精神文化

饭店精神文化是企业在生产经营过程中受文化背景、意识形态影响而长期形成的一种文化观念和精神成果。它包括企业价值观、企业经营哲学、企业道德、企业精神等重要内容。

1. 饭店企业价值观

彼得·圣吉曾经指出，一个缺少全体共有的目标、价值观和使命的组织，必定难成大器。企业价值观是企业理念的基础与核心，也是企业文化的核心。所谓饭店企业价值观，是指饭店全体成员共同认可的价值标准和价值取向，它为饭店内部提供一种走向共同目标的指导性意识，也为饭店员工的日常行为规范提供方向性前提，因而它是一个饭店产生持久的向心力和凝聚力的精神源泉，是饭店精神、饭店道德的思想基础。成功的饭店经常因为他们的员工对价值观的认同、信奉和实践，从而获得巨大的支撑力。

2. 饭店企业经营哲学

所谓饭店企业经营哲学，是饭店管理者和员工认识并尊重客观规律的结果，是饭店主观态度的反映。饭店企业经营哲学常与饭店企业宗旨相关，饭店企业宗旨阐明饭店应该怎么做，奉行什么原则，采用什么方法去实现饭店使命的要求，它是饭店精神文化的一个组成要素。对内，它是为履行饭店的社会职能而对全体员工发出的总动员；对外，它是一个饭店向社会发出的宣言。因此，饭店企业宗旨既是饭店价值观的反映和最高目标的体现，又是应用企业哲学来指导饭店行为的结果，是饭店对履行自身社会责任决心和信心的体现。如希尔顿酒店的"真诚的关心与顾客的舒适是我们的最高宗旨，我们发誓为我们的顾客提供最舒适的设施与服务，让顾客享受温暖、放松而高雅的环境"，就是它的经营哲学。

3. 饭店企业道德

饭店企业道德是调节饭店与社会、饭店与员工、员工与员工之间相互关系的基本准则。饭店企业道德的灵魂是"以人为本"，就是以顾客为本，以员工为本。饭店企业道德包含职业道德和经营道德两方面。前者要求每个员工养成正确的价值观，后者要求饭店一心为顾客着想，信守合同，搞好饭店的各项服务，用高尚文化的亲和力获得公众的信任和爱戴，使消费者对饭店不知不觉地产生认同情感，自然而然地成为其产品和服务的欣赏者和宣传者。例如，著名饭店集团圣达特的企业道德可集中表达为：我们以最高的职业标准来规范我们的行为，我们实事求是，以我们的行为为荣。

4. 饭店企业精神

企业精神与企业价值观是既有区别，又密切相关的两个概念，价值观是企业精神的前提，企业精神是价值观的集中体现。饭店精神是饭店发展到一定阶段的产物，是员工信念、意志、风格、准则的综合体现，是推动饭店经营的无形力量。

一个饭店的精神文化最能体现一个饭店的文化精华。这不仅仅因为精神文化是饭店最深层次的文化，更关键的是，它深深地植根于饭店员工的心中，并且通过一定的文化网络在惯常的习俗或文化仪式中呈现出来，继而得到传承和发展。

总之，饭店的物质文化、行为文化、制度文化和精神文化之间既相互联系又相互制约，共同形成各饭店企业互不相同、各具特色的饭店企业文化，即饭店企业文化是饭店企业内部的物质、行为、制度、精神诸要素间的动态平衡。

三、饭店企业文化的功能

饭店企业文化在饭店中的作用具有两重性，可以分为正负两种功能。饭店企业文化的正面功能在于导向功能、激励功能、约束功能、凝聚功能、辐射功能；负面功能则表现为饭店企业文化有可能成为饭店发展和变革的潜在障碍。

（一）饭店企业文化的正面功能

1. 导向功能

饭店企业文化的导向功能是指它对饭店行为方向所起的显示、诱导和坚定作用。导向功能把饭店及其成员的思想和行为引导到饭店所确定的目标上来，使其成员同心协力，自觉地为实现饭店目标而奋斗。饭店企业文化，一方面对饭店的每个成员的心理、价值和思想、行为的取向起导向作用；另一方面，对饭店的整体价值和整体思想、整体行为取向起导向作用。这种导向功能具体表现为：

（1）饭店企业文化能显示饭店发展方向。饭店企业文化以概括、精粹、富有哲理性的语言，明示企业发展的目标和方向，这些语言经过长期的教育、潜移默化，已经铭刻在员工心中，成为其精神世界的一部分。

相关链接

里兹·卡尔顿的格言是：我们是为淑女和绅士服务的淑女和绅士。其表达了：员工与顾客的平等，不是上帝与凡人的关系，而是主人与客人的关系；饭店提供的是人对人的服务，不是机器对人的服务，强调服务的个性化与人情化。正是因为饭店企业形成了犹如卡尔顿一样的企业精神、群体意识、道德规范或行为准则等企业价值观，对企业成员形成一种强大的吸引力，才使成员在认同本企业文化之后，乐于发挥自己的聪明才智，为企业的发展贡献自己的力量。

（2）饭店企业文化能诱导企业行为的方向。企业文化建立的价值目标是企业员工的共同目标，它对员工有巨大的吸引力，是员工共同行为的巨大诱因，使员工自觉地把行为统一到企业所期望的方向上去。在优秀企业里，因为有鲜明的指导性价值观念，基层的人们在大多数情况下都知道自己该做些什么。

（3）饭店企业文化能坚定企业行为方向。企业在遇到困难和危机时，强大的企业文化可以促使员工把困难当作动力，把挑战当作机会，更加坚定而执著地为既定的目标而奋斗。优秀的饭店企业文化可以让员工感到工作的意义，可以使一个普通人变成饭店里的英雄，能够在充分授权的基础上调动员工的积极性，并依靠员工的自觉性来控制产品质量，培育创新的精神，最终将饭店的战略目标贯彻到底。

2．激励功能

激励是当今企业管理的一种职能。饭店企业文化所具有的激励功能，就是诱发全体饭店员工产生自勉力和发奋进取的精神，使员工具备献身饭店事业的责任感和行为，而这种责任感和行为状态，对实现自我目标和企业目标有极大的强化、激发和推动作用。因此，饭店在其发展过程中应塑造每一个员工，不仅满足他们合理的经济利益，而且赋予他们更多文化上的品格。饭店既是员工生存和致富的依托，更应是他们精神上的家园。作为一种精神支柱、精神象征和集体信仰的饭店企业文化，不但可以借助于心理的、舆论的、观念的力量引导员工精诚团结，不断从胜利走向胜利，而且可以唤起员工的忧患意识和创新意识，使企业历经各种困难和艰险而不衰。

3．约束功能

饭店向员工强调"顾客第一""顾客是上帝"，使得每个员工在工作中总是处于这种文化氛围中，其行为举止只能接受这种文化"指令"，而且不能脱离这种文化规范。饭店企业文化就是以无形的、非正式的、非强制性的各种规范对每个员工的思想和行为起约束作用。群体意识、共同的习俗和风尚等精神文化内容，造成强大的群体心理压力和动力，使饭店成员产生心理共鸣，继而产生行为的自我控制。

4．凝聚功能

凝聚功能是指当一个企业的文化价值观被本企业成员认同之后，就会成为一种黏合剂，从各方面把企业成员团结起来，在共同认识的基础上，使企业具有一种巨大的向心力和凝聚力。

5．辐射功能

辐射功能亦称企业文化的传播功能，是指企业文化有不断向社会发散的功能。饭店企业辐射的主要途径有：

（1）软性辐射，即企业精神、企业价值观、企业伦理、道德规范等的发散和辐射。

（2）产品或服务辐射，即饭店企业以产品为载体对外辐射。

（3）人员辐射，即通过员工自觉或不自觉的言行所体现的企业价值观和企业精神，向社会传播饭店企业文化。

（4）宣传辐射，即通过具体的宣传工作使企业文化得到传播。

饭店企业正是通过这 4 种途径全面而准确地对外展示和传播饭店的企业文化，最终在广大消费者的心目中留下一个美好的印象，塑造集文明度、知名度和美誉度于一体的饭店企业形象。

（二）饭店企业文化的负面功能

饭店企业文化尽管具有很多正面功能，但其负面功能也不可忽视。随着市场经济的逐步完善和企业竞争的不断深化，饭店业的竞争越来越激烈，饭店的内外环境不断变化和调整，使得饭店内部自然而然地产生一种进一步提高企业效率、服务质量的客观要求。当饭店企业文化的核心价值观与不断提高企业效率的客观要求不相符，并产生矛盾时，饭店的企业文化就成了这个饭店进一步发展的障碍。原有的饭店企业文化的力量越强，对饭店发展的障碍也就越大。

可以说饭店企业文化是对饭店员工约定俗成的一种软约束，它极易形成一种思维和行为的定势和惯性。这种惯性的束缚对饭店变革的阻碍，在饭店企业环境急剧变化时表现得更为明显。企业文化是经过多年的沉淀缓慢地形成的，具有长期的稳定性。当饭店业面对激烈的市场竞争环境时，这种根深蒂固的企业文化就可能束缚饭店经营者的手脚，束缚饭店成员的思想。因此，在市场竞争激烈的环境下，固有的饭店企业文化可能成为饭店组织变革和发展的潜在障碍。

除此之外，饭店企业文化还可能阻碍饭店的兼并和收购。在现代市场经济环境下的激烈竞争，呼唤合作，需要强强联手，以便于资源的优化配置，因此兼并和收购就成了许多饭店的迫切需求。随着饭店企业文化的建设，饭店业形成了各具特色的企业文化。这些文化有些可以互补，有些则是相互排斥的。特别是当不同文化在饭店内处于交遇状态时，其文化差异和文化冲突就特别明显。

所以，在决定兼并和收购时，很多饭店经营者往往会分析双方文化的相容性，如果差异极大，企业文化就可能构成一道难以逾越的鸿沟。

任务二　饭店企业文化的建设与创新

随着全球经济一体化进程的加快，饭店业的发展面临新的机遇与挑战，饭店企业要想在未来的全球竞争中处于优势地位，应重视饭店企业文化的建设，使企业文化融入现实的产品与组织创新之中，融入市场投入和产出之中，融入物质利益驱动与企业精神内在的激励和鼓励之中。

一、饭店企业文化建设的原则

（一）坚持正确的思想和价值观

饭店企业文化建设必须树立正确的价值观和行为规范，坚定共同的理想信念，保持正确的发展方向，即饭店经营者应该树立正确的经营观念和企业上下一致的价值观。

（二）坚持以人为本

饭店企业文化必须坚持以员工为出发点和落脚点，因为"有满意的员工，才有满意的服务，才有满意的顾客"。处理好员工与企业、员工与社会、员工与员工之间的关系，创造和谐的企业氛围，促进员工整体素质的不断提高，才能真正做到员工价值和企业效益的共同实现。

（三）坚持协调发展

对饭店的企业理念、行为准则、视觉识别系统等企业文化的主体部分，由饭店企业文化领导小组统一部署和实施，各部门应认真按照总体要求来贯彻落实。在实施过程中，对企业文化的其他部分，应根据企业地域、传统的差异，在企业文化的总体框架内进行调整和补充，使多元文化融会贯通，形成既有统一又有特色，既有共性又有个性的丰富多彩的饭店企业文化景象，共同推进饭店企业文化的繁荣。

（四）坚持不断创新

饭店企业文化总是随着企业和社会的发展而发展，既要在饭店企业管理实践中不断创新，又要在继承饭店企业优良传统的基础上，不断吸取和借鉴国内外饭店企业文化建设的优秀成果，推动饭店企业文化建设不断深化。

（五）注重特色

文化是在组织本身发展的历史过程中形成的。每个饭店都有自己的历史传统和经营特点，企业文化建设要充分利用这一点，建设具有自己特色的文化。饭店有了自己的特色，而且被顾客所公认，才能在饭店之林中独树一帜，才有竞争的优势。

二、饭店企业文化建设的方法

（一）培训员工使之接受企业文化，寻求员工的普遍认同

俗语云：人心齐，泰山移。优秀的饭店企业文化最终要靠全体员工去体现、去执行，只有获得员工的广泛认同，饭店企业文化才会具有持久的生命力。因此饭店企业必须对员工进行培训，从而使员工接受饭店企业文化。

通过培训，要让员工了解什么是饭店企业文化，饭店企业文化有什么作用，饭店企业为何及如何实施文化塑造与变革，新的饭店企业文化对员工有什么新的要求，使之认识企业现有文化状态与目标文化的差距；最终要将饭店的组织精神与经营理念有效传递给员工，使他们在内心深处认同企业的价值观，并使员工时刻都处在充满企业精神的氛围之中。

相关链接

著名管理学家、当今世界"领导与变革"领域最杰出的权威、美国知名教授约翰·科特在其《企业文化与经营绩效》一书中对企业经营管理者在企业文化形成过程中的作用和行为方式进行了详细论述。该书指出：首先，"在对有成功改革经验的公司案例的研究中，我们总发现这些公司的高层管理人员中有一两个能力非凡的领袖人物"；其次，"他们总是首先在公司内部创造一种危机感或改革的必要性"；最后，"这些领袖人物为了启动企业发展所必需的改革，会广泛宣传他们的思想观念和经营策略，以便获得尽量多的公司员工对这些思想、经营方式的理解和参与。他们还会抓住每一个可能的机会反复宣讲这些至关重要的信息，并极力使这种思想交流简单明了，通俗易懂"。

（二）领导以身作则

领导人的行为将在一定程度上影响饭店员工的行为和观念。因此，在建设饭店企业文化时，必须注重领导人的模范带头作用。

（三）建立科学的企业管理体制

制度文化是饭店企业文化重要的内涵之一，是饭店企业文化的集中体现。饭店管理制度健全、合理，才能使员工既有价值观的导向，又有制度化的规范。换句话说，建立科学的管理体制，能够更好地激励饭店全体员工的工作积极性，提高其工作效率和服务质量。

（四）选择合适的组织价值观

选择既符合本企业特点又为全体员工和大多数社会公众所接受的组织价值观是塑造饭店企业文化的首要战略问题。要确定合适的核心价值观，饭店应遵循 4 个原则：一是立足于本饭店的特色和优势，确定适合自身发展的组织文化模式；二是认真分析组织的经营理念、发展目标、外部环境等各种相关因素，实现饭店价值观与企业文化各要素之间的理想匹配；三是考虑饭店员工的结构，因为不同类型的人以及他们的组合方式会影响饭店企业

文化的形成，尤其是会直接关系饭店的价值观能否为每一个成员所接受；四是饭店的组织价值观应正确、鲜明并具有深刻的内涵和高度的浓缩性。

（五）培育企业精神

企业精神的培育是指在企业领导者的倡导下，根据企业的特点、任务和发展走向，使建立在企业价值观念基础上的内在的信念和追求，通过企业群体行为和外部表象而外化，形成企业的精神状态。饭店企业精神的培育，一是要根据饭店的行业特点，确定和强化企业的个性与经营优势，通过这种确定和强化唤起员工的认同感，增强员工奋发向上的信心和决心，形成企业的向心力、凝聚力和发展动力；二是要以营销服务为中心，引导和培育饭店员工创名牌、争一流、上水平的意识和顾客第一、服务至上的经营风尚，使饭店在市场竞争中立于不败之地；三是要大力提倡团结协作精神，使企业形成一个精诚合作的群体，建立和谐的人际关系；四是要发扬民主，贯彻以人为本思想，激励员工参与意识，使他们把自己与饭店视为一体，积极为饭店的兴旺发达献计献策；五是要提炼升华，将企业精神归纳为简练明确、富有感召力的文字表达。

（六）确立正确的经营哲学

作为企业经营管理方法论原则的企业经营哲学，是企业一切行为的逻辑起点。因此，确立正确的经营哲学，是企业文化建设的一项重要任务。确立饭店的经营哲学，需要经营者对饭店的经营状况和特点进行全面的调查，运用某些哲学观念分析研究企业的发展目标及其实现途径，在此基础上形成自己的经营理念。企业经营哲学通常应在代表企业精神的文字中体现，这不仅有利于内部渗透，而且也便于顾客识别。

（七）塑造饭店企业形象

饭店的企业形象是社会公众包括饭店员工心目中对饭店整体的评价，它是公众对饭店的发展史、管理人员、团体气氛、行为准则、物质条件、产品、服务、店名、店徽等的总体认知，反映了公众对饭店的整体特点、总的精神的了解和情感倾向。鲜明的形象有助于提高企业的市场知名度，增强对目标顾客的吸引力。饭店企业可以从视觉、行为和理念 3 个层面来塑造企业形象，树立优质的服务形象、一流的管理形象，打响品牌，赢得目标客源的信赖，从而在市场竞争中立于不败之地。

（八）创造良好的企业文化环境

饭店企业应该充分考虑员工的生理和心理因素，全力打造健康的工作环境和生活环境，使他们从良好的文化氛围中体会到企业凝聚力、亲和力以及具有人文关怀的温馨感，让他们深切体会到"家的感觉"，让他们意识到自己是企业文化建设的一分子，激发他们建设企业文化的热情和愿望。

（九）注重高质量的饭店企业文化传播

有效传播是企业文化竞争的关键。饭店企业文化传播包括内部员工的传播和外部环境中的传播，前者着眼于让饭店所有员工共享企业的价值观、经营目标、行为准则，并最终将企业精神内化为自己的价值观念和实际行动，从而增强饭店的凝聚力与竞争力；后者主要是为了加强饭店与消费者、供应商、经销商、政府部门及一般公众的沟通，以塑造鲜明的企业形象，提高饭店的知名度和美誉度。

（十）正视员工利益，重视员工成长

人力资源是当今饭店业竞争的核心资源，提倡"以人为本"的经营管理理念，正视员工利益，关心员工利益，重视员工成长，是饭店企业文化建设的重要方面。

三、饭店企业文化的冲突与误区

（一）饭店企业文化的冲突

在企业文化积累和发展的过程中，始终都会发生和存在文化冲突。文化冲突会给企业带来许多负面影响，如果处理不当就会破坏组织的沟通，造成企业员工的相互猜疑和误解；严重时，文化冲突还能破坏企业的团结和共有的价值观，从而影响企业组织的正常运转。许多企业的衰落是由文化的衰落而引起的。

饭店企业文化冲突的形式是多样的：一是缓和的冲突，员工之间可以感受到彼此在文化上的差异，因此员工与员工之间的共同语言越来越少，不愉快的体验越积越多，有时会发生一些较为激烈的冲突，但总体态势是平和的；二是内隐的冲突，它深藏在员工的心里，并不直接用言语和行动呈现出来，从表面上看，企业内没有任何文化裂痕，但实际上每个自我意识较强的员工都会意识到彼此间存在的分歧；三是显性的冲突，它公开地呈现在双方面前，冲突双方壁垒分明，他们毫不掩饰地表明各自的观点、意见和主张，进行赤裸裸的竞争。

（二）饭店企业文化的误区

很多企业在硬性的制度管理无法奏效时，开始使用软性的文化管理。企业在意识到企业文化的重要性后，开始着手进行企业的文化构建。企业文化应该与企业经营管理实际及外部环境相适应，但由于对企业文化的理解不够深刻，很多企业在构建企业文化时存在一些误解，很可能步入一些误区。

误区一：不结合自己饭店内部的实际情况来培养企业文化，而盲目照搬其他饭店的模式。在进行企业文化建设时提倡借鉴优秀企业的经验，但不是照抄照搬，生搬硬套。企业文化讲究的是个性，适合自己的才是最好的。

误区二：不能够持之以恒。有的饭店今年说要"以人为本"，明年则说"顾客是上帝"，后年又变成"服务第一"，再后年又转为"质量第一"，没有意识到根本的文化内涵问题，以及文化的持续性问题。

误区三：把企业文化等同于企业的社会活动。这是很多中小饭店常犯的毛病，其对企业文化的内涵理解得过于狭隘，误认为组织一些社会活动，饭店就有了企业文化。

相关链接

有一种活动叫拓展培训，它主要是从文化层面上来解决企业团队精神和凝聚力的问题。参加过这种培训的人会体会到，不管企业平时投入的管理有多少，不管员工之间的矛盾是否激烈，只要进了拓展训练营，在参加训练的那几天，每个员工都会强烈地感受到团队精神，不分男女老少，不论职位高低，整个团队非常团结。但问题是，拓展培训结束后，回到原来的公司，一切都不存在了。因此，仅仅通过一些活动、一些口号来解决整个公司企业文化的问题，是不切合实际的。

误区四：缺乏企业文化管理。目前一些饭店在构建企业文化时，仍然奉行以"管事"为中心的管理体系。而真正的企业文化应该以"管人"为中心，因此，有必要增设一套"管人"的管理方法。各级管理者要重视并学会这套办法，否则，企业文化仅是雾里看花、水中捞月。

误区五：认为企业文化就是老板文化。在许多变革型企业或新建企业，变革者或创业者的思想甚至一言一行深刻地影响企业的文化。在一定意义上，这是好事，企业需要精神领袖，也需要这种英雄式甚至带有神话色彩的人物。但是将企业文化简单地等同于老板文化，其弊端也是显而易见的。

误区六：缺乏有效的宣传手段。有一些饭店很重视企业文化，但在如何使企业文化理念真正贯彻落实到各项工作、转化为员工自觉的行为等方面存在不少问题，有不少困惑。企业文化宣传是一门科学、一个系统工程。

误区七：企业文化和企业战略缺乏互动。一方面，企业战略是企业文化的一种反映，有什么样的企业文化，便会产生什么样的企业战略。战略管理中使命和价值观的表达，都是基于一定企业文化背景的。另一方面，企业文化应该服务于企业的战略。企业战略的实施必须要有与之相匹配的企业文化来导航和支撑，在企业战略变革的过程中尤其如此。

四、饭店企业文化的创新

当企业内外条件发生变化时，企业文化也应相应地进行调整、更新、丰富和发展。随着当代经济社会的发展，创新成为关键环节。创新是市场经济发展的必然要求，是新经济时代的一个显著特点，不懂创新的饭店常常是没有生存空间的。而创新与风险相伴而行，这就需要营造一种鼓励创新、积极向上的开拓性企业文化，以形成不畏风险、勇于进取的良好氛围。一个好的企业文化氛围建立后所带来的是群体的智慧、协作的精神、新鲜的活力，可为企业的创新和发展提供源源不断的精神动力。只有当企业文化特别是饭店的精神文化顺应社会发展，体现时代精神，同时又具有鲜明的饭店特点时，它才能促进饭店竞争力的提升。因此，饭店不仅需要认识目前的环境状态，而且还要了解其发展方向，并能够有意识地加以调整。选择合适的企业文化以适应挑战，这对饭店走向世界、与世界接轨有十分重要的意义。

（一）以传统文化为突破口

企业文化创新，必须继承和发展传统文化的精华，学习和借鉴国外的先进文化，立足创新、突出个性。传统文化的精华是中国饭店企业文化创新不可或缺的重要内涵。应当对传统文化进行借鉴，取其精华，使之更符合现代企业文化发展的需要，使传统文化与企业的优良传统以及现代新文化有机地融合在一起，形成具有时代特色的企业文化。也应加强与外国企业文化的交流和融合，强调全球范围内的合作精神，通过沟通，传递中国特色企业文化。

【小案例】

"头戴马聚源，脚踩内联升，身穿瑞蚨祥……"这首老北京民谣形象地反映了商业老字号在老百姓心目中的地位和荣耀。然而北京"谭鱼头"倒戈易帜，成都"韩包子"尽惹埋怨……曾经辉煌的餐饮老字号今天面临各种生存危机和发展困境。老字号如何应对新危机？首先要进行企业文化创新，提高品牌影响力。老字号企业要在改革创新中坚持传承优秀文化、借鉴现代理念、丰富文化内涵，将企业文化与品牌、诚信体系相结合，以诚信维护品牌，以文化创新企业形象，提高老字号的品牌影响力。

（二）努力创建品牌文化

根据著名的80/20法则，饭店80%的收入来源于20%的忠诚顾客，而80%的销售成本用于开发占饭店客人总数20%的新顾客。另外，据调查，企业保留一位老顾客的花费仅为争取一位新顾客的1/5，由此可见建立品牌忠诚对饭店经营的重要性。

事实上，培养顾客对饭店的品牌忠诚是开展饭店企业文化竞争的重要内容，品牌文化是企业文化的重要组成部分。优秀的饭店企业往往非常重视品牌文化建设，并卓有成效。创立品牌文化是对饭店企业文化创新的有力支持。

（三）加强绿色环保理念

通过绿色环保和绿色服务来创建绿色饭店，已经是当今饭店的一种时尚，更是一种必然趋势。所谓绿色饭店，是指运用环保理念，坚持绿色管理，倡导绿色消费，保护生态和合理使用资源的饭店。其核心是在为顾客提供符合环保、健康要求的绿色客房和绿色餐馆的基础上，在经营过程中减少对环境的污染，节能降耗，实现资源利用的最大化。

相关链接

一些国家或地区已经开发出了许多指导饭店进行环境保护的规章和准则。而不同的饭店集团也越来越具备环保意识，开发出自我约束的环保手册。世界大型饭店集团都在绿色经营上下功夫，先进的节能技术、减污措施在广泛地普及，从而使自己处于国际竞争的优势地位，如华美达国际饭店集团，就将自己的形象定位在"与环境融为一体的饭店"。绿色饭店的创建和推广，一方面提升了饭店的市场形象，另一方面降低了饭店的营运成本。绿色环保是现代饭店精神文明建设的新理念，是饭店提升形象、塑造饭店企业文化的重要方法之一。

牛刀小试

1. 什么是饭店企业文化?
2. 饭店企业文化包括哪4个层面?
3. 饭店企业文化有哪些功能?
4. 饭店企业文化建设的原则有哪些?
5. 如何创新饭店企业文化的建设?

参考文献

[1] 柏杨. 饭店管理概论[M]. 北京：中国财政经济出版社，2008.

[2] 叶昌建，李民田. 饭店管理概论[M]. 北京：北京理工大学出版社，2010.

[3] 吴敌，童登峰，杨远萃. 饭店管理实务[M]. 成都：西南交通大学出版社，2009.

[4] 钟志平，李应军，黄丽媛. 饭店管理概论[M]. 北京：旅游教育出版社，2011.

[5] 黄震方. 饭店管理概论[M]. 北京：高等教育出版社，2001.

[6] 张利民，王素珍. 饭店管理概论[M]. 北京：中国林业出版社，北京大学出版社，2008.

[7] 赵涛. 酒店经营管理：理论、案例、制度、实务[M]. 北京：北京工业大学出版社，2006.

[8] 范运铭，李庆. 饭店管理概论[M]. 重庆：重庆大学出版社，2008.

[9] 丁林. 饭店管理原理与实务[M]. 北京：经济科学出版社，2004.

[10] 张先云. 市场营销学[M]. 北京：机械工业出版社，2007.